Die kühne Reisende

Edith Durham, geboren 1863 in London, starb dort 1944. Sie war die Tochter des Leibarztes von Queen Victoria und fertigte nach ihrem Abschluss an der Royal Academy of Arts Illustrationen für Zeitschriften an. Ihre Reisen durch den Balkan und ihre Reiseberichte sind legendär. Sie war eine profunde Kennerin der Region und setzte sich in zahlreichen Artikeln in englischen Zeitungen für die Unabhängigkeit Albaniens ein. Noch im Alter von 76 Jahren ging sie 1939 in London auf die Straße, um gegen die Okkupation Albaniens durch Mussolinis Truppen zu demonstrieren.

Christel Dormagen, studierte Anglistik und Germanistik. Sie ist Übersetzerin für angelsächsische Literatur, u. a. von Daphne du Maurier, Rose Tremain, Lucy Foley, Vita Sackville-West, Etel Adnan. Außerdem ist sie als Journalistin für Rundfunk und Printmedien tätig. Christel Dormagen lebt in Berlin.

Susanne Gretter studierte Anglistik, Romanistik und Politische Wissenschaft in Tübingen und Berlin. Sie lebt und arbeitet als Verlagslektorin in Berlin. Sie ist Herausgeberin der Reihe DIE KÜHNE REISENDE.

Edith Durham

Brot, Salz und unsere Herzen

Durch Albaniens rauen Norden

Aus dem Englischen
von Christel Dormagen

Mit einem Vorwort von Susanne Gretter

ERDMANN

Edith Durham (1863–1944)

Inhalt

Königin der Berge

Vorwort

Für Bledar Kola

»Es war in Cetinje, im August 1990, als ich erstmals einen
Faden des ›Balkan-Wirrwarrs‹ aufgriff, ohne zu ahnen,
wie tief ich später darin verwickelt sein sollte;
noch weniger kam mir in den Sinn, wie sehr dieser
Wirrwarr schließlich die ganze Welt beeinflussen sollte.«

Edith Durham, 1904

Edith Durham, geboren am 8. April 1863 in London, kam aus einem angesehenen und fortschrittlichen Elternhaus. Der Vater war der Leibarzt von Königin Victoria, die Mutter, eine Schottin, die Tochter von William Ellis, einem Reformpädagogen und Gründer der Birckbeck-Schulen, an denen neben den traditionellen Fächern auch politische Ökonomie unterrichtet wurde. Edith war die Älteste von neun Geschwistern, alle erhielten sie eine hervorragende Ausbildung, auch die Mädchen. Edith, künstlerisch begabt, besuchte zunächst vier Jahre das Bedford College in London und studierte anschließend an der Royal Academy of Art. Ihre Bilder von Reptilien und Fossilien erschienen in *The Cambridge Natural History.* Sie blieb unverheiratet und lebte im Elternhaus. Als der Vater überraschend 1895 starb, übernahm die 32-Jährige die Pflege der an Tuberkulose erkrankten Mutter. »Die Zukunft, die sich vor mir auftat, bestand aus einer unendlich langen Reihe von Jahren der Monotonie, denen ich unmöglich entrinnen konnte, es war hoffnungslos – vermutlich hätte mir nur noch eine Kugel helfen können.«

Von der Pflege der Mutter erschöpft und inzwischen selbst an Tuberkulose erkrankt, schien die Tochter auf eine handfeste Depression zuzusteuern, und die Ärzte empfahlen dringend einen Orts- und Klimawechsel. Sie fuhr daraufhin aber nicht an die italienische Riviera, wie es »tout London« zu jener Zeit zu tun pflegte, sondern entschied sich für eine Reise in den »Nahen Osten«, wie die Briten die Balkanländer damals nannten.

In Begleitung einer Freundin besteigt sie im August 1900 in Triest einen österreichischen Lloyd-Dampfer, im Gepäck den Baedeker und ein Set mit Malpinseln. Schon unterwegs, schreibt sie später, überkommt sie das Gefühl, »dass das Leben doch der Mühe wert sein könnte, und der Zauber des Nahen Ostens nahm mich gefangen«. In Kotor/Montenegro gingen die Frauen an Land und reisten weiter nach Cetinje, denn »es sei, meinte jeder, Baedeker nicht ausgenommen, geradezu Pflicht, dort hinaufzufahren. Dann konnte man am nächsten Tag wieder herunterfahren und später immer sagen ›Ich habe Montenegro bereist‹.«

Aber Edith Durham kam und blieb. Sie griff einen »Faden des ›Balkan-Wirrwarrs‹« auf, gewann die Herzen der Bewohnerinnen und Bewohner des »Nahen Ostens«, wurde zur Advokatin ihrer Belange und ihres Wunschs nach Unabhängigkeit – und zu einer international anerkannten und einflussreichen Balkan-Expertin. 14 Jahre, bis zum Ausbruch des Ersten Weltkriegs, wird sie Jahr für Jahr in diese brandgefährliche Gegend zurückkehren, wo sich die unterschiedlichsten politischen, ethnischen und kulturellen Interessen immer wieder gewaltsam Bahn brachen – und als Zeitzeugin ihre Erfahrungen und Kenntnisse an die Politiker »zu Hause« weiterreichen und in Zeitungen und Zeitschriften leidenschaftliche Plädoyers halten.

Im Jahr 1900 reist sie durch Montenegro, Bosnien und Herzegowina. Nach London zurückgekehrt, lernt sie Serbisch – später auch Albanisch – und befasst sich intensiv mit der politischen und kulturellen Situation auf dem Balkan. 1901 reist sie nach Albanien, 1902 nach Serbien und Bulgarien, 1903 und 1904 hält sie sich in Mazedonien auf und zieht über Shkodër (früher Skutari) weiter in die abgeschiedenen Dörfer Nordalbaniens – Albanien ist das Land, an das sie ihr Herz verliert und wohin sie immer wieder zurückkehren wird.

Es war um die Mitte des 14. Jahrhunderts, als die Türken begannen, mit Macht nach Europa vorzudringen. Hundert Jahre später hatten sie den gesamten Balkan besetzt und islamisierten ihn fast vollständig.

Als Durham einige Jahrhunderte später mit ihren Expeditionen durch die Balkanländer begann, war die Herrschaft der Osmanen jedoch am Bröckeln. Griechenland hatte sich, noch beschränkt auf ein Teilgebiet des heutigen Griechenlands, von 1821 bis 1829 nach blutigen Kriegsjahren die Unabhängigkeit erkämpft. Nach den Russisch-Türkischen Kriegen 1877/78 zogen sich die osmanischen Truppen aus Serbien, Montenegro und Bulgarien zurück. Bosnien-Herzegowina war 1908 von Österreich-Ungarn annektiert worden. Mazedonien, ein Vielvölkerstaat aus Bulgaren, Serben, Griechen und Albanern wehrte sich 1903 in einem blutigen Aufstand gegen die türkischen Besatzer. Es war jedoch nur der Hass auf die Türken, der sie in der Revolte einte, im Übrigen kämpften die verschiedenen Ethnien und Religionen gegeneinander.

Das politische Machtvakuum, das nach dem sukzessiven Rückzug der Osmanen entstand, versuchten vor allem Russland und Österreich-Ungarn zu füllen.

Andere Mächte schienen vor der unübersichtlichen Gemengelage unterschiedlicher sprachlicher, religiöser und kultureller Gruppen und Nationalitäten zurückzuschrecken.

1912 erklärten Serbien, Griechenland, Bulgarien und Montenegro der Regierung des Osmanischen Reichs (Hohe Pforte) den Krieg und vertrieben die Türken endgültig vom Balkan. Im Anschluss an diesen Ersten brach 1913 sofort der Zweite Balkankrieg aus. Dieses Mal bekämpften sich Serbien, Griechenland, Bulgarien und Montenegro untereinander. Leidtragende dieser Auseinandersetzungen waren vor allem die Albaner, auf deren Kosten die Nachbarländer ihre Territorien erweiterten. Plünderungen durch serbische, montenegrinische und griechische Truppenteile und Freischärler führten zu einem unglaublichen Gemetzel, 200 000 albanische Zivilisten sollen ihm zum Opfer gefallen sein.

Im Mai 1903 erlebte Edith Durham selbst die Zerstörung von Shkodër, der Stadt, die sie so sehr liebte und in die sie bei ihren Reisen immer wieder zurückkehrte, durch montenegrinische Truppen.

Durham betätigt sich als humanitäre Helferin. 1904, nach dem blutigen Aufstand in Mazedonien, bei dem Häuser niedergebrannt, Ernten vernichtet, Zivilisten getötet wurden, versorgt sie die Bevölkerung im Auftrag einer britischen Hilfsorganisation mit Nahrungsmitteln, Kleidern, Medikamenten. Nach den Balkankriegen hilft sie Tausenden von Flüchtlingen. Darüber hinaus arbeitet sie als Kriegsreporterin und Balkankorrespondentin für britische Zeitungen. Sie schickt Petitionen an die britische Regierung und informiert ausländische Diplomaten über die Lage auf dem Balkan.

Lange gehörten ihre Sympathien auch dem serbischen Volk, aber das änderte sich mit dem Zweiten Balkankrieg und den Angriffen der Serben auf die albanischen Nachbarn. Albanien fühlte sich bedroht und von den Großmächten im Stich gelassen. In Edith Durham sahen die Menschen in der Region eine

Heilsbringerin. Noch in den entlegensten Regionen setzten die Bewohner ihre Hoffnung auf sie, rechneten mit ihrer Hilfe.

Im Oktober 1913 reist sie nach London, um vor dem britischen Parlament die Lage der Albaner zu erläutern. Dass es am 30. Mai 1913 auf Vermittlung der europäischen Mächte Großbritannien, Frankreich, Deutschland, Russland, Österreich-Ungarn und Italien zum Londoner Vertrag kommt, mit dem die Unabhängigkeit Albaniens (ausgerufen im November 1912) bestätigt wird, ist eindeutig Edith Durhams Verdienst – jedoch nicht mehr als ein Tropfen auf den heißen Stein.

1914 schreibt sie: »Es gibt noch keine Lösung für den Balkan.«

Mit Ausbruch des Ersten Weltkriegs kehrt sie aus Albanien nach England zurück. England hat an der Seite von Serbien und Russland Deutschland den Krieg erklärt, in Albanien ist Edith Durham persona non grata.

In England setzt mit Beginn des Ersten Weltkriegs eine Pro-Serbien-Stimmung ein. Auf dem Balkan hält Serbien zusammen mit Griechenland, Italien, Frankreich, Montenegro und Österreich-Ungarn bis 1918 Albanien besetzt.

Durham lässt sich davon nicht beirren, mischt sich weiter ein. Denn zwar wird nach dem Ende des Weltkriegs Albaniens Unabhängigkeit auf der Pariser Friedenskonferenz von 1919/1920 anerkannt, aber bis 1921 halten Serben, Kroaten und Slowenen nordalbanische Orte besetzt und boykottieren die Regierung in Tirana. Dem Einsatz Großbritanniens – und damit wohl auch Edith Durhams – ist es zu verdanken, dass die Unabhängigkeit des Landes von der Pariser Konferenz im November 1921 bestätigt wird.

1921 reist Durham noch einmal nach Albanien. Von Durrës fährt sie mit einer Gruppe junger Amerikaner in einem Wagen des Roten Kreuzes nach Tirana. »Mit Fremden ist Albanien nicht mehr Albanien«, schreibt sie in ihr Tagebuch. Und: »Bin müde. Habe das Gefühl, als gäbe es mein Albanien nicht mehr.«

Wenig später heißt es: »Bin überwältigt von der großen Gastfreundschaft. Plötzlich schreiben sie mir alle eine Bedeutung und eine Macht zu, ich kann damit nicht umgehen. Ich habe gehört, dass sie in einigen Städten jetzt sogar Straßen nach mir benennen.«

Noch Jahre später, 1939, da ist sie 76 Jahre alt, demonstriert sie in London auf der Straße gegen die Okkupation Albaniens durch Italien. (1943 werden die Italiener von der deutschen Wehrmacht abgelöst.) Sie ist krank, kann das Haus bald nicht mehr verlassen. Im Januar 1943 notiert sie: »Ich habe den Albanern versprochen, sie in ihrem Wunsch nach Unabhängigkeit zu unterstützten. Es war ein langer Weg. Einige tapfere Männer, sehr viel jünger als ich, sind auf der Strecke geblieben.«

Am 15. November 1944 stirbt sie in ihrem Haus in London. Im Dezember 1944 ziehen sich die Deutschen aus Albanien zurück. Albanien ist wieder frei. Vorerst. (Am 11. Januar 1946 ruft Ministerpräsident Enver Hoxha die Volksrepublik Albanien aus.)

Ahmet Zogu, von 1925 bis 1928 Präsident Albaniens und von 1928 bis 1939 König der Albaner, würdigt Edith Durham in einem Nachruf:

»Sie hat ihr ganzes Leben Albanien gewidmet. Sie hat uns ihr Herz geschenkt – und die Menschen aus den Bergen haben sie ins Herz geschlossen … Wir Albaner haben – und werden – die englische Lady nie vergessen. In den Bergen, in denen sie sich so gut auskannte, schallt das Echo ihres Todes von Berg zu Berg.«

Edith Durham hat sieben Bücher publiziert, in denen sie über ihre Reisen durch den Balkan berichtet. Ihr erfolgreichstes Buch, das immer wieder nachgedruckt wurde, ist *High Albania*, das unter dem Titel *Brot, Salz und unsre Herzen. Durch Albaniens rauen Norden* nun in einer schönen neuen Übersetzung durch Christel Dormagen vorliegt. Es beschreibt ihre Reise durch die Region Malësia e Madhe, die sich vom Skutarisee und von Rjoll im Westen entlang der montenegrinischen Grenze über das Kir-Tal zum Vermosh-Tal erstreckt und im Süden an den Dukagjin mit dem malerischen Thet-Tal grenzt.

Es beginnt mit ihrem Aufbruch in Shkodër am 8. Mai 1908, wohin sie Ende Juli desselben Jahres zurückkehrt. Es gab Gerüchte über eine neue Verfassung, und Durham, vielleicht getrieben von der Hoffnung, dass diese der albanischen Bevölkerung mehr Mitbestimmung bringen könnte, wollte rechtzeitig in der Bezirkshauptstadt zurück sein. Das Dekret, das dort am 2. August bekannt gegeben wurde, sollte den Übergang von einer absoluten zu einer parlamentarischen Monarchie festschreiben – jedoch unter osmanischer Regie, es handelte sich also um reine Augenwischerei.

Der Weg durch die Berge war mühsam, die einzelnen Ortschaften in der zerklüfteten Berglandschaft nur unter größter Anstrengung zu erreichen. Straßen gab es keine. Eselspfade waren wenig hilfreich, wenn sie bis in den Sommer hinein unter meterhohen Schneebergen verschüttet lagen. Das ganze Gebiet war unzugänglich. Auch für die Osmanen, die in dieser Gegend nie Fuß fassen konnten. Aber der »Königin der Berge« war ihr Ruf noch ins hinterste Bergland vorausgeeilt. Die Bergbewohner empfingen die kurzhaarige Frau, die im Herrensattel unterwegs war und ihre Familien, Häuser, Kirchen, Brunnen, Trachten so schön »schreiben« konnte (sie zeichnete sie), mit größter Herzlichkeit. Auch wenn sie nichts hatten, boten sie ihr »Brot, Salz und unsere Herzen«. Durham ihrerseits ging ganz unvoreingenommen auf sie zu und schreckte auch vor »elenden Bruchbuden, ohne Fenster und pechschwarz in den Ecken« nicht zurück, wo »in einer Ecke ein Schaf festgebunden war und ein Schwein frei herumlief«.

Die Zeit schien hier stehen geblieben zu sein. »Christen sind wir, und Christen waren wir seit jeher! Weder können wir unter dem türkischen Gesetz leben. Noch können wir türkische

Kleidung anlegen. Wir gehorchen dem Kanun des Leka Dukgjin, dem Gesetz der Berge.«

Der Kanun ist ein mittelalterliches Wertesystem, ein mündlich überlieferter Rechtekatalog, an den sich alle halten. Überwacht wird die Einhaltung von den Hausvorständen der einzelnen Stämme. Gesetzbücher und Richter gibt es nicht. Es gelten das Ehrenwort und die alte Regel, nach der eine Verletzung der Ehre die Blutrache erfordert, und sei es, wie Durham in ihrem Buch drastisch schildert, gegenüber einem Achtjährigen. Das ganze gesellschaftliche Leben regelt der Kanun. »Das Haus des Albaners gehört Gott und dem Gast«, heißt es dort. Allein das Gastrecht konnte das Reisen im Gebirge sichern. Auch das Verhältnis zwischen Frauen und Männern war streng geregelt: Frauen hatten einen Schritt hinter den Männern zu gehen. Eine untreue Frau musste von ihrem Ehemann erschossen werden, die Kugel dafür steckten die Brauteltern ihm schon bei der Vermählung zu. Andererseits konnten Frauen ein Leben als Mann führen, sofern sie, die sogenannten Schwurjungfrauen, vor zwölf (männlichen) Zeugen schworen, bestimmte Regeln einzuhalten. Mit einer solchen Selbstkasteiung setzten sie für sich die gültigen Regeln der täglichen weiblichen Unterwerfung außer Kraft. Diese Frauen, die rauchten, Männerkleider und Waffen trugen, waren berechtigt, Blutrache zu üben.

»In der Wildnis verlangt es mich nie nach Büchern. Sie sind immer langweilig, verglichen mit den Geschichten, die das Leben zwischen den kahlen grauen Felsen inszeniert«, schreibt Durham. Was sie in ihrem Bericht schildert, sind nicht Inszenierungen, sondern wahre Geschichten über Aberglaube, alte Bräuche, Gastfreundschaft, Stammeswesen, Blutfehden, Schwurjungfrauen, Scharmützel zwischen Christen und Moslems und vieles mehr.

Das albanische Hochland, das Durham sich – als erste Ausländerin – Anfang des 20. Jahrhunderts »eroberte«, ist noch immer wild und rau – und wie aus der Zeit gefallen. Wer sich dorthin aufmacht, wird auf seinen Wanderungen eine einzigartig schöne Landschaft kennenlernen, auf die gastfreundlichsten Menschen treffen, den letzten Schwurjungfrauen begegnen und die neuesten Geschichten über Blutrache hören.

Susanne Gretter
Januar 2020

Meiner Schwester Nellie gewidmet

»Oh, wir sind zurück auf dem Balkan,
Wieder im Land von Glück und Schmerz –
Ganz gleich, ob es stinkt oder bläst oder schneit,
Wir sind zurück auf dem Balkan.
Dort wo, wer lebt, schon morgen tot sein kann,
Mit einem Loch im Herzen oder einer Kugel im Kopf –
Dort wo die Leidenschaften hitzig und rot sind –
Oh, wir sind zurück auf dem Balkan!«

Ein Lied vom Balkan

Kastrati, Skreli, Gruda und Hoti

Es war Freitag, der 8. Mai 1908, und Skutari schlief – selbst die Hunde lagen noch eng zusammengerollt in den Gassen –, als wir zu Fuß in die graue Morgendämmerung aufbrachen und die Stadt absichtlich über die falsche Straße verließen. Der *kirijee* und die beiden Pferde erwarteten uns draußen vor der Stadt. Und erst jetzt, als wir aufsaßen, begann die Reise tatsächlich für mich.

Es ist ein ganz besonderes Vergnügen, ins Ungewisse hinauszureiten – ein Vergnügen, das sich bei einer zweiten Reise auf derselben Strecke niemals einstellen kann.

Jenseits der Ebene türmten sich in der Ferne malvenfarben die hohen Berge. Wir folgten dem *kirijee* und lenkten unsere Pferde weg vom holprigen Pfad, ließen sie bis zur Brust in ein Meer aus rosafarbenem, vom Tau weißgrau überzogenem Affodill eintauchen, kämpften uns in einem großen Bogen über Fusha Stojit voran, bis wir das serbische Dorf Vraka erreichten und damit weit jenseits des Gendarmeriepostens waren. Dass diese aufwendige Vorsichtsmaßnahme wirklich nötig war, bezweifle ich allerdings. Ich fand sie wenig angenehm, doch in allen Konsulaten, die ich um Auskunft bat, war mir versichert worden, dass dies die einzige Möglichkeit sei. Sie kostete uns anderthalb Stunden, verschaffte dem *kirijee* jedoch große Genugtuung und verlieh der Expedition auf jeden Fall ein nahöstliches Flair.

Vraka empfing mich heiter, aber wir hielten uns nicht lange bei den mit Kaurischnecken geschmückten Frauen auf, sondern zogen rasch weiter. Hinter Kopliku, dem Ort eines kleinen muslimischen Stamms, steigt die Ebene an und wird in Teilen felsig. Ihr Name Pustopoj, offensichtlich eine Verballhornung des serbischen *pustopolje* (wüstenartiges Land), erinnert an vergangene serbische Zeiten.

Hier verlor der *kirijee* die Orientierung. Anderthalb Stunden lang irrten wir ratlos umher, bis wir auf das trockene Flussbett des Proni Thaat stießen, ihm folgten und zu der Brücke – Ura Zais – gelangten, die ihn überspannt, und schließlich zu einem *han*.

Weil wir einen Bogen um Ezzad Beys Gendarmerie geschlagen und uns außerdem noch verlaufen hatten, waren wir nicht besonders weit gekommen. Es war inzwischen schon nach zwölf Uhr, und so machten wir Halt für ein Mittagsmahl.

Ein *han* ist gewöhnlich ein maroder Schuppen, der in England nicht einmal für die Kuh einer besseren Familie gut genug wäre. Sein Fenster ist vergittert, und die hölzerne Klappe, mit der er nachts geschlossen wird, ist über Tag heruntergelassen und bildet so eine Art Brett, auf dem Bewohner und Reisende sich im Schneidersitz niederlassen. Im Innern harren Regale voller Flaschen und ein oder zwei Fässer in der Dunkelheit. Möbel gibt es nicht, und der Fußboden besteht aus Muttererde.

Freunde in der Not gehen hundert auf ein Lot. Reisende schimpfen gern über den »elenden türkischen *han*«. All seine Unzulänglichkeiten habe ich jedoch längt vergessen und erinnere mich nur noch an die vielen Male, wenn ich dort klatschnass und erschöpft hineinstolperte und er mich wärmte und trocknete und mit Kaffee und *rakia* zu neuem Leben erweckte. Er hat alles für mich getan, was ihm möglich war – was mehr ist, als sich von sämtlichen vom Baedeker ausgezeichneten Hotels sagen lässt.

Zusammen mit anderen Reisenden, lauter *Skreli*-Männern, hockten wir unter einer schlichten Pergola aus Ästen. Der lebhafte *hanjee* plauderte auf Albanisch und Serbisch drauflos.

Sein Vorgänger sei vor dreizehn Jahren aus Blutrache erschossen worden – dort, neben dem Weg, liege sein Grab. Das Gespräch drehte sich nun um *ghak* (Blut). Sie betrachteten es von allen Seiten – von der ernsten bis zur komischen –, vor allem aber aus dem Blickwinkel eines Mannes, bei dem die Blutrache zum Leben gehört.

Und man muss die Blutrache auch unter diesem Gesichtspunkt sehen, um sie zu verstehen. Nicht nur bei Journalisten ist es Mode, von den »gesetzlosen Albanern« zu sprechen. Dabei leidet wahrscheinlich kein anderes Volk in Europa so sehr unter der Tyrannei seiner Gesetze.

Das ungeschriebene Gesetz des Bluts ist für den Albaner das, was die Furie in der griechischen Tragödie ist. Es führt ihn unerbittlich in sein Verhängnis. Der Fluch des Bluts liegt seit dem Tag seiner Geburt über ihm, und er schickt ihn in sein frühes Grab. So selbstverständlich ist ein albanischer Mann an das Schießen oder Erschossenwerden gewöhnt, dass es ihn in seinem Lebensgefühl ebenso wenig stört, wie der Satz »Alle Menschen sind sterblich« dem wohlgenährten Geschäftsmann in Westeuropa den Appetit verdirbt.

Ein Mann, dessen Ehre beschmutzt worden ist, muss sie reinigen. Solange er das nicht getan hat, ist er in den Augen aller entwürdigt – ein von seinen Freunden Ausgestoßener, bei allen Zusammenkünften mit Verachtung Gestrafter. Wenn die Leute ihm schließlich das Glas mit *rakia* nur noch ganz verstohlen in die Hand drücken, kann er sich nicht mehr bei ihnen sehen lassen, und um seine Ehre wiederherzustellen, tötet er.

Und falls Sie, die Sie dieses Buch lesen, sich entsetzt über die »Sitten der Wilden« äußern sollten, möchte ich Sie daran erinnern, dass wir dasselbe Spiel, nur in sehr viel größerem Maßstab, spielen. Wir nennen es Krieg. Und weder »Blut« noch Krieg lassen sich pauschal verdammen.

Der *hanjee* erzählte, dass sich vor wenigen Tagen zwei Männer, Blutsfeinde (die er mit Namen nannte), zufällig in seinem *han* begegnet seien. Da sie in Gesellschaft von Freunden waren und sich unter demselben Dach befanden, gehörte es sich nicht, zu schießen. Sie tranken Kaffee miteinander und wurden einander so sympathisch, dass sie schworen, für sechs Wochen Frieden zu bewahren. Die versammelte Gesellschaft hielt das für einen ausgezeichneten Witz und lachte herzlich.

Nachdem wir unser Rührei mit Scheiben von gebratenem Schafskäse aufgegessen hatten, brachen wir nach Bratoshi in Kastrati Sypermi (oberes Kastrati) auf und betraten schon bald Kastratiland.

Der Pfad wand sich einen Berghang aus nackten grauen Felsen hinauf. Die Pferde, kaum mehr als arme Klepper, waren vollkommen erschöpft und mussten den Rest der Strecke an der Leine geführt werden. Weiter unten lag, wie ein Garten, die fruchtbare Ebene des unteren Kastrati, und der Skutarisee funkelte silbern im Nachmittagslicht. Als wir endlich die Kirche von Bratoshi erreichten, waren wir dreizehn Stunden unterwegs gewesen, und *aksham*, die Zeit der Abenddämmerung, war vorbei.

Der dort zuständige junge Franziskaner hieß uns sehr herzlich willkommen, und seine bezaubernde alte Mutter wuselte eifrig umher, um das Abendessen vorzubereiten.

Der Name Kastrati soll sich vom lateinischen *castrum* (Festung) herleiten, was nicht unwahrscheinlich ist, denn die Hauptstraße von Scodra nach Dioclea muss durch das untere Kastrati geführt haben, und man benötigte Wachposten, um sie zu sichern.

Die Stammesangehörigen wiederum erzählen, ihr Name komme von ihrem Helden, George Kastrioti, dem großen Skenderbeg. »Als Skenderbeg starb, saßen wir am Wegesrand und weinten. Der Türke kam vorbei und sagte: ›Warum weint ihr!‹, und wir sagten: ›Wir weinen, weil wir unser Schwert verloren haben!‹ Und er sagte: ›Ich will euer Hauptschwert sein *(Sergherdé)*.‹

Dann las er uns das Sheriat (das türkische Gesetz) vor und sagte: ›Ihr müsst euren Kummer beenden. Legt eure schwarze *ghurdi* ab (die schwarze, kurze Jacke, die der Tradition zufolge das Trauergewand für George Skenderbeg ist und nach ihm benannt wurde) und zieht die türkische Ghiube an.‹

›Aber‹, sagten wir, ›Christen sind wir, und Christen waren wir seit jeher! Weder können wir unter dem türkischen Gesetz leben. Noch können wir türkische Kleidung anlegen. Wir gehorchen dem *Kanun* des Lekë Dukagjini.‹ Dann überreichte er uns die Weste, die wir immer noch *jelek* nennen, und sagte: *Je Lek* (Ihr seid *Lek*.) ›Und so kamen wir unter die Türken.‹« Diese kuriose kleine Geschichte mit ihrer fantastischen Etymologie ist höchst interessant, insofern sie Skenderbeg eindeutig mit einem Stamm aus dem Norden verbindet. Denn es ist eher wahrscheinlich, dass er seinen Namen von dem Ort hat, als dass der Ort seinen Namen von ihm hat.

Kastrati besteht aus nur einem *bariak* mit fünfhundert Häusern und verfügt, wie alle Stammesgemeinschaften, über eine konkrete Herkunftslegende. Danach hat sie ihren Ursprung in dem berühmten kriegerischen Volksstamm, den Drekalovich von Kuchi, die wiederum von den Berisha abstammen, einem der ältesten und traditionsreichsten aller albanischen Stämme. Kuchi liegt seit dem Krieg von 1876–77 politisch innerhalb der montenegrinischen Grenzen. Tatsächlich schloss es sich schon 1835 Montenegro an, widersetzte sich allerdings – zusammen mit Piperi, einem weiteren Stamm mit zumindest teilweise albanischem Blut, – 1845, als Prinz Danilo versuchte, sie zum Steuernzahlen zu zwingen. Die Revolte wurde niedergeschlagen, aber später lehnte Kuchi sich dann doch wieder auf. Montenegro verdankt die nachfolgende Aneignung des Territoriums dem Heldenmut und dem militärischen Geschick von Marko Drekalovich, der sich, nachdem er den Türken von Podgoritza jahrelang das Leben schwer gemacht hatte, nach der Kriegserklärung gegen die Türken mitsamt seiner Sippe den Truppen von Prinz Nikola anschloss, weil er die Türkenherrschaft leid war. Er liegt auf den Höhen von Medun begraben, jener türkischen Festung, die er nach einer heftigen Belagerung eroberte. Sein Name ist sowohl in Albanien wie in Montenegro berühmt.

Die Kuchi sprechen heute vorwiegend (ausschließlich?) Serbisch und sind orthodox. Seit wann sie es sind, weiß ich nicht.

Von Drekalovich kam dann, »vor langer Zeit«, ein gewisser Delti mit seinen sieben Söhnen in das Land Kastrati. Sie bekämpften die Menschen, angeblich Serben, die sie dort vorfanden, erschlugen sie, nahmen ihnen das Land und ließen sich selbst dort nieder. Heute bilden die Abkömmlinge dieser sieben Delti-Söhne die dreihundert Häuser von Kastrati. Die restlichen zweihundert sind gemischter Herkunft. Einige sollen, was zweifellos zutrifft, von den eroberten Serben abstammen. Sie alle sind jetzt Katholiken oder Moslems und sprechen Albanisch, aber die serbischen Namen, insbesondere Popovich, verraten, dass das nicht immer so war.

Einem möglichen Datum am nächsten brachte mich die Information, die Kirche von Gruda, die älteste in *Maltsia e madhe*, sei 380 Jahre alt und die Kirche von Bratoshi Kastrati – die drittälteste –, sei bald nachdem die Delti sich niederließen, errichtet worden. Diese klare Aussage, die Delti seien vor weniger als 380 Jahren hier angekommen, ist insofern hochinteressant, als sie, anders als die weit verbreitete Skenderbeg-Geschichte, deren Ankunft auf die Zeit nach Skenderbegs Tod (1467) verlegt.

Skenderbegs Herkunft ist in Dunkel gehüllt. Viele Orte reklamieren ihn für sich. Laut jüngsten Forschungen (siehe Ludwig von Pastor: *Leben der Päpste und G.F. Hertzberg: Geschichte der Byzantiner und des Osmanischen Reiches*) war Skenderbeg slawischer Herkunft, verbrachte sein Leben in den heimischen Bergen und kam zu Ruhm, als er 1444 die Türken bei Debra schlug und Albanien in die Unabhängigkeit führte. Die Geschichte seiner Gefangenschaft unter den Türken ist mythisch. Dufresne du Cange nennt, Flavius Comnenus zitierend, einen gewissen »Constantinus Castriotus, cognomento Meserechus, Aemathiae et Castoriae Princeps« als Skenderbegs Urgroßvater.

Meserechus ist mit Sicherheit das moderne Mazreku, heute eine Kirchengemeinde von Pulati. Und wenn man unter Aemathiae Matija versteht, dann spräche das sehr stark dafür, dass Skenderbegs Vater der Herr von Kroja war, weil Matija kurz hinter Kroja liegt. Diese beiden Namen sowie die Tatsache, dass er Katholik war, verbinden ihn eindeutig mit dem Norden und machen die weitverbreitete Legende, er stamme aus Castoria im Südosten, äußerst unwahrscheinlich.

Wenn die Familie dagegen aus Kastrati stammte, würde die Überlieferung, dass die slawischen Einwohner überwältigt und durch die albanischen Kuchi ersetzt wurden, die Tatsache erklären, dass dort keine andere verbindliche Erzählung über Skenderbeg als die von mir zitierte existiert.

Es ist eine interessante Tatsache, dass in den Adern der meisten gefeierten Führer Nordalbaniens und Montenegros sowohl serbisches als auch albanisches Blut geflossen zu sein scheint.

Ich bin in Kastrati auf Leute gestoßen, die den Tag verfluchten, an dem man der Herrschaft des Stammes, gemischt mit der des *Djibal*, dem Gesetz der Berge, zugestimmt hatte.

Ich hatte schon im *han* erfahren, wieso Skutari die Erlaubnis für eine Reise durch die Berge verweigert hatte. Die Stämme von *Maltsia e madhe*, verärgert über Schahir Bey, den derzeitigen *Sergherdé*, befanden sich in offenem Widerstand. Ihre Vorwürfe gegen ihn waren zahlreich und bitter, und sie schworen, sie würden seine Herrschaft beenden.

Eigentlich hatte ich einige Tage in Bratoshi bleiben wollen, doch man riet mir dringend, sofort nach Skreli weiterzureisen, wo das Fest der Translation des Stammesheiligen, St. Nikolas, stattfinden und die Stämme sich in ihren prächtigsten Gewändern versammeln würden. Und da alle Welt sich nach Skreli begab, begab auch ich mich nach Skreli. In unserer Reisegesellschaft befand sich ein Kastrati-Mann aus Podgoritza in Montenegro, von wo er vor einigen Jahren wegen der Blutrache geflohen war. Er sprach gut Serbisch und war bester Stimmung, denn die Tatsache, dass er mit dem Besuch des Fests sein Leben riskierte, verlieh seinem Ausflug offenbar die besondere Würze.

»Wie viele haben Sie denn getötet?«, fragte ich. »Acht – bis heute«, sagte er vergnügt. Ein Moslem habe einen seiner Söhne erschossen, woraufhin er vier nahe Verwandte des Moslems erschossen und sich über die Grenze davongemacht habe. Das gefiel ihm sehr. Dem Moslem würde das sehr viel mehr ausmachen als selbst erschossen zu werden. Er machte sich lustig über seine Stammesbrüder: »Wilde Leute«, sagte er.

»Sind Sie nicht auch wild?«, fragte ich. »Nein, nein«, erwiderte er und fügte mit einem strahlenden Lächeln hinzu: »Aber ich habe viele Menschen getötet. Christen und Moslems, und so Gott will, werde ich noch einige mehr erschießen. Und nun werde ich zu St. Nikolas beten gehen.«

Er hatte einen Sohn, der als montenegrinischer Polizist ausgebildet wurde, und pries laut den Prinzen Nikola. Seine Enkel werden wahrscheinlich orthodox und serbischsprachig sein, und seine Urenkel werden schwören, sie seien schon seit Anbeginn der Zeiten Serben gewesen. Und auf diese Weise entstehen seit Jahrhunderten die Balkanvölker.

Der Weg nach Brzheta führte über Geröll hinauf zum Bergkamm, wo eine klobige Mauer die Grenze zwischen Kastrati und Skreli kennzeichnete, und danach in steinigem Zickzack wieder abwärts – zu steil für die Pferde, die geführt werden mussten. Kirche und Pfarrhaus standen im Flusstal des Proni Thaat. Der Priester von Skreli, dessen eigener Bischof ihn als »klein, aber schrecklich« beschreibt, vibrierte vor Energie und Liebenswürdigkeit und steckte mitten in umfassenden Vorbereitungen für die erwarteten Gäste. An einem Festtag, erklärte der Priester, spielten drei Personen mehr oder weniger keine Rolle, er werde irgendwo eine Unterkunft für mich auftreiben.

Jenseits der grünen Talsenke erhob sich schneebedeckt die Mauer des Gebirges, das Skreli von den Pulati-Stämmen trennt. Der Name Skreli erzählt eine Geschichte über die Herkunft von Bosnien.

Ich zog los und besuchte die Menschen. Die meisten waren freundlich und ließen mich begeistert ihre Häuser »schreiben«. Die Häuser sind aus Stein, haben aber Ziegeldächer. Das Erdgeschoss ist der Stall. Den Wohnraum darüber erreicht man über eine steinerne oder hölzerne Außentreppe, die oft zu einem großen, überdachten Balkon führt. Fenster sind rar und klein. Das Feuer wird an einem Ende des Zimmers in einem offenen Herd entzündet, wobei der Rauch durch das unabgedichtete Dach entweicht. Hinter dem Herd gibt es eine Nische in der Wand für die Kochutensilien. Viele Häuser haben eine Speisekammer aus Flechtwerk, die auf Pfosten im Hof steht und in der vor allem Milch aufbewahrt wird. In allen Häusern wurden Gäste erwartet.

Am Abend begannen die Gäste des Priesters einzutrudeln – zwei Franziskaner, zwei Priester und, nicht zuletzt, der stellvertretende Erzbischof von Skutari –, und der Spaß begann. Sobald die Besucher mit ihren Bediensteten in Rufnähe waren, brüllten sie laut, um ihren Gastgeber zu begrüßen.

Der Priester von Skreli stürzte dann wie wild ans Fenster, lehnte sich gefährlich weit hinaus, brüllte zurück und schoss gleichzeitig seinen Revolver leer. Der sich nähernde Besucher antwortete mit einer Salve, ritt mit großem Hufgeklapper vors Haus, sauste die Treppe hinauf und half mit beim Brüllen und Feuern zur Begrüßung des nächsten Ankömmlings. Sie waren alle jung und gerade in bester Laune – denn ein Priester, der ins Gebirge versetzt wird, hat sehr wenig fröhliche Abwechslung in seinem Leben –, als der Erzbischof höchstselbst aufkreuzte. Als er sie da oben versammelt fand, gab er sich anfangs sehr streng, weil der Festtag am nächsten Morgen ein Sonntag war, und ohne seine Erlaubnis durfte an einem Sonntag niemand seiner eigenen Gemeinde fernbleiben. Doch alle anwesenden Priester schworen, dass ihre Gemeindemitglieder sämtlich zum Fest erscheinen würden und es von daher ihre Pflicht sei, sie zu begleiten und sich dort um sie zu kümmern. Und bald schon war der Erzbischof genauso festlich gestimmt wie alle andern. Unterdessen trafen auch in allen anderen Häusern die Gäste ein, und ein ununterbrochenes Gewehrfeuer zerriss zischend die Stille des Tals.

Endlich ließen wir uns zum Abendessen nieder und bildeten insgesamt eine äußerst geistliche Gesellschaft. Ich selbst saß zur Rechten des Erzbischofs, als einzige Frau unter sechs Kirchenmännern. Doch sie alle sprachen irgendeine Sprache, die auch ich beherrschte, waren unendlich freundlich und luden mich sämtlich ein, ihre jeweiligen Stämme zu besuchen.

Nach dem Essen gab es ein gemeinsames Singen mit den typischen albanischen Liedern, die mit nichts zu vergleichen sind. Die albanische Tonleiter entspricht nicht der modernen europäischen, sondern besteht aus lauter Halbtönen und noch allem Denkbaren dazwischen. Die Musik hat auch keine getaktete Zeitstruktur. Der Rhythmus ist mal schnell, mal verzögert, je nach dem Verhältnis des Sängers zum Dramatischen, und die Worte werden unglaublich in die Länge gezogen, über endlose winzige Schleifen und Auf- und Ab-Bewegungen, was kaum eine englische Kehle nachmachen könnte. Für den Uneingeweihten scheinen die Lieder nirgendwo zu beginnen und irgendwo zu enden, bis das Ohr nach einigen Wochen, gewissermaßen an eine neue Sprache gewöhnt, sowohl Melodie als auch Rhythmus zu erkennen beginnt, und Lieder, die anfangs alle gleich klangen, unterscheidbar werden. Sie sind sehr speziell und eigen und nicht ohne Charme. Gesungen werden sie aus vollem Halse und mit künstlicher Stimme, hoch bei Männern und tief bei Frauen. Die beiden Geschlechter singen so ähnlich, dass ich einmal die Stimme eines dreizehnjährigen Mädchens, das im Nachbarzimmer sang, für die eines Mannes hielt. Ihre erfreuten Eltern sagten: »Ja, sie hat wirklich eine sehr schöne Stimme.«

Mein albanischer Begleiter Marko und die Kirchenmänner besaßen alle gewaltige Stimmen, die das Dach zum Erzittern brachten. Ein Lied handelte von einer Witwe mit zwei Söhnen. Der Ältere ging in die Berge und wurde Räuber. Seine Mutter glaubte, er sei tot. Der Jüngere blieb bei ihr, aber als er wegen seiner Geschäfte übers Gebirge gehen musste, wurde er aus dem Hinterhalt angeschossen und tödlich verletzt. Als er im Sterben lag, erkannten die beiden Brüder einander wieder. Entsetzt wollte der Ältere sich selbst erschießen, da rief der Jüngere: »Töte nicht auch noch den zweiten Sohn unserer Mutter. Geh zu ihr und sag ihr, ich sei in ein fernes Land gezogen und dass du jetzt bei ihr bleiben würdest.« Er starb, und der Räuber kehrte nach Hause zurück.

Ein anderes handelte von einem jungen Mann, der einen Freund besuchte. Er klopfte mit dem Kolben seines Revolvers an dessen Tür. Dabei löste sich ein Schuss aus der Waffe und tötete ihn. Das Lied beklagte sein Schicksal.

Das Fest fiel eigentlich auf den Samstag. Es wurde aber am Sonntag begangen, weil der Samstag ein Fastentag ist und man nicht ohne gebratenen Hammel feiern kann. Am frühen Sonntagmorgen strömte ein Teil der Besucher wie ein lebendiger Wasserfall im Zickzack die Berge herab, und ein anderer Teil näherte sich herdenweise aus den Tälern – von Hoti, von Kastrati und Boga, alle in ihrem festlichsten Aufzug –, die Männer zuerst, die Frauen hinterher. Immer wenn eine Gruppe in Sichtweite der Kirche angelangt war, rief sie nach dem Priester; und peng, peng, peng gingen fünfzig Gewehre auf einmal los; wusch flogen die Kugeln; plopp, plopp, plopp antwortete der alte Sechslader des Priesters. Und noch bevor es Mittag wurde, wimmelte das Versammlungsgelände rund um die Kirche von den prächtigsten Exemplaren der Menschheit. Wer nur Skutari besucht, bekommt selten den echten Mann der Berge zu Gesicht – entweder befindet er sich gerade im Krieg mit der Regierung oder er schuldet Blut, und dann schickt er seine Frauen in die Stadt, die für ihn seine Geschäfte erledigen.

Die Etikette verlangte, dass die Skreli-Leute als Gastgeber nicht ihre besten Kleider tragen sollten, der Pfauenauftritt gebührte allein den Gästen. Und als Pfauen zeigten sie sich wahrhaftig. Viele führten herrliche, silberbeschlagene Waffen mit sich, und obwohl sie Revolver trugen, hatten sie »zum Angeben« große silberne Stöcke im Gürtel stecken. Schneeweiße Kopfbedeckungen blitzten in der Sonne – scharlachrote und goldene *djemadans* und *jelehs,* der kurze, schwarze *ghurdi* und die herrlich dekorative schwarze Stickerei auf den eng sitzenden *chakshir* (Hosen) sowie Uhr und Pistolenketten aus schwerem Silber – üppig mit falschen Rubinen und Türkisen besetzt, die der Mann der Berge liebt –, all das brachte die schlanken, geschmeidigen Gestalten aufs Vorteilhafteste zur Geltung. Die Mehrheit gehörte zu dem Typus der Männer mit langem Gesicht und Adlernase, ausgeprägtem Kinn, schräg abfallenden Augenbrauen, die einen mit Haselnussaugen und braunem Haar, die anderen mit graublauen Augen und blondem Haar. Alle hatten geschorene Häupter, wobei der ausgesparte ungeschorene Teil in Form und Position variierte. Wer solche Haarschöpfe studieren will, muss kirchliche Feste besuchen. Nur dort kann man häufig unbedeckte Häupter sehen.

Über die Kopfbedeckung sagen die Christen in Skutari immer: »Die haben sie von den Türken.« Aber ein gewisser Henry Blunt erwähnt 1650 eine eigenartige Legende, die besagt, die Kopfbedeckung stamme aus der Schlacht bei den Thermopylen, werde seither durchgehend getragen und sei ihrerseits von den Türken übernommen. Das ist interessant, auch wenn der Teil mit den Thermopylen zweifellos ein Märchen ist. Aber sie zeigt, dass man schon um 1650 glaubte, diese Art der Kopfbedeckung habe es in Europa lange vor den Türken gegeben.

Die Frauen, die hinter den Männern her zogen, verhüllen ihren Kopf ebenfalls. Und sie sind ebenfalls rund um die Schläfen geschoren. Ihre Gesichter wirken außerordentlich lang und fast ausdruckslos. Manche Frauen sind auch noch am Haaransatz streifenförmig geschoren, aber dieser geschorene Streifen ist häufig durch einen Pony bedeckt. Das ist das einzige an Haar, was man sieht, und es ist immer dunkel, durch Färbung oder durch Öl. Unverheiratete Mädchen haben häufig ziemlich blondes Haar.

Mädchen und Frauen kleiden sich unterschiedlich. Die Kleider der Mädchen sind aus dickem, steifem, weißem Wollstoff mit schwarzen Querstreifen. Rock und Mieder sind miteinander verbunden, und das Mieder ist an den Seiten offen. Die Obergewänder sind bei Männern wie Frauen in den Achseln gewöhnlich offen, damit Luft durchdringen kann.

Unter dem Kleid tragen die Frauen und Mädchen dieser Gegend ein Hemd mit langen Ärmeln und sonst nichts außer den gestrickten langen Strümpfen mit fantasievollen Mustern in Rot und Schwarz oder Schwarz und Weiß. Verheiratete Frauen tragen einen schwarzen glockenförmigen Rock aus steifem, schwerem Wollstoff mit Streifen in stumpfem Purpurrot (selbst gefärbt) oder Violett (in Skutari gekauft). Das Mieder ist an den Seiten offen, und dicke, stark befranste Achselklappen bedecken die Schultern. Über dem Rock sitzt eine schwere, gestreifte Schürze aus demselben Stoff. Und um die Taille wird ein großer Ledergürtel getragen, dicht mit kleinen Nägeln besetzt und zwischen 12 und 15 Zentimetern breit. Eine ungeeignetere Kleidung für verheiratete Frauen lässt sich kaum denken. Auf dem Kopf sitzt stets eine flache schwarze Kappe, in die oben in versilberter Filigranarbeit ein einfacher oder doppelter Halbmond eingestickt ist. Oder sie ist mit einem ähnlichen Muster aus Goldfäden geschmückt. Diesen Halbmond hätten ihre Kappen schon immer getragen, sagen die christlichen Frauen, er sei nicht türkisch. Damit haben sie wahrscheinlich sogar recht. Halbmond und Sonne erscheinen bei diesen christlichen Stammesvölkern sehr häufig zusammen mit dem Kreuz als Muster bei Tätowierungen. Das scheinen Relikte eines alten, vorchristlichen Glaubens zu sein, der absolut nichts mit dem Islam zu tun hat. Die Moslems tätowieren keinen Halbmond, sondern ein doppeltes Dreieck.

Die Glocke läutete, und die Kirche wurde proppenvoll. Die Sitzplätze waren den Gästen überlassen worden, und die meisten Leute vom Skreli-Stamm knieten draußen vor der Kirche.

Für das Fest hatte man für eine Woche *besa* geschworen, und so konnten sich alle Blutsfeinde als Freunde begegnen.

Nach dem Gottesdienst gab es einen Sturm auf die Gewehre, die draußen gestapelt waren; und es begann ein Schießwettbewerb, zusätzlich begleitet von einer allgemeinen Schießerei. Alle waren höchst fröhlich und liebenswürdig, und es war kaum zu glauben, dass fast jeder jedem Blut schuldete, als Täter oder als Opfer.

Gegen drei Uhr zerstreuten sich die Versammelten mit erstaunlicher Geschwindigkeit, um mit ihren Skreli-Gastgebern zu speisen. Die fröhliche Schießerei sollte noch bis spät in die Nacht dauern, doch kein Unfall trübte die *festa*. Nicht immer enden *festas* unter den wilderen Stämmen allerdings so glimpflich. Der Erzbischof erzählte, dass während eines Fests des Schutzheiligen vor seiner Kirche – er war damals noch Gemeindepriester eines Pulati-Stamms – sieben Männer erschossen worden waren.

Da es weder Heu noch Getreide gab, waren die Pferde der gesamten Gesellschaft unterdessen zum Grasen ins Gelände geschickt worden. Und so erwachten wir in einer pferdelosen Morgendämmerung. Die kräftigen geistlichen Rösser, die es nicht lustig fanden, an einem Festtag zu fasten, waren auf der Suche nach nahrhafterer Kost allesamt in die Ferne entschwunden, darunter auch das des Erzbischofs.

Meine bescheidenen *kirijee*-Pferde, die über keine überschüssige Energie verfügten, wurden schon nach einer Stunde gefunden. Und so ließen wir die untröstlichen pferdelosen Kirchenmänner auf dem Balkon zurück und machten uns auf ins untere Kastrati, zusammen mit einem Kastrati-Mann als Führer, dem Bruder des Mannes, der uns hergebracht hatte – einem lebhaften Kerl mit geschorenen Schläfen und Haaren, die in einem glatten Vorhang über seiner rasierten Stirn klebten.

Er hatte die *festa* ungeheuer genossen und seine gesamten Patronen verfeuert – vierzig Stück. Mehr besitzen die meisten Männer nicht. Sie kaufen Zündhütchen und Pulver, gießen sich ihre eigenen Kugeln und füllen ihre leeren Patronenhülsen immer wieder nach. Das Martini-Gewehr ist hauptsächlich deshalb so beliebt, weil seine Patronenhülsen sich so einfach nachfüllen lassen. Als Schnellfeuergewehr ist es natürlich nicht mit der Mauser zu vergleichen. Aber die Martini verursacht sehr viel schlimmere Wunden und bringt das Opfer tatsächlich zu Fall, während die Mauser das nicht immer schafft. Und da es in den Bergen reichlich Deckungsmöglichkeiten für einen Schuss aus der Nähe gibt, hat die Martini jede Menge Bewunderer. Viele haben mir berichtet, dass für eine richtig gute altmodische Wunde das gute alte Steinschlossgewehr, fest gestopft mit einer Portion Pulver und gefüllt mit einer gewaltigen Kugel sowie Nägeln und weiteren Objekten der Wahl, bei einem Schuss aus der Nähe eine sichere Sache sei.

Wir durchquerten das Flusstal des Proni Thaat, einen schmalen Streifen kultivierten Lands, der mit Mais und Tabak bepflanzt und zu beiden Seiten von grauem, trostlosem Karst flankiert war. Dieses kahle Gebirge wird sich wohl wirklich nur durch jahrhundertelanges Aufforsten kultivieren lassen. Unterwegs kamen wir an einem christlichen Grab vorbei, das mit einem Kreuz und dem primitiven Relief eines gesattelten Pferds geschmückt war. Der Führer und mein *kirijee* erklärten mir, es sei Sitte, das Lieblingspferd eines Mannes auf seinen Grabstein zu meißeln. Ob das womöglich auf die Zeiten hinweist, als das Kriegspferd noch zusammen mit seinem Reiter begraben wurde?

Ich sah weitere Beispiele solcher Gräber.

Bei Ura Zais verließen wir den Fluss und zogen über die platte Ebene nach Baitza. Es ging vorbei an üppigen Feldern, die durch Pferdeschädel auf Pfählen oder deren modernen Ersatz, verbeulten weiß gestrichenen Benzinkanistern, gegen den Bösen Blick geschützt wurden. Ein Kreuz gewährte zusätzliche Sicherheit.

Die Kirche und das Pfarrhaus von Baitz stehen auf einem hübsch ebenen Stück Land, kaum höher gelegen als die Seeoberfläche, das vor Feldfrüchten, Kirschen, Feigen und Mandeln nur so strotzt, aber im Sommer von der Malaria heimgesucht wird.

Der Kirchturm trägt den Namen des Erbauers, Selim aus Debra.

Die besten Baumeister in Nordalbanien sind nämlich Moslems aus Debra: albanischsprachige kleine dunkle Männer. Sie tragen allerdings die *dolama* (den langen Mantel) der Slawen, gegürtet mit einer orangefarbenen Schärpe.

Obwohl wahrscheinlich selber gemischten Bluts, sind die Moslems von Debra einige der schärfsten Verfolger der Slawen und hauptsächlich für den schlechten Ruf der Albaner in England verantwortlich.

Auf dem Friedhof steht ein Kreuz, das in vielen Teilen des Landes verbreitet ist. Jeweils ein grob gemeißelter Vogel hockt auf den Querarmen und einer oben auf der Spitze. Die Einheimischen sagen, der Vogel sei ein *pllum* (eine Taube) und er sei *per bukur* (für die Schönheit). Eigentlich dient er aber auch nur der Abwehr von *Syy kec* (dem Bösen Blick). Ansonsten ist auf der gesamten Balkanhalbinsel der Hahn der dafür zuständige Vogel. So zierte ein bizarrer kleiner hahnähnlicher Vogel die Haarbänder der herzegowinischen Frauen. Es ist durchaus möglich, dass die Taube – traditionell das Symbol für den Heiligen Geist – auf christlichen Gräbern den einstigen magischen Vogel ersetzt hat. Aber taubenähnliche bronzene Schaftringe tauchen auch auf frühen bosnischen Gräbern auf.

Christen und Moslems – von letzteren lebt eine beträchtliche Menge im unteren Kastrati – verkehren absolut freundschaftlich miteinander. *Innerhalb* eines Stamms werden niemals Menschen aus religiösen Gründen verfolgt. Solcherlei Vorfälle geschehen immer nur zwischen verschiedenen Stämmen.

Wir streiften umher. Die Leute waren ebenso neugierig auf mich wie ich auf sie. Wir betraten das erste Haus, das uns hereinbat, und stiegen hinauf in den dunklen Wohnraum.

Er war voller Menschen, die sich in bitterem Ton beklagten. Da sämtliche fünf großen Stämme dem türkischen *Sergherdé* die Gefolgschaft verweigerten, konnten die Männer nicht mehr auf den Basar gehen. Sie waren wütend, entmutigt, mürrisch. Im vergangenen Jahr hatte der Sultan verlangt, ein Teil des besten Weidelands von Kilmeni solle an Montenegro abgegeben werden, als Gefälligkeit gegenüber dem Herrscher. Welches Recht erlaube es dem Sultan, ihr Land wegzugeben? Wenn er Land verschenken wolle, dann solle er Stambul hergeben, das ihm gehöre, aber nicht Land, das schon lange, bevor die Türken kamen, zu Albanien gehörte. Was hat die türkische Regierung jemals für uns getan? Es gibt keine einzige Straße im Land. Gebt uns eine gerechte Regierung. Wir sind arm und unwissend. Die Türken tun nichts für uns, außer mit Hilfe von Bestechung. Von ihnen werden wir nie Gerechtigkeit erfahren. Die Männer schworen, sie würden jedem ausländischen Prinzen, der sie führen wolle, in Treue folgen. Vor fünfundzwanzig Jahren hätten sie geglaubt, die Rettung sei nahe, aber Österreich habe sie verraten. Nun wüssten sie weder, an wen sie sich wenden, noch, woher sie Munition bekommen sollten, mit der sie sich freikämpfen könnten.

Zwei Personen dieses melancholischen Haushalts waren Gäste, auf der Flucht vor Blutrache, und ihr Schutz oblag den Gastgebern. Einer der Geflüchteten war erst fünfzehn, kam aus Skreli und hatte gerade seinen ersten Mann getötet. Er war ein großer, dunkler Junge, der älter aussah. Ich glaube, sein erstes Blut lag ihm schwer auf der Seele – nicht als Verbrechen, sondern als ein Ereignis, das ihn plötzlich mit den brutalen Tatsachen des Lebens bekannt gemacht hatte. Er saß nur stumm da. Der anfängliche Siegesrausch war verflogen. Wir sprachen mit ihm. Er war in Skutari zur Schule gegangen und konnte ein wenig lesen und schreiben. Jetzt würde er nicht mehr dahin zurückkehren können. Als Ausgestoßener war er für sein Überleben auf die Mildtätigkeit anderer angewiesen, all seine Bewegungen wurden von dem Bluträcher verfolgt. Die Situation lähmte ihn. Warum hatte er diesen Mann getötet? Das Gesetz verpflichte ihn dazu. Seine Gastgeber fügten hinzu, die türkischen Behörden hätten dem Stamm befohlen, dass sein Elternhaus (da er selbst keines besaß) niedergebrannt würde, doch da der Stamm in Fehde mit dem türkisch verwalteten Skutari lag, gehorchte man nicht.

Der zweite Gast war ein erschöpft wirkender Mann um die vierzig. Auch er sagte, er sei »verpflichtet gewesen zu töten. Es gibt keine Regierung. Gott möge uns helfen! Nach dem alten Gesetz musst du den Mann, der dich verletzt hat, deinerseits töten, sonst wird er dich immer schlimmer behandeln.« Die Familie, die die beiden beherbergte, befand sich ebenfalls in Blutfehde, und nur die Frauen konnten das Haus verlassen und sich frei bewegen. Man diskutierte, welche Macht sie retten könnte. Der österreichische Konsul tauge nichts, sagten sie. Er habe sie kürzlich besucht und sei ein Feigling. »Wir haben ihm Kaffee gekocht, und er überließ seiner Frau die erste Tasse. Er hatte Angst vor einer Frau!«

»Das«, sagte Marko, »ist Sitte *alla franga*.«

»Ich würde meine Frau nie zusammen mit mir essen lassen«, sagte der Mann, der Blut schuldete. »Sie muss stehenbleiben und warten, bis ich fertig bin. Was ist das nur für ein Konsul!« Und er brüllte vor Lachen – ein kurzer Heiterkeitsanfall inmitten des allgemeinen Trübsinns.

Wir verließen das düstere, blutvergiftete Haus und gingen weiter, nur um gleich darauf von einer Gruppe Männer und Frauen angehalten zu werden, die das Auftauchen einer vollkommen Fremden höchst alarmierend fand. Sie wollten von mir wissen, was ich hier zu schaffen hätte. Gehorsam setzten wir uns nieder und gaben die feierliche Erklärung ab, dass ich nicht gekommen sei, um nach einem Schatz zu suchen, und auch nicht vorhätte, in der Nacht ungeahnte Mengen von Gold abzutransportieren. Das erleichterte sie, und ein alter Mann bat uns sofort in sein Haus, eine elende Einzimmerhütte mit einem Boden aus feuchter Erde und ohne Fenster. Der Webstuhl mit einem halb fertigen Stück Kattun stand im Eingang, weil es nur dort genug Licht zum Arbeiten gab. Der zerlumpte alte Mann führte uns mit geradezu höfischer Anmut nach drinnen, gab uns die einzigen beiden Hocker und wies seinen Sohn an, Kaffee zu kochen. Unterdessen zeichnete ich den Webstuhl. Sie waren entzückt. Sie hatten noch nie eine Frau gesehen, die schreiben konnte, und noch nie irgendjemanden, der einen Webstuhl »schreiben« konnte. In den Bergen unterscheiden die Leute nicht zwischen Schreiben und Zeichnen. Ich bin mir gar nicht sicher, ob ihnen überhaupt der Unterschied zwischen den beiden Prozessen klar ist. Einer meinte, eine »schreibende Frau« sei doch eine gute Partie, aber Marko erklärte, diese Sorte Frau würde niemals Holz und Wasser holen gehen, was die Begeisterung dämpfte.

Als ich zum Gehen aufbrach, fragte der alte Mann, ob wir denn ein Dach für die Nacht hätten. »Wir sind arm. Brot, Salz und unsere Herzen sind alles, was wir anbieten können. Aber

Sie sind herzlich willkommen, so lange bei uns zu bleiben, wie Sie möchten.«

Es beglückte mich, dass es selbst in den jämmerlichsten Winkeln der Erde so viel menschliche Güte gibt.

Gegen Abend setzte ich mich mit meinen drei Männern vor die Kirche ins Gras und sah zu, wie am wolkenlosen Himmel nach und nach die Sterne erschienen. Eine Frau kam vorbei, die man hier scherzhaft als Nonne bezeichnete. Sie war eine dieser Frauen, die Jungfräulichkeit geschworen hatten. Diese hier hatte sich geweigert, den Mann zu heiraten, dem sie als Kind anverlobt worden war. Die »Nonne« setzte sich zu uns und neckte die Männer auf sehr weltgewandte Weise. Der *kirijee* erzählte unter schallendem Gelächter, dass solch eine Nonne in der Nachbarschaft einmal die Dienerin eines Priesters gewesen sei. So makellos von Charakter und so gottesfürchtig sei sie gewesen, dass alle meinten, sie würde, wenn sie sterbe, auf der Stelle ins Paradies gelangen. Und als der Priester starb, schockierte sie den gesamten Stamm, weil sie einen Moslem aus Gusinje heiratete! Jetzt konnte sie mit ihrem Ehemann nie mehr nach Hause zurückkehren, denn das würde Blut bedeuten.

Ich fragte, wie alt sie bei ihrer Heirat gewesen sei. Vierzig, und ihr erster Verlobter habe schon vor langer Zeit eine andere geheiratet. Darauf meinte ich, es sei doch sehr ungerecht, eine Frau von vierzig Jahren an ein Versprechen zu binden, das zu einer Zeit für sie gegeben wurde, wo sie noch kaum geboren war. Das habe sie in die Sünde getrieben – wenn es überhaupt eine Sünde sei –, einen Moslem zu heiraten, weil kein Christ so mutig gewesen sei, sie zur Frau zu nehmen. Empört erwiderten alle, sie habe aber doch die Ehre ihres ersten Verlobten beschmutzt und auch die von zwölf Zeugen, vor denen sie Jungfräulichkeit geschworen habe. Und nun hofften sie, wenig mitfühlend, dass es der Frau jetzt sehr schlecht ergehen möge und dass sie bereue. Doch sie war fort, auf der anderen

Seite der Prokletija (der »fluchbeladenen Berge«), und ich habe nie erfahren, wie die Geschichte der Frau, die einen Moslem heiratete, ausgegangen ist.

Unser Kastrati-Führer bot an, uns weiter nach Bridzha in Hoti zu begleiten, was unser nächstes Reiseziel war. Und so brachen wir frühmorgens auf. Der Weg über die untere Kastrati-Ebene ist gut – die rote Erde ist sorgfältig von Geröll befreit, und wo es möglich ist, hat man gesät. In den felsigen Bereichen wachsen Bergulmen und Straucheichen. Wir ritten landeinwärts, parallel zum Licheni Hoti (dem See von Hoti), einem langen, versumpften Arm des Sees, der in die Ebene führt und Kastrati von Hoti trennt. Auf der Kastrati-Seite säumen ihn niedrige Hügel, Schauplatz des unglückseligen Aufstands vom Mai 1883, auf den die Menschen sich beziehen, wenn sie davon sprechen, dass Österreich sie »betrogen« habe.

Und so geht die Geschichte. Ein »Ungar«, der sich mal Delmotzi und dann wieder Lemass nannte, reiste durch das Große Gebirge und sprach überall von Freiheit. Damals war eine Kommission zu Fuß unterwegs, um die albanisch-montenegrinische Grenze festzulegen. Er erzählte den Leuten, ihnen würde dabei noch mehr Land entrissen. Wenn sie sich aber erhöben, um es zu retten, sei ihnen die Unterstützung der Regierung von Österreich-Ungarn sicher, die nicht an einer Erweiterung der slawischen Grenzen interessiert sei.

»Ich habe ihm geglaubt«, sagte ein alter Mann, der dem »Ungarn« als Führer gedient hatte. »O Gott, ich habe ihm geglaubt! Ich habe geglaubt, wir könnten uns so von der Türkenherrschaft befreien. Er fragte, wie lange unsere Munition reichen würde, und wir sagten: ›Zwei Wochen‹. ›In vier Tagen kommt Hilfe‹, versprach er uns.«

Also erhoben sich die Stämme der Kastrati und Hoti und überrumpelten die türkische Obrigkeit. Wären alle Stämme sofort aufgestanden, hätten sie zweifellos, zumindest für eine gewisse Zeit, alles hinwegfegen können, was ihnen im Wege stand. Doch entweder waren die Versprechungen des »Ungarn« nicht von oben abgesegnet, oder Österreichs Pläne hatten sich geändert. Zu jener Zeit waren die meisten Priester Ausländer und standen unter österreichischem Einfluss. Und sie hielten ihre Schäfchen, die den Aufstand zur Befreiung unbedingt unterstützen wollten, dadurch zurück, dass sie ihnen erklärten, die Befehle zum Widerstand seien noch nicht eingetroffen. Unterdessen eilten die türkischen Truppen an Ort und Stelle. Die glücklosen Aufständischen sicherten die niedrige Hügelkette und verteidigten sich mit der Grausamkeit der Verzweiflung. Als sie fast keine Munition mehr hatten, stürzten sie sich in einem letzten Aufbäumen auf die Soldaten, machten sich über die Toten her und entrissen Lebenden und Toten die Patronen aus ihren Gürteln. Der österreichische Konsul Lippich und der französische Konsul intervenierten, um ein endgültiges Massaker zu verhindern. Es wurde ein Waffenstillstand vereinbart, und die Überlebenden wurden, unter Zusage sicheren Geleits, dazu überredet, sich nach Hause zu begeben. Doch die Türken überfielen sie einzeln, metzelten viele nieder und setzten ihre Häuser in Brand. »Möge Gott den erschlagen, der sein Vertrauen in einen Türken setzt«, lautet ein balkanisches Sprichwort.

Was hinter dieser ganzen Geschichte steckt, werden wir nie erfahren. Dass Österreich in die Sache verwickelt war, sei bewiesen, sagen die Leute. Denn einer der Anführer – wütend über den Verrat – reiste sofort nach Wien und verlangte Entschädigung. Eine Visitenkarte, die der »Ungar« ihm gegeben hatte, verschaffte ihm unmittelbaren Zutritt zu Baron Kallay, der ihm nun einen Posten in der bosnischen Gendarmerie anbot (den er empört zurückwies, da er sein Heimatland auf keinen Fall verlassen wollte) und ihm eine kleine Summe Geld gab. Von dem »Ungarn« wurde nie wieder etwas gehört, aber die Leute sprechen noch immer gern über die Eisenbahn und die Straßen, die er ihnen versprochen hatte.

Wir passierten die Grenze zwischen Kastrati und Hoti. Weit hinten am Ende des ansteigenden Tals leuchtete die Kirche von Bridzha als einzelner weißer Fleck. Sie schien meilenweit von allem entfernt. Ich fragte, ob eines der Häuser, die sich am Fuße des Bergs zusammendrängten, uns wohl ein Mittagessen servieren könne. Das Haus des *bariaktar*, sagte der Kastrati-Führer sehr bestimmt, würden wir nicht betreten, weil er ein Moslem sei. Doch er kenne ein großes christliches Haus, das uns gut bewirten werde.

Wir fanden ein wüstes Durcheinander aus Brettern und Pfählen vor, denn der Besitzer und die Männer seines Hauses waren dabei, es zu erweitern. Wir stiegen eine verwegene Treppe hinauf, krochen durch ein Loch in der Wand und tauchten ein in eine gewaltige, höhlenartige Dunkelheit. Nur drei Jakobsleitern aus Sonnenlicht, auf denen Rauchengel wirbelnd auf und nieder schwebten, drangen zwischen zerbrochenen Ziegeln durchs Dach und erhellten den Raum. Die zwei winzigen Gucklöcher am anderen Ende wirkten wie blasse Sterne in der Finsternis.

Unser Empfang war herzlich. Kissen und Schaffelle wurden für uns ausgebreitet, und eine Frau warf ein großes Reisigbündel ins Feuer, das in einer Ecke unter einer riesigen Haube glühte. Als meine Augen sich an den abrupten Übergang von blendender Helligkeit in schwarze Dunkelheit gewöhnt hatten, konnte ich die herrliche Szenerie im Einzelnen bewundern.

Es war ein sehr großer Raum, vollgestopft mit verschiedensten Waren – und er war so riesig, dass die siebenundzwanzig Personen, die sich an beiden Enden versammelten, wie zwei kleine Grüppchen wirkten. Ganz weit hinten bei dem überdachten Feuer bereiteten die Frauen – als dunkle Silhouetten vor den Flammen – das Mittagsmahl zu.

Ein roter Widerschein tanzte auf den rauchgeschwärzten Deckenbalken. Plump angestrichene Truhen, zwanzig oder mehr, die die Habe der Familie enthielten, waren in einer langen Reihe übereinander gestapelt. Waffen und Feldgerätschaften hingen an Haken an Wänden und Querstreben. Mehl und fast sämtliche sonstige Lebensmittel lagerten in zu Fässern ausgehöhlten großen Baumstämmen. Es herrschte ein unbeschreibliches Durcheinander aus alten Kleidern, Sätteln, Zaumzeug und Patronengürteln, die in wüsten Haufen im Raum verteilt waren.

Das Bettzeug – dicke Laken aus weißem, selbst hergestelltem Filz, Kissen aus roter Baumwolle und geflochtene Schilfmatten – stapelte sich auf den Truhen.

Der Fußboden bestand aus dicken, kurzen, mit der Axt behauenen Bohlen, und die mächtigen Wände, gegen die nur eine kräftige Artillerie irgendeine Chance hätte, waren aus nackten, unbehauenen Steinen errichtet. Getrocknetes Fleisch sowie lange Girlanden aus kleinen getrockneten Fischen für die Fastentage hingen von der Decke.

Eigentlich war es eher eine Art riesiger Keller als ein Haus. Und in seinen Ausmaßen, seiner Düsternis und seinem Chaos hatte es sogar etwas Erhabenes und Urzeitliches. Selbst Höhlenmenschen werden mit kaum weniger Luxus gelebt haben.

Gegen Mittag strömten die Männer von der Baustelle herein. Kaffee und *rakia* flossen in Strömen. Eine *sofra* (niedriger runder Tisch) wurde hereingetragen, und in die Mitte legten die Frauen in Stücke geschnittenen gesalzenen Schafskäse; damit sollte der *rakia* besser runtergehen.

Der Kastrati-Mann wurde ganz besonders zum Trinken genötigt; seine Anwesenheit erregte große Heiterkeit. Und der »Witz« war ein speziell albanischer. Nicht nur lag Kastrati in Blutfehde mit Hoti, sondern Kastrati hatte ausgerechnet die Ehre genau des Hauses beschmutzt, in dem wir gerade saßen, und zwar so schlimm, dass beide Stämme geschlossen in diese Fehde verwickelt waren. Ohne das sichere Geleit eines Hoti-Mannes – bzw. ohne den Schutz durch einen Fremden, in diesem Fall war ich das – hätte mein fröhlicher junger

Kastrati-Führer die Grenze nur unter Lebensgefahr überqueren können. Und nun hatte er beschlossen, sich direkt in die Höhle des Löwen zu begeben. Diese »Dreistigkeit« gefiel allen außerordentlich gut. Jeder trank auf seine Gesundheit, er war der Ehrengast, und heiter diskutierte man, wie viel Blut es wohl noch erforderte, bis der Frieden wiederhergestellt war. Der Herr des Hauses war ganz offen: fünf, glaubte er, seien nötig. Und der Kastrati meinte ebenfalls, mit fünf würden sie sich zufriedengeben. Man ließ ihn allerdings wissen, dass das mit seinem Besuch hier zwar in Ordnung gehe, dass er aber, falls er seinen Auftrag ausführen und mich bis nach Bridzha bringen werde, keinen Schritt darüber hinaus tun dürfe. Ich fragte ziemlich besorgt, wie er denn dann zurückkehren solle, denn ich hatte nicht vor, wieder umzudrehen, um ihm Schutz zu gewähren. Sie lachten und versprachen ihm sicheres Geleit. Das sei »alles im Spiel inbegriffen«.

Der Hausherr war ein geradezu überschwänglicher Gastgeber – er war stolz darauf, ein Hoti-Mann zu sein, stolz auf sein großes Haus und glücklich, dass er alles darüber erzählen konnte.

Gott sei Dank habe er nicht nur genug für seine Familie, sondern auch für alle seine Freunde. Ich sei herzlich eingeladen, so lange zu bleiben, wie ich wolle. Herden besitze er in Hülle und Fülle. Seine Felder erbrächten, wenn es genügend regne, acht Pferdeladungen Mais. (Ein *tovar* – eine Pferdeladung – sind 100 *okes*. Ein *oke* sind fast zweieinhalb Pfund). Wenn es doch nur eine anständige Regierung gäbe und ein Mann sich seiner Habe sicher sein könnte, dann würde es ihnen allen sehr gut gehen. Die Türken? – er hasse sie. Von denen sei keine Gerechtigkeit zu erwarten.

Er missbilligte die Blutrache, aber solange es keine Regierung gebe, müsse ein Mann seine Ehre und seinen Besitz gemäß dem Brauch der Berge selber schützen. Zu seinem Haus gehörten acht mit Waffen ausgestattete Männer, sechs Frauen und acht Kinder, außerdem acht nagelneue Mauser, die pro

Stück zwölf Napoleontaler gekostet hatten. (Die Summen, die für Waffen und Munition ausgegeben werden, stehen in keinem Verhältnis zu allen anderen Ausgaben.) Die Mausergewehre und die neuen Gürtel, dicht bestückt mit funkelnden Patronen, wurden stolz zur Schau gestellt – hauptsächlich wollte man, wie ich vermute, den Kastrati-Mann beeindrucken und ihm zeigen, dass Hoti bereit war. Da er selbst nur mit einer Martini aufwarten konnte, war er auch tief beeindruckt.

Vier der bewaffneten Männer waren jung und unverheiratet. Unter den sechs Frauen war auch eine lebhafte, drahtige alte Dame, die Großmutter der Familie; eine andere war die Witwe des Bruders unseres Gastgebers, der wenige Monate zuvor erschossen worden war.

Unser Gastgeber war der Herr des Hauses und hielt die Geschicke aller in seinen Händen. Ich fragte ihn nach dem Preis einer Frau in dieser Gegend. »Zwanzig Napoleontaler für eine aus meinem Haus«, erwiderte er. »Manche verlangen nur sechzehn. Das nenne ich ein Mädchen wegschenken. Von mir bekommen sie keines zu diesem Preis. Dieses hier«, er zeigte auf ein Baby von acht Monaten, das fest eingewickelt in einer großen hölzernen Wiege lag, »ist schon verkauft. Fünfzig Florin habe ich schon erhalten, der Restbetrag folgt, wenn ich sie ihrem Ehemann schicke.«

In welchem Alter er denn ein Mädchen weggebe?

»Niemals unter sechzehn. Das ist nicht gesund. Viele geben sie früher weg. Ich nicht.«

»Und wann geben Sie einem Jungen eine Frau?«

»Nie unter achtzehn. Ich würde einen Jungen von sechzehn nur verheiraten, wenn es nicht genug Frauen im Haus für die zu erledigende Arbeit gibt und ich noch eine dazu nehmen müsste. Aber lieber nicht.«

Er war auch nicht bereit einzugestehen, dass das System der Säuglingsverlobung nicht in Ordnung war, obwohl Marko ausdrücklich darauf hinwies, dass die Kirche es vor Kurzem verboten hatte. Er betrachtete seine Frauen als beweglichen Besitz und erlaubte ihnen keine eigene Meinung.

Nur wenn eine Frau Jungfräulichkeit geschworen habe, würde er ihr dieselben Rechte wie einem Mann zugestehen. Er kenne eine, die jetzt vierzig sei. Ihr einziger Bruder sei erschossen worden, als sie zehn war. Seitdem habe sie immer Männerkleidung getragen. Sie besitze ein Haus und eine ordentliche Menge Land. Ich fragte, ob die Männer zusammen mit ihr äßen. Er schlug sich auf die Schenkel und sagte: »Selbstverständlich! Sie hat genau solche Hosen an wie ich und einen Revolver.«

Er prahlte sehr mit der Stärke der Frauen der Berge. Jede von ihnen, erklärte er, könne mit einer schweren Last Holz losziehen, um sie auf dem Markt in Skutari zu verkaufen. Unterwegs könne sie noch ohne Hilfe ein Kind kriegen, das Kind und das Holz in die Stadt tragen, das Holz verkaufen, Einkäufe erledigen und, als wäre nichts, wieder nach Hause zurückkehren.

Jemand erzählte die Geschichte vom Pascha von Skutari. Als er einmal unterwegs einer schwerbeladenen Frau begegnete, die ein eben geborenes Kind trug, fragte er sie aus und kehrte auf der Stelle zu seiner Frau zurück, die in Kürze ein Kind erwartete. »Hör zu«, sagte der Pascha: »Ich weiß jetzt genau Bescheid. Ich will kein Theater mehr! Die Bergfrauen können sich selbst helfen, das musst du auch.« Sein Eheweib, eine kluge Frau, sagte nichts, sondern wartete, bis der Pascha ausgegangen war. Dann bat sie den Diener, das Araberross des Paschas mit einem hölzernen *samar* zu satteln und damit in die Berge zu reiten und Feuerholz zu holen. Als der Pascha nach Hause kam, stellte er fest, dass sein herrlicher Araber einen aufgescheuerten Rücken und ein gebrochenes Knie hatte und völlig erschöpft war. Wütend fragte er seine Frau, wie sie hatte wagen können, ihn so zu behandeln.

»Mein lieber Herr«, erwiderte sie, »ihr sagtet, ich solle mich wie die Bergfrauen verhalten, also dachte ich natürlich, euer Pferd könne leisten, was die Bergpferde leisten.«

Alle lachten. Die Frauen brachten warmes Wasser in einem *ibrik*, dazu Seife und ein sauberes Handtuch für jeden. Wir wuschen unsere Hände, und auf der *sofra* wurde das Essen für die Männer serviert. Wir hockten uns um den Tisch (ich werde stets zu den Böcken der Herde gezählt), während die Frauen sich zurückzogen und respektvoll Abstand hielten.

Suppe, Geflügel, Eier und Milch waren hervorragend. Wir aßen mit hölzernen Schöpflöffeln aus einer gemeinsamen Schüssel. Der Kastrati-Mann nahm das Brustbein des Huhns und hielt es gegen das Licht, untersuchte dessen Zeichnung und erklärte, es sage nichts Böses für dieses Haus voraus – was sehr höflich von ihm war.

Die Hoti reagierten steif darauf und ließen es unkommentiert.

Wir wuschen unsere Hände erneut und erhoben uns von der *sofra*. Die Frauen eilten herbei und trugen die Reste in die andere Ecke des Raums, wo sie sie eifrig verschlangen.

Die Großmutter überwachte die Arbeit der Frauen und gab ununterbrochen Befehle. Zwei Frauen des Haushalts hatten den ganzen Tag lang, und das sieben Tage die Woche, Brot zu backen. Das Klatsch-Klatsch, wenn sie den schweren Maisteig schlugen, hörte nie auf. Er wurde in einem großen, ausgehöhlten Trog geknetet und auf einer kreisrunden hölzernen Schaufel in einen flachen Fladen geklopft, dann ließen sie ihn auf die heiße Herdplatte gleiten (oder in eine trockene Tonschale, die mit kleingeschnittenen Schweineborsten stabilisiert war) und buken ihn unter einem eisernen Deckel, auf den sie heiße Holzasche schaufelten. Gebacken wurde das Brot ungesäuert, und gegessen wurde es heiß und dampfend. Während ich dort war, wurden vier Laibe hergestellt.

Maisbrot wird überall in den Bergen gegessen – nicht, weil es keinen Weizen gäbe, sondern weil die Menschen unendlich viel lieber Mais essen. Sie kaufen den Mais sogar, wenn er doppelt so teuer wie Weizen ist. Der Mais wird sehr grob gemahlen, und das Brot ist unglaublich schwer. Die Menschen essen es in sehr großen Mengen; es ist ihre Grundnahrung. Sie sind so an seine Beschaffenheit gewöhnt, dass sie behaupten, Weizenbrot tauge nichts – man fühle sich nie richtig satt.

Ordentlich zubereitet war es ziemlich bekömmlich und sehr nahrhaft. Aber im schlechten Fall war es eine tödliche Mischung und, wie ich vermute, der Grund für die aufgeblähten Bäuche der schwächlicheren Kinder. Heißes, nur halb durchgebackenes Zeug wird stets mit Mengen von kaltem Wasser hinuntergespült.

Die Arbeit der Frauen in solchen Häusern ist außerordentlich schwer. Sie haben kaum eine freie Minute, außer wenn sie schlafen. Sie holen das Feuerholz und das ganze Wasser, und während sie hin und her, zur Quelle und zurück laufen, das schwere Wasserfass mit wollenen Bändern um ihre Schultern befestigt, spinnen oder stricken sie außerdem noch ununterbrochen. Sie weben und nähen all die aufwendigen Kleidungsstücke und stellen für die Hosen der Männer das wunderschöne schwarze Flechtwerk aus Litzen nach traditionellem Muster her. Die Litzen selber sind wiederum aus acht Fäden handgeflochten, und zwar über einem Halbzylinder aus Korbflechtarbeit, den die Flechterin zwischen ihre Knie geklemmt hält, während sie die klackernden Spulen von einer Seite zur anderen wirft und den entstehenden Zopf flink und geschickt hochsteckt. Dutzende Meter werden für ein Gewand benötigt; aber wenn es fertig ist, ist es ein Kunstwerk.

Die schwarze Wolle kommt meistens von der natürlichen Wolle schwarzer Schafe. Das matte Scharlachrot, das für den Besatz der Kleider verheirateter Frauen benötigt wird, wird an allerlei entlegenen Orten von Hand gefärbt. In der Gegend von Skutari beginnt man allerdings schon, importierte gefärbte Wolle einzusetzen. Die ledernen *opanke* (Sandalen), die alle tragen und die aus getrockneter Tierhaut bestehen, sind stets selbstgefertigt. Nur die schweren, nägelbesetzten Gürtel der verheirateten Frauen werden immer in Skutari gekauft. Sie sind Teil des Brautgewands, etwa zwölf bis fünfzehn Zentimeter breit und schwer wie das Geschirr für Pferdekarren. Mir tat schon der Anblick solch eines Gürtels auf dem Leib einer hochschwangeren Frau weh, doch seiner Trägerin scheint er keine Beschwerden zu bereiten.

Endlich krochen wir wieder hinaus ins Sonnenlicht. Unser Gastgeber und seine sieben bewaffneten Männer wünschten uns »Tun giat tjeter« (ein langes Leben), und wir verließen sein Grundstück, wobei wir an einer Reihe gebleichter Schädel von Ochsen, Schafen und Pferden vorbeiliefen, die ihn vor dem unsichtbaren Bösen beschützen sollten.

Der Anstieg nach Bridzha fand unter brennender Sonne statt. Der Weg führte über Steine, die viel zu scharfkantig fürs Reiten waren, und meine Männer nahmen ihn nur zögerlich in Angriff. Auf halber Höhe drängten wir uns auf einem schattigen Fleckchen zusammen, das auf den weißen Steinen wie vergossene Tinte aussah, und der Kastrati erzählte uns eine Blutrachengeschichte.

Ein junges Mädchen, Tochter eben des Hauses, in dem wir gerade gespeist hatten, war vor wenigen Jahren nach Kastrati verheiratet worden. Ihr Ehemann starb ein Jahr später und hinterließ sie kinderlos. Deshalb wurde sie ihrem Vater zurückgegeben, dessen Eigentum sie war und der sie erneut zu verheiraten (d. h. zu verkaufen) wünschte. Dem widersetzte sie sich entschieden und drohte, in dem Fall zu den Moslems zu fliehen und türkisch zu werden. Lieber wollte sie aber wieder zu ihren Schwiegereltern in Kastrati ziehen, und damit waren beide Familien dann einverstanden.

Nachdem sie ein Jahr bei ihnen gelebt hatte, erfuhr ihr Vater in Hoti, dass sie von ihrem Schwager schwanger war. Die Männer ihres Elternhauses waren höchst erzürnt über den, wie sie fanden, Fleck auf ihrer Ehre und wollten sich auf der Stelle rächen. Einer der Männer, mit denen wir gerade noch gegessen hatten, eilte schnurstracks nach Kastrati, fand den Schwager allein in seinem Haus, erschoss ihn und konnte sicher wieder entkommen. Das war erst einige Monate her, und beide Stämme lagen jetzt in tödlicher Fehde. Die befleckte Ehre der Hoti war noch nicht ausreichend reingewaschen, und Kastrati hatte Blut zu sühnen. Doch die Blutrachengesetze werden so besessen befolgt, dass unser Mann aus Kastrati sogar gewagt hatte, das Haus zu betreten, das das Zentrum der Fehde war.

Das Kind war noch nicht geboren, und ganz gleich, ob Junge oder Mädchen, das Ungeborene und seine Mutter mussten auf Kosten von Kastrati vor dem Tod bewahrt werden.

Ich fragte, ob die Frau getadelt oder bestraft worden sei, was alle überraschte. Sie betrachteten sie als bewegliche Habe, die in keinerlei Weise Verantwortung trug.

Diese Kastrati-Hoti-Tragödie zeigt, dass die Sitte, die Witwe eines Bruders oder Cousins zur Konkubine zu nehmen – falls sie denn je hier existiert hat – in *Maltsia e madhe* schon so lange ausgestorben ist, dass sie, zumindest von den Hoti, als Schande betrachtet wird.

Unser ermüdender Schleichgang in der Sonne führte uns endlich zum Pfarrhaus von Bridzha, das auf einem ebenen Sockel 380 Meter über dem Meeresspiegel liegt. Von dort aus kann man die Ebenen von Kastrati und Hoti, den Liceni Hoti und den See von Skutari sehen und noch weiter bis hin zum Rumia, dem großen Berg jenseits der montenegrinischen Grenze.

Der Pater war nicht anwesend, hatte aber liebenswürdigerweise die Anweisung hinterlassen, dass ich sein Haus als meines betrachten solle.

Wir trennten uns von unserem Kastrati-Führer, der laut beklagte, dass die Blutrache ihn daran hindere, mich weiter zu geleiten. Die Hoti seien zwar höflich, aber in dieser Angelegenheit sehr entschieden. Er sorgte dann für einen neuen Führer, einen hochgewachsenen, schlanken alten Mann mit scharfen, grauen Augen, einem dichten blonden Schnurrbart und einem freundlichen Lächeln. Er war drahtig und lebhaft, sagte, er sei fünfundsechzig, wirkte aber jünger. Lachend meinte er, fünfundsechzig sei doch gar nichts. Sein Onkel sei sechsundneunzig geworden und sein Großvater hundertunddreißig. Solange die Menschen nicht erschossen wurden, erreichten sie hier in den Bergen ein hohes Alter.

Der neue Führer entpuppte sich als eine Fundgrube traditioneller Gesetze. Und ich fand seine Informationen überall bestätigt.

Hoti, sagte er, sei ein einziges *bariak* und bestehe aus 500 Häusern, von denen nur drei, und zwar die der Familie des *bariaktars*, Moslems seien. Vor sieben Generationen seien alle Christen gewesen. Dann habe es einen großen Kampf gegeben – er glaubte, bei Dulcigno, war sich aber nicht ganz sicher. Der Wesir von Skutari habe das Kommando gehabt und die Bergstämme zum Gefecht gerufen. Die Stadt sei unbezwingbar gewesen, bis Hoti und Gruda angriffen. Ulk Lutzi von den Hoti sei als Erster eingedrungen. Sämtliche Hoti und Gruda seien gefolgt, und die Stadt sei eingenommen worden.

»Sprach der Wesir von Skutari zu Ulk (das heißt Wolf): ›Ihr seid ein Held! Ihr sollt Moslem werden so wie wir und dürft euch selbst eure Belohnung wählen.‹ Dann«, sagte der alte Mann lachend, »erklärte Ulk, er wünsche sich das Recht, sein Pferd am Eingang des Basars stehen zu lassen, ohne dass er Steuer dafür zahlen müsse. Der Wesir gewährte es ihm und machte ihn zum ersten *bariaktar* der Berge. Bisher hatte Kilmeni geführt, doch an dem Tag wurde Hoti zum ersten und Gruda zum zweiten aller Stämme dieser Berge gemacht, wenn sie im Norden in den Krieg zogen. Und so ist es noch heute. Im Süden führt Mirdita. Aber als Ulk Moslem wurde, hat Gott ihn nicht gesegnet, und seine Linie ist in sieben Generationen nur auf drei Häuser angewachsen.«

Diese Legende stimmt ziemlich mit der realen Geschichte überein. Etwa in der Mitte des achtzehnten Jahrhunderts eroberte Mehemed Bushatli, der Wesir von Skutari, mit Hilfe der Bergstämme Dulcigno, das sich zu einer unabhängigen Stadt von Piraten entwickelt hatte, und verbrannte deren Flotte aus Piratenschiffen. Frühe Heiraten führen dazu, dass die Generationen in Albanien kürzer sind als in Westeuropa, was die sieben Generationen erklärt.

»Der Stamm der Hoti«, sagte der alte Mann, »hat viele Verwandtschaftsverbindungen. Vor dreizehn Generationen kam ein gewisser Gheg Lazar mit seinen vier Söhnen in dieses Land, und von ihnen stammen wir Hoti ab. Ich kann das Jahr nicht nennen, in dem sie auftauchten. Es war kurz nach dem Bau der Kirche von Gruda, und das ist jetzt 380 Jahre her. Gruda kam, bevor wir kamen. Gheg war einer der vier Brüder. Die anderen drei waren Piper, Vaso und Krasni. Von diesen stammen die Piper und die Vasojevichi von Montenegro und die Krasnichi von Nordalbanien ab. Also sind wir vier – alle miteinander verwandt –, die Lazakechi (wir von Hoti), die Piperkechi, die Vasokechi und die Kraskechi. Sie alle kamen von Bosnien und waren vor den Türken geflohen, aber aus welchem Teil Bosniens sie stammten, weiß ich nicht. Ja, sie waren alle Christen. Die Krasnichi wurden erst sehr viel später Moslems.«

Von diesen vier großen Stämmen gemeinsamer Herkunft sind heute Piperi und Vasojevichi serbischsprachig und orthodox. 1790 schloss Piperi sich Montenegro an, aber ob damals schon Serbisch gesprochen wurde, konnte ich nicht herausbekommen. Nach dem Vertrag von Berlin ging die Hälfte von Vasojevich an Montenegro, die andere Hälfte ist immer noch unter türkischer Herrschaft. Vasojevich selbst betrachtet sich als ausschließlich serbisch und ist ein erbitterter Feind der albanischsprachigen Stämme jenseits seiner Grenzen. In Krasnich spricht man Albanisch und ist fanatisch muslimisch; Hoti ist ebenfalls albanischsprachig, aber römisch-katholisch.

Wieso zwei der Stämme serbisch und zwei albanisch wurden und was ihre ursprüngliche Sprache war, kann ich nicht sagen. Aber wahrscheinlich floss sowohl serbisches wie illyrisches Blut in ihren Adern, und ihre Sprache wurde von der Religion beeinflusst, der sie sich jeweils anschlossen. Es heißt, dass die albanischsprachigen Krasnichi Katholiken waren, ehe sie Türken wurden.

Wenn ich dreihundertachtzig Jahre von jetzt[1] zurückrechne, ergibt sich das Jahr 1528. 1463 eroberten die Türken Bosnien und töteten dessen letzten König. Doch in seiner Gesamtheit wurde das Land endgültig erst 1590 (geschätzt) ins türkische Reich eingemeindet. Traditionell wird als Datum für die Emigration die Zeit genannt, in der die Türken sich immer weiter ausbreiteten, und von daher stimmt das Datum wahrscheinlich einigermaßen. Denn eine Kommune mitsamt ihren Herden wird sicherlich einige Zeit für die Reise gebraucht haben.

Der alte Mann sagte bescheiden, wenn ich mich wirklich für seine Familie interessiere, könne er mir gern seinen Stammbaum nennen. Und das tat er auch – von Gheg Laz über seinen zweiten Sohn, Djun Gheg, bis hinunter zu seinem eigenen Urgroßenkel, einem kräftigen Kerlchen und Augapfel seines Urgroßvaters.

»Man hat mir erzählt«, sagte ich, »dass Nikaj auch ein Hoti-Bruder ist.«

»Nein, nein«, erwiderte der alte Mann, »kein Bruder. Aber ein Teil der Nikaj ist über eine spätere Generation mit den Krasnichi verwandt und von daher auch mit uns, weswegen wir nicht untereinander heiraten können. Sie stammen von den Häusern Bijeli-Krasnich und Mulo-Smaint ab. Shaban Benaku, der hochgerühmte Herr von Krasnich, stammt direkt von Krasni ab, dem Bruder von Gheg Laz, meinem Vorfahren. Und

1 d. h. von Durhams Reisejahr 1908 gerechnet

die Hälfte des Triepshi-Stamms, die Leute von Bakechi, hat Hoti-Blut. Die können wir auch nicht heiraten. Die andere Hälfte – die Bekaj – dürfen wir heiraten. Triepshi gehört heute zu Montenegro, aber sie sind alle Katholiken. Als Gheg Laz und seine Söhne hierher kamen, lebten hier schon Menschen.«

Einer meinte, das seien Shkyar (Slawen) gewesen, aber der alte Mann bezweifelte das sehr entschieden. »Sie waren ein sehr altes Volk. Niemand wusste, woher sie kamen. Manche behaupteten, sie seien wie Tartaren gewesen. Mein Großvater sagte, sie seien sehr stark und beweglich gewesen, hätten über sechs Pferde auf einmal springen können und Eicheln und Pferdefleisch gegessen. Zwölf Häuser stammen von ihnen ab, und mit denen dürfen wir uns verheiraten. Sie haben anderes Blut. Sie werden Anas genannt.« (In dem albanischen Lexikon der Bashkimi-Gesellschaft bedeutet Anas uransässig). Der alte Mann konnte allerdings nicht begreifen, dass die Nachkommen der Gheg Laz und der Anas nach dreizehn Generationen des untereinander Heiratens ziemlich eindeutig miteinander verwandt sein mussten. Sie hätten keinesfalls dasselbe Blut, sagte er. Weibliches Blut zählt nämlich nicht.

Aber die Vorstellung einer Heirat innerhalb der Gheg Laz-Familien erschien ihm so unmöglich, dass er fest davon überzeugt war, das werde selbst in ferner Zukunft keinesfalls vorkommen. »Wir sind Brüder und Schwestern. Das wäre eine große Sünde.«

Die Geschichte vom Ursprung der Stämme und ihrer Verwandtschaft untereinander in allen Einzelheiten direkt aus dem Mund eines Einheimischen zu hören ist hochinteressant. Die meisten Albanerstämme und auch die meisten montenegrinischen Stämme erzählen sich ähnliche Herkunftsgeschichten – immer handeln sie von der Flucht ihrer Vorfahren vor der türkischen Verfolgung.

Um 5.30 Uhr in der Frühe brachen wir mit dem alten Mann als Führer von Bridzha nach Gruda auf. Es ging über lockeres

Felsgestein einen steilen Berghang hinauf. Dann folgte der Abstieg auf der anderen Seite, und wir gelangten in einen bewaldeten und landwirtschaftlich genutzten Talkessel, in dem die zweite Hoti-Kirche stand, die Kirche der Männer von Treboina, die ihre Herkunft auf Pyetar Gheg, den vierten Sohn von Gheg Laz, zurückführen.

Der Priester war nicht anwesend, sein Diener lag mit Fieber danieder und verging vor Durst. Wir schenkten ihm eine von unseren wenigen Zitronen, für die er rührend dankbar war, ebenso wie wir für ein bisschen Brot, denn wir waren morgens – wie es Sitte des Landes ist – nur mit zwei Fingerhut voll schwarzem Kaffee aufgebrochen.

Weiter zu reiten war unmöglich. Wir ließen den *kirijee* und die Pferde zurück und machten uns zu Fuß wieder auf den Weg.

Die Luft stand. Der wolkenlose Himmel – von hartem, metallischem Blau – schloss sich über uns wie ein Deckel. Die Sonne brannte und wurde von den weißen Felsen in blendender Helle zurückgeworfen. Der Pfad bestand aus nichts als lockerem, scharfkantigem Gestein oder großen Felsbrocken mit Eichengebüsch in den Spalten. Wir quälten uns bis an den Rand einer gewaltigen Kluft und sahen unten im Tal den grünen Wildbach Tsem. Weit in der Ferne – in der Hitze weiß flimmernd – lag auf einer ebenen Fläche am Ende des Tals etwas, das wie eine große Ortschaft aussah. Die Sonne fing sich in einem weißen Minarett, das nadelspitz in den Himmel ragte.

»Podgoritza!«, erklärte der alte Mann knapp.

Podgoritza! Ich musste an das Hotel Europa denken – das da unten schien ein kleiner Himmel zu sein.

Ich war schweißdurchtränkt, schwindelig vor Hitze und hatte sechs Tage, vollgepackt mit neuen Eindrücken und neuen Informationen, hinter mir – Tage mit ständiger harter körperlicher und geistiger Anstrengung und sehr wenig Schlaf. Warum also in einer unwirtlichen Wildnis leiden, wenn Podgoritza mich freudig empfangen würde?

Ich brauchte nur ins Tal hinabzusteigen, die Ebene wäre leicht zu bewältigen. Aber niemals könnte ich mich in England zeigen und erklären, dass die nordalbanischen Berge mich innerhalb von sechs Tagen kleingekriegt hätten.

Ich wagte nicht, auf die Karte zu schauen oder zu fragen, wie weit wir noch gehen mussten, weil ich dann womöglich »gekniffen« hätte, sondern folgte dem alten Mann stumm, während wir im Zickzack den schattenlosen steinigen Steilhang zum Ufer des Tsem hinunterstiegen. Ich war halbtot, als ich unten ankam.

Dort stand ein einziger Baum. Darunter saß ein Mädchen und flocht Litzen auf einem Korbrahmen. Anderen Schatten gab es nicht. Die Höhe nahm einem den Atem – das Tal war ein Backofen. Ich dachte, wir seien schon beinah da und das Schlimmste sei vorbei, als Marko, der wirklich robust ist, keuchte: »Und jetzt müssen wir auf der anderen Seite wieder hoch, o Gott!«

Wir versuchten, aus dem Wildbach Wasser zu schöpfen, aber das Ufer bestand aus steilen Felsen, und wir kamen nicht ans Wasser. Not macht erfinderisch. Ich hielt meinen geöffneten Schirm in die Strömung und holte eine Ladung hoch. Wir tranken, und ich goss mir einen Schirm voll über Kopf und Schultern. Das half mir wieder auf die Beine.

Wir überquerten den Bach auf einem Holzbalken. Unten im Tal konnten wir nicht bleiben, da es weder ein Obdach noch zu essen gab. Es war die heißeste Zeit des Tages, als wir erneut aufbrachen. Der Pfad führte im Zickzack über lose Steine einen Hang hinauf, der so steil war, dass wir ihn in England eine Klippe nennen würden, und die Felsen waren, wenn man sie berührte, glühend heiß. Der alte Mann ging eisern voran. Marko und ich krochen und stolperten. Marko hatte als Kopfschutz nur seinen Fez und litt entsetzlich unter der Hitze. Als wir die Hälfte geschafft hatten, ging es ihm so schlecht, dass ich fürchtete, er würde einem Sonnenstich zum Opfer fallen, noch bevor wir oben wären. Eine nahe Höhle in der Felswand versprach Schatten. Wir drängten uns hinein. Ich öffnete Markos Hemd und fächerte ihm mit meinem Hut Luft zu. Dann spornte uns der alte Mann mit der Nachricht, noch eine halbe Stunde, und wir seien an der Kirche, zum Weitergehen an. Eine letzte Anstrengung, und wir gelangten zu einem Plateau, das bewaldet und bewirtschaftet war – nur von einer Kirche war weit und breit nichts zu sehen. Die nächsten zwanzig Minuten waren die härtesten, die ich jemals erlebt habe. Ich war kaum noch bei Bewusstsein, aber der Weg war zum Glück gut, und die Kirche kam tatsächlich bald in Sicht.

Als wir ankamen, gab es kein Pfarrhaus – ein in der Nähe befindlicher Rohbau war alles, was wir sehen konnten – und kein menschliches Wesen!

Hinter der Kirche gab es eine Art großen Schuppen mit verschlossener Tür. Der alte Mann hämmerte dagegen. Ich lehnte mich gegen die Wand, vollkommen erledigt. Ein langes Palaver von oben folgte. Dann öffnete ein Franziskaner die Tür. Er sprach Deutsch und sagte, es tue ihm sehr leid, aber er könne uns nicht beherbergen. Er hause hier nur vorübergehend, während sein Haus gebaut werde.

Aber albanische Gastfreundschaft ist zuverlässig. Er war ein Sohn des Landes, und sobald er meine Notlage erkannte, hatte er Mitleid und forderte uns auf, mit ihm zu teilen, was er besaß.

Drinnen war es stockdunkel. Wir durchquerten einen dreckigen Stall über eine Bohle, kletterten eine verrückte Leiter hoch und kamen in ein schmutziges, luftloses Zimmer voller Arbeiter, die beim Essen saßen.

Der Pater stellte einen wackeligen Hocker an einen wackeligen Tisch. Ich setzte mich. Plötzlich brach mir eiskalter Schweiß aus, meine Umgebung verschwand in schwarzen und blauen Kreisen, mein Kopf kippte auf den Tisch, und mit den letzten Reserven meines Verstands konnte ich gerade noch äußern: »Gebt mir etwas zu trinken. Öffnet das Fenster.«

»Sie werden sich erkälten«, sagte der Franziskaner.

»Öffnet das Fenster«, wiederholte ich. Netterweise folgte er meiner Bitte und brachte mir auch ein Glas mit sehr starkem *rakia*. Ich schüttete ihn hinunter. Er brannte mir Löcher in den leeren Magen, brachte mich aber ins Leben zurück. Ich wusste wieder, wo ich war, und bat um etwas zu essen.

Der arme Franziskaner war entsetzt über meine Gier. Er erklärte, Geduld sei etwas Wunderbares. Das wusste ich, fand aber Brot besser. Er nötigte mir weiter *rakia* auf. Eine Portion war wirklich gut, aber ich wusste, nur ein bisschen mehr und es würde mir hundeelend gehen. Ich bat um Brot. Er war ein freundlicher Mann und gab mir ein Stück. Ich tunkte es in den *rakia,* und als die gebratenen Eier fertig waren, war ich bereit für ein herzhaftes Essen. Ich glaube, ich war noch nie irgendjemandem so dankbar wie diesem Franziskaner – umso mehr, als ich ein ziemlicher Plagegeist für ihn gewesen sein muss.

Er bot mir sein eigenes Schlafzimmer an – den einzigen weiteren Raum in dem Haus –, und ich schlief drei Stunden. Marko schlief auf einer Bohle in der Kirche und der alte Mann noch irgendwo anders. Wir waren alle völlig erledigt.

Als ich erwachte, ging ich nach draußen, um mich pflichtschuldigst in der Nachbarschaft umzuschauen. Aber ich hatte nicht die Kraft, die vielen Bewohner zu befragen, die gekommen waren, mich zu sehen – bis auf einen, einen munteren Kerl, der großen Ruhm erworben hatte, weil er mehrere türkische Soldaten vom nächstgelegenen Grenzfort erschossen hatte. Alle Männer der hiesigen Stämme ärgern sich, dass ihnen türkische Forts vor die Nase gesetzt werden.

Abendessen gab es nach einheimischer Sitte erst gegen kurz vor zehn Uhr, als ich vor Müdigkeit schon fast umfiel. Der Franziskaner freute sich besonders über die Begegnung mit dem alten Mann und lud ihn ein, mit uns zusammen zu essen. Nach eigenem Wunsch setzte er sich auf den Boden vor eine *sofra* – an Stühle und Tische war er nicht gewohnt –, aß gewaltige Mengen, genoss die Geselligkeit und erzählte begeistert Geschichten über die Stämme.

Gruda werde auf rund fünfhundert Familien geschätzt. Etwa die Hälfte von ihnen seien Moslems. Aber es gebe keine Schwierigkeiten zwischen ihnen und den Christen.

Ich fragte, wie lange die von Gruda schon Moslems seien.

»Sie stinken schon seit sieben Generationen«, erwiderte der Franziskaner.

»Stinken?«, fragte ich.

Er erklärte – und der Rest der Gesellschaft stimmte ihm zu –, alle Moslems würden stinken. Man könne es sofort am Geruch erkennen, wenn ein Moslem einen Raum betritt. Er war überrascht, dass ich es noch nicht bemerkt hatte. Ich warf ein, dass die Moslems sich in manchen Regionen häufiger wüschen als die Christen, aber mir wurde erklärt, ihr Geruch habe nichts mit Waschen zu tun. Es sei der Islamismus, der stinke. Und das ist die allgemeine Überzeugung der Berg-Christen.

Etwa achtzig Häuser der Gruda gehen auf die Berisha zurück, angeblich einen der ältesten albanischen Stämme, wenn nicht sogar der älteste – einen Stamm, der nicht von Einwanderung erzählt, sondern behauptet, er habe schon immer am gegenwärtigen Ort gelebt. Die übrigen Gruda sollen vor drei- oder vierhundert Jahren aus der Herzegowina gekommen sein. Die Kirche von Gruda in Prifti soll die älteste in *Maltsia e madhe* sein. Angeblich wurde sie einst von dem herzegowinischen Zweig gegründet, der sich Djell nennt und behauptet, bei seiner Ankunft katholisch gewesen zu sein.

Die Bauarbeiter bestätigten die Erzählung des alten Mannes. Er selbst hatte all das als kleiner Junge von seinem Großvater gehört.

»Es stimmt, dass wir nicht in ein Buch schreiben können«, sagte er, »aber wir haben es alles hier hineingeschrieben.« Dabei tippte er auf seine Stirn. »Wir sind ein altes Volk. Die Römer waren lange Zeit in diesem Land. Sie besiegten den

Mirdite-Stamm in der Ebene von Podgoritza.« Der Franziskaner lachte ihn aus, aber der alte Mann blieb bei seiner Geschichte. »Ich habe sie von meinem Großvater, und er hatte sie von seinem. Und die Ruinen der römischen Stadt gibt es immer noch.«

Während ich mir all das Erzählte auf dem Innendeckel meines Zeichenhefts notierte, war ich mir des drohenden Damoklesschwerts über mir bewusst: Ich würde am nächsten Morgen zu Fuß den mühseligen Rückweg antreten müssen, dorthin, wo wir die Pferde gelassen hatten. Ich konnte die Gastfreundschaft des Franziskaners nicht länger in Anspruch nehmen.

Es war fast Mitternacht, als wir zum Schlafen ins Haus gingen, und es war noch graue Morgendämmerung, als wir es schon wieder verließen. Wir stiegen die Klippe hinab und waren, noch bevor die ersten Sonnenstrahlen das Tal erreichten, oben auf der anderen Seite und erreichten Treboina in weniger als der Hälfte der Zeit, die wir am Vortag gebraucht hatten.

Der arme Marko vergaß den Anstieg nach Gruda nie und nannte ihn später nur den »Weg nach Golgatha«, wofür er von den Franziskanern entschieden getadelt wurde.

Treboina empfing uns freundlich mit Essen und Trinken. Der alte Mann, den mein Zusammenbruch vom Vortag sehr bekümmert hatte, hüllte mich, sobald wir ankamen, in einen Mantel, damit ich mich nicht erkältete, setzte mich ans Fenster, gab mir schwarzen Kaffee zu trinken, aber so lange kein kaltes Wasser, bis er glaubte, ich hätte mich ausreichend abgekühlt.

In Treboina fragte man mich, wie wir in Prifti geschlafen hätten. Ich sagte, mein Schlaf habe nur aus einem fürchterlichen Traum bestanden, in dem ich Klippen ersteigen und mich an brennenden Steinen festhalten musste und immer wieder mit krampfhaft verkrallten Händen aufwachte. Nichts könne besser sein, erklärte die versammelte Gesellschaft. Der

Traum vom Hochklettern sei einer der allerverheißungsvollsten, sogar noch besser als einer übers Fischen.

Der Rückweg nach Bridzha führte die meiste Zeit bergauf, und da die Pferde ausgeruht waren, konnten wir reiten. Ein dünner Wolkenschleier dämpfte die Sonne. Einmal huschte eine große Panzerschleiche *(Pseudopus pallasii)* vor uns weg, und zu meiner Überraschung sagte der alte Mann ganz zutreffend, das sei keine echte Schlange, sie sehe nur aus wie eine. Es gebe auch eine kleinere Art, fügte er hinzu (damit meinte er die Blindschleiche) – völlig harmlos und blind, aber es heiße, dass sie an Freitagen für ein paar Stunden sehen könne. Zwischendurch stimmten der alte Mann und Marko darin überein, dass eine gewöhnliche Landschildkröte, in Öl gesotten, nicht nur gut schmecke, sondern auch sehr wirksam bei Lungenkrankheiten sei.

Die Katholiken in Dalmatien essen ebenfalls Landschildkröten. Die orthodoxen Bauern dagegen betrachten sie, wie ich herausfand, als äußerst unrein.

Wir kamen früh in Bridzha an, und ich hatte nur noch den einen Wunsch, eine ganze lange Nacht durchzuschlafen.

Die Albaner haben einen Brauch, der grausam ist für alle, die nicht mit ihm aufgewachsen sind. Ganz gleich, um welche Jahreszeit es sich gerade handelt, sie essen die erste Mahlzeit weit vor Mittag und dann erst wieder eine Stunde nach Sonnenuntergang oder noch später. Das bedeutet, dass im Sommer selten vor zehn zu Abend gegessen wird, sodass elf oder sogar zwölf Stunden zwischen den Mahlzeiten liegen.

Nach türkischer Zeit ist Sonnenuntergang dagegen um zwölf Uhr Mitternacht. Deshalb sind sie der festen Meinung – und ich konnte sie nicht vom Gegenteil überzeugen –, dass das Abendessen das ganze Jahr über zur selben Stunde stattzufinden habe. Kaum sind sie dann mit Essen fertig, legen sie sich schlafen, und sie stehen mit der Sonne wieder auf oder sogar noch vorher. Im Sommer bekommt man also etwas zu essen, wenn man zu müde dafür ist –, dafür aber fast keinen Schlaf. Im Winter dagegen steht das Abendessen um 17.30 Uhr oder 18.00 Uhr für Sie bereit, und Ihr verwunderter Gastgeber, der um 20.00 Uhr todmüde ist, sagt vorwurfsvoll: »Sie haben gesagt, eine Stunde nach *aksham* sei zu spät. Und nun sagen Sie, es sei zu früh!«

Wie die Menschen im Sommer mit dem wenigen Schlaf auskommen, ist mir schleierhaft; sie scheinen noch nicht einmal eine Siesta zu brauchen.

Mein Schlafbedürfnis gab ständig Anlass für Witze – niemand wollte es mir wirklich glauben, und anfangs versuchten sie, mich am Schlafen zu hindern, und ahnten nicht, was für eine Qual das für mich bedeutete.

In Bridzha hatte ich sogar ein eigenes Zimmer und konnte mich ausziehen. Natürlich wurde spät zu Abend gegessen, aber ich beschloss, mich richtig auszuschlafen.

Doch es war gerade erst 5.30 Uhr früh, als ich von donnerndem Hämmern an meiner Tür geweckt wurde.

»Was ist los?«, fragte ich.

»Sind Sie krank?«

»Krank? Nein. Wieso?«

»Die Sonne scheint schon seit über einer Stunde. Warum stehen Sie nicht auf?«

»Weil ich schlafen möchte. Gehen Sie bitte.«

»Aber es ist doch so spät. Sie müssen krank sein. Ich werde Ihnen ein wenig *rakia* bringen.«

»Gehen Sie.«

Ich schlief sofort wieder ein, nur um gegen sieben erneut geweckt zu werden, diesmal von einer ganzen Truppe. »Sind Sie immer noch krank? Hier kommt ein bisschen *rakia*. Die Sonne ist längst aufgegangen« usw. usw.

Es war sinnlos, es noch einmal mit Schlafen zu versuchen. Ich stand auf und verließ das Zimmer. Große Freude bei all den ehrenwerten Menschen, dass ich heil und am Leben war.

Es tat ihnen leid, dass sie mich gestört hatten, aber sie waren um 3.00 Uhr früh aufgestanden – aus keinem für mich ersichtlichen Grund –, und als Stunde um Stunde verstrich und sie feststellten, dass ich die Tür zugeschlossen hatte und sie nicht hineinkamen und ich beim ersten Anklopfen nicht antwortete, dachten sie, ich sei vielleicht tot! Gott sei Dank war alles in Ordnung mit mir, doch es sei sehr ungesund, so lange zu schlafen.

Der alte Mann holte mich ab zu einem Besuch in seinem Haus. Ich sollte seinen Enkel kennenlernen. Und in dieser kleinen Hütte mit blanker Erde als Fußboden – wo nahezu alle, die von den vier Generationen noch übrig waren, eng gedrängt zusammenhausten – erzählte er mir die Geschichte seines Lebens. Sein Vater war gestorben, als er ein Kind war. Ein Onkel nahm sich seiner an und ließ ihn in den Bergen Ziegen hüten. »Und ich wollte doch immer lernen. Ich wusste, dass ich es konnte. Ich bin nicht dumm. Ich spüre, dass ich hier etwas habe.« Er berührte seine Stirn. »Eines Tages unterhielt sich in Skutari ein Herr mit mir, ein Ausländer, glaube ich. Er fragte mich, ob ich nicht Lust hätte, etwas zu lernen, und er sagte zu meinem Onkel: ›Der Junge ist intelligent. Ich werde ihn in eine Schule bringen und für ihn bezahlen.‹ Oh, wie sehr wollte ich mit ihm gehen! Aber mein Onkel sagte, das sei Unsinn. Er wollte mich für seine Ziegen behalten. So verlor ich meine einzige Chance. Und dann gab es während meiner ganzen Jugend Krieg. Ach, jene Tage, als ich jung war und wir dachten, wir würden für die Freiheit kämpfen! Doch es war alles vergeblich. Wir sind ein verlorenes Volk. Die Kraft hat meine Arme verlassen. Das Land wird immer ärmer und elender. Ich bin ein armer alter Mann, der weder lesen noch schreiben kann, und ich werde sterben, wie ich gelebt habe, zwischen den Ziegen in den Bergen.«

Später und von anderen – denn der alte Mann brüstete sich nie mit seinen Heldentaten – erfuhr ich, dass er es gewesen war, der die Männer der Stämme zusammengerufen und mit ihnen die Stadt Tuzhi gerettet hatte, als Österreich-Ungarn befohlen hatte, sie solle an Montenegro abgetreten werden. Die türkischen Truppen waren schon zurückgezogen worden, als er sein aussichtsloses Unterfangen begann. Doch der Widerstand, den er und die Seinen leisteten, war so stark, dass Tuzhi bis auf den heutigen Tag nicht abgetreten worden ist. Die Retter von Tuzhi haben von der türkischen Regierung, für die sie die Stadt ja gerettet hatten, allerdings nie irgendeine Belohnung erhalten.

Der alte Mann sprach traurig und mit großer Bitterkeit darüber. Ich wagte zu fragen, ob es denn nicht besser gewesen wäre, die montenegrinische Herrschaft anzuerkennen, weil das für sie Recht und Ordnung bedeutet hätte.

»Nein«, sagte der alte Mann. »Nikita ist sicher ein braver Mann. Für die Montenegriner ist er sehr gut. Wenn wir einen Prinzen wie ihn hätten, sollten wir sehr viel dankbarer sein, als sie es sind. Aber er ist trotzdem unser Feind. Schon seit dreißig Jahren hat er Albaner als Untertanen; deren kleine Kinder werden gezwungen, Serbisch zu lernen. Sie haben keinen Unterricht in ihrer eigenen Sprache. Lieber warten wir deshalb und hoffen weiter auf Freiheit, als dass wir uns einer Herrschaft fügen, die nur versucht, unseren Glauben und unsere Nationalität zu vernichten. In all diesen dreißig Jahren hat er in Cetinje keine Kirche für die Albaner gebaut.«

Und das war auch die allgemein herrschende Meinung bei sämtlichen christlichen Stämmen. Wenn es nicht um die drohende Slawisierung gegangen wäre, hätten sehr viele Menschen, wahrscheinlich sogar ganze Stämme sich schon längst mit den Montenegrinern zusammengetan.

Es ist seltsam, dass die Jahrhunderte alte Geschichte nicht einmal den großen Mächten hat begreiflich machen können, dass sämtliche Versuche, gewaltsam eine Sprache zu unterdrücken, nur zu unaussprechlicher Bitterkeit führen – und zu

Rassenhass, der niemals schläft, sondern nur auf seine Gelegenheit wartet.

Dieses Land, für das sie so gelitten haben, ist kein *iustissima tellus*[2]. Es belohnt all die endlose Mühe kaum. Seine riesigen Flächen aus nacktem Felsgestein, seine düsteren Täler – sie sind Symbol lebenslanger vergeblicher Mühen und unerfüllter Hoffnungen.

Nachts saßen wir zusammen mit dem Pater, der gerade zurückgekehrt war, beim Abendessen, als plötzlich vier Schüsse die Stille zerrissen.

»Oh«, rief er, »jemand ist umgebracht worden.« Wir lehnten uns weit aus den geöffneten Fenstern. Das trostlose, unwegsame Land lag stumm unter dem kalten Mondlicht, als wäre die ganze Welt tot.

Mit einem langgezogenen Heulton, der die Nacht wie eine Granate zerriss, rief er eine Frage hinaus ins Land; und die Antwort erfolgte schnell. Eine Familie hatte soeben einen Kalkofen fertig gebaut, und mit den Schüssen feierten sie das Ereignis. Der Pater kehrte vom Fenster zurück und bekreuzigte sich mit einem Seufzer der Erleichterung.

Ich erinnere mich seltsam lebhaft an diese Episode, denn für mich waren es die ersten Schüsse. Einige Wochen später – das ist die Macht der Gewohnheit – nahm ich Schüsse nicht einmal mehr wahr.

---

2 »allgerechte Erde«, Vergil

Seltze, Vukli, Boga, Rechi

Am nächsten Morgen brachen wir unter Führung des alten Mannes früh nach Seltze-Kilmeni auf und folgten zunächst einem steinigen Pfad nach Rapsha, dessen Einwohner von Laj Gheg abstammen, dem Sohn von Gheg Laz.

Hier trafen wir dann auf eine jener albanischen Jungfrauen, die männliche Kleidung tragen. Während wir Halt machten, um die Pferde zu tränken, kam sie zu uns – eine schlanke, drahtige, lebhafte Frau von siebenundvierzig Jahren in sehr zerlumpter Kleidung, einer weiten, unten enger werdenden Hose und einer Jacke. Sie fand es hoch amüsant, fotografiert zu werden, und die Männer neckten sie wegen ihrer »Schönheit«. Sie kleide sich schon seit Kindertagen als Junge, sagte sie, weil sie es gewollt habe und ihr Vater es ihr erlaubte. Über die Ehe äußerte sie sich spöttisch – alle ihre Schwestern seien verheiratet, aber sie sei klüger gewesen. Dann erschien ihr Bruder, mit dem sie zusammenwohnte – ein zartgliedriger Junge, sehr viel jünger als sie –; er wollte wissen, was da vor sich ging. Die Schwester behandelte mich mit einer Verachtung, die ihrer Meinung nach wohl sämtliche Röcke verdienten, kehrte mir den Rücken zu und tauschte Zigaretten mit den Männern, mit denen sie sichtlich auf locker-kameradschaftlichem Fuß stand. In einem Land, in dem jeder Mann einen Schnurrbart trägt, wirkte nicht nur ihr kleines, haarloses, runzliges Gesicht über der männlichen Kleidung äußerst befremdlich, sondern auch die Tatsache, dass sie unbewaffnet war.

Hinter Rapsha erwartete uns ein enormer Abstieg; es ging zu Fuß im Zickzack auf einem schlechten steinigen Weg durch schönes Buchengehölz zu dem Fluss Tsem im Land der Kilmeni – der Höhenunterschied betrug fast 600 Meter. Jenseits des Flusses begann montenegrinisches Territorium: das Land des Triepshi-Stammes. Noch von der Höhe aus zeigte der alte Mann auf eine Stelle am rechten Ufer des grünen Stroms, wo zwei Franziskaner vor zweihundert Jahren von Moslems zerstückelt worden seien. Ein unter den christlichen Stämmen weit verbreiteter schlichter alter Farbdruck ihres Martyriums ruft die Menschen noch immer zur Blutrache auf. In den Bergen gibt es keinen Deus caritas[3] sondern nur den Gott des Kampfs. Die blutüberströmte Gestalt Christi am Kreuz steht nicht für die Vorstellung von Erlösung durch Leiden, sondern nur für den unerbittlichen Ruf: »Wir befinden uns in Blutfehde mit den Chifuts (Juden), denn sie haben unseren Christus erschlagen. Wir befinden uns in Blutfehde mit den Türken, denn sie beschimpfen ihn. Wir befinden uns in Blutfehde mit den Shkyars (Orthodoxen), weil sie ihn nicht auf korrekte Weise anbeten.« Und der Mann der Berge, ein strenger Anhänger dieses Glaubens, ist ebenso bereit, für ihn zu schießen wie erschossen zu werden.

Ich selbst dachte in dem Moment eher an das Martyrium, das mir bevorstand, wenn ich diesen Steilhang auf dem Rückweg wieder hochklettern müsste. Die toten Franziskaner litten nicht mehr und waren längst fertig mit Albanien, während ich noch nicht einmal die Hälfte hinter mir hatte.

Han Grabom, im Tal und direkt am Fluss gelegen, empfing uns herzlich. Eine große Gruppe von Männern und Tieren war dort versammelt.

Montenegro lag nur wenige Meter entfernt am anderen Ufer des Tsem. Ganz in der Nähe befand sich die Ruine eines

---

3 liebenden Gott

türkischen Forts, das im vergangenen Sommer (1907) von montenegrinischen Truppen, die gleichzeitig auch den *han* plünderten, angegriffen und zerstört worden war. Die Leute beklagten sich bitterlich über die montenegrinische Aggression. Ich begriff allerdings nicht, worum es in diesen Grenzauseinandersetzungen eigentlich ging. Montenegrinische Beamte erklärten mir, der *kula* sei niedergebrannt worden, weil er auf montenegrinischem Gebiet gestanden habe, doch die Ruine befindet sich – sogar auf ihren eigenen Landkarten – eindeutig auf der albanischen Seite der Grenze.

Der *han* war geplündert worden, weil die Kilmeni den türkischen Nisams bei der Verteidigung des *kulas* geholfen hatten. Ich fragte, wieso sie ihnen denn beigestanden hätten – wo sie doch die Türken so hassten. Sie hätten es deshalb getan, weil Montenegro der schlimmste Feind der Kilmeni sei.

Sie mussten montenegrinische Truppen, sobald sie über die Grenze kamen, auf jeden Fall bekämpfen. »Wir haben für unser eigenes Land gekämpft.« Die kilmenisch-montenegrinische Grenze, die nach dem Berliner Vertrag willkürlich gezogen worden war, ist eine der vielen damals geschaffenen blutenden Wunden. Das sind Grenzen, die nur deshalb geschaffen worden zu sein scheinen, damit ein dauerhafter Frieden unmöglich wird.

Wo nicht der Fluss die Grenze bilde, sagten die Kilmeni, sei sie ordentlich mit Steinen markiert, aber die Montenegriner würden sich nie daran halten.

Es ist interessant, beide Seiten zu dem Fall zu hören.

Vor fünf Jahren hatte man mir auf der anderen Seite der Grenze eine andere Version der Geschichte erzählt, in der die Kilmeni die Schuldigen sind.

Ein Lokalmatador wollte uns im *han* unbedingt eine Runde spendieren. Er hatte im vorhergehenden Jahr für große Aufregung gesorgt, als er einen Mann eines anderen Stammes zum Duell aufforderte, was heute nur noch selten vorkommt, vor dreißig Jahren allerdings, als jeder Mann noch ein *yataghan* trug, durchaus üblich war. Die Leute seien damals tapferer gewesen, sagte er. »Heute gilt es als große Leistung, einen Mann hinter einem Felsen wegzuputzen; das hat uns die Zivilisation gebracht.«

Vier- oder fünfhundert bewaffnete Männer beider Stämme hätten sich versammelt, um sich den Spaß anzuschauen. Es schien sicher, dass das »Duell« in einer offenen Schlacht zwischen den Stämmen enden würde. Der Ältestenrat berief höchst besorgt eine Sitzung ein und rettete die Situation, indem er die beiden Gegner dazu brachte, Bruderschaft zu schwören.

Nach dem Essen legte ich mich draußen vor dem *han* auf ein paar Bretter und hoffte, ich würde eine Stunde schlafen können, während die Männer aßen.

Doch die erste Engländerin in Han Grabom war eine Sensation, die man sich nicht entgehen lassen konnte. Ich war gerade eingenickt, als ich vom *kirijee* aufgerüttelt wurde. Er hatte der versammelten Gesellschaft erzählt, dass ich Menschen »schreiben« (d. h. zeichnen) könne. Sie hätten noch nie gesehen, wie Menschen geschrieben werden, und ich müsse kommen und welche schreiben, um zu beweisen, dass er die Wahrheit gesagt habe.

Also kehrte ich in den stickigen *han* zurück und zeichnete den *hanjee* beim Kaffeekochen und einen anderen Mann an der *sofra*, was bei allen für höchste Zufriedenheit sorgte, nur bei mir nicht, denn mittlerweile war es Zeit für den Aufbruch.

Wir ritten auf der linken Seite des Tsem bis zu der Stelle, wo der Tsem Seltzit und der Tsem Vuklit aufeinandertreffen, überquerten den Tsem Vuklit auf einer schönen steinernen Brücke – Ura Tamara: ein altes türkisches Bauwerk, das darauf hinzudeuten scheint, dass das Flusstal des Tsem einst eine sehr viel bedeutendere Verkehrsader gewesen sein muss als heute – und ritten im Tal des Seltzit weiter. Der Weg war bemerkenswert gut, da er erst kürzlich von einem Stammesangehörigen auf eigene Kosten vollkommen erneuert worden war. Die verstreuten Häuser von Seltze liegen am Kopfende des Tals, dort wo es sich weitet und fruchtbar wird. Überall springen Quellen aus der Erde, und ein Wasserfall stürzt sich vom Berg herab.

Die Häuser sind solide aus behauenem Stein errichtet. Und Seltze verströmt, wie sonst kaum ein anderer Distrikt von *Maltsia e madhe*, insgesamt eine Atmosphäre des Wohlbefindens.

Seine Bewohner sind ein schöner Menschenschlag, und sie sind sehr fleißig. Das bewirtschaftete Land wird durch kleine Kanäle gut bewässert; es gibt allerdings nicht genug Korn für alle, weshalb Seltze hauptsächlich von seinen Herden lebt. Jeden Herbst macht sich der gesamte Stamm mit seinen großen Ziegen-, Rinder- und Schafherden auf die Suche nach Winterweiden in den Ebenen nahe Alessio, wo sie Land besitzen. Die Frauen tragen ihre Kinder und die wenige Habe auf dem Rücken. Und im Sommer führt sie ein mühsamer Marsch von vier Tagen mitsamt den erschöpften Tieren wieder zurück auf die Weiden in den hohen Bergen.

Blutfehden gibt es unter den Leuten von Seltze so gut wie gar nicht. Das verdanken sie vor allem dem guten Einfluss eines Franziskaners, ihres Paters. Er ist ein Mensch, der schon seit zwanzig Jahren unter ihnen lebt und den alle lieben. Erst jüngst hatte er seine Ernennung zum Bischof abgelehnt, denn er wollte seine Herde nicht verlassen.

Ja, an der montenegrinischen Grenze gebe es viel Ärger, bestätigte der Pater traurig. Jede Partei beschlagnahme die Tiere, die sich auf der jeweils von ihr beanspruchten Seite der fließenden Grenze aufhalten. Und natürlich habe Hammelfleisch, das auf diese Weise ergattert wird, einen Geschmack, den das heimische nicht besitzt.

Genauso sei es doch auch in den hitzigen alten Zeiten an der Grenze zwischen Schottland und England gewesen. Seltze habe über hundertfünfzig gekaperte Schafe gejubelt; die Vasojevich hinter der Grenze konterten mit der Entführung von hundertzehn. Die hundertzehn Schafe hätten allerdings nicht nach Seltze gehört, sondern nach Vukli, dem nächsten *bariak*. »Wir haben gewonnen«, sagten die von Seltze höchst zufrieden. Zwei Jahre zuvor habe so eine Geschichte in einer Schlacht geendet; Seltze schlug zwei montenegrinische Bataillone zurück und tötete sechzehn Feinde.

Sehr häufig hatte der Pater den Frieden wahren können.

Am Sonntag war seine Kirche voll besetzt, obwohl es kein besonderer Feiertag war. Und die konzentrierte Aufmerksamkeit, mit der seine auf dem Boden hockende Herde der überlangen Predigt zuhörte, zeigte, dass er wohlgetan hatte, sie nicht zu verlassen.

Eine Predigt in einem albanischen Gottesdienst ist eine kuriose Angelegenheit. Wenn die Gemeinde ergriffen ist, stöhnt sie mitfühlend und äußert laute Zustimmung. Und wenn sie nicht einverstanden ist – dann sagt sie es.

Nach dem Gottesdienst drängten sich alle zum großen Vergnügen des Paters so fröhlich um mich wie Kinder, die sich über ein neues Spielzeug freuen.

Von den Männern wurde mir speziell eine der »albanischen Jungfrauen« vorgestellt, eine sehr aufgeweckte, adrette Frau von etwa vierzig. Sie trug *enteri,* eine Art baumwollene Reithose und dazu eine baumwollene Kopfbedeckung wie die der Männer. Sie war sehr offen und freundlich, sagte, sie habe keine Brüder, aber vertrete Bruderstelle bei ihrer verheirateten Schwester. Sie selbst habe nie heiraten wollen und sich schon immer als Mann gekleidet. Sie habe zu Hause ein Gewehr, trage es aber nur selten, aus Angst. Sie finde, für Frauen sei »das am besten«. Sie fummelte an ihrem Oberteil und zog ein Kruzifix und einen Rosenkranz hervor, die würden ihr als Schutz dienen. Die Männer erklärten empört, das sei nicht wahr – in Wirklichkeit sei sie so tapfer wie ein Mann.

Der Pater sagte, ein Leben als Hirte sei die einzige Möglichkeit, sich seinen Lebensunterhalt zu verdienen. Und eine Frau, die sich weigert zu heiraten, müsse sich dazu entschließen. Und in Männerkleidung sei sie besser vor den Moslems an der Grenze geschützt. Früher hätten sehr viele Frauen als Hirtinnen gelebt. Jetzt habe er nur noch wenige in seiner Gemeinde.

Ein Mädchen in der Gegend von Djakova soll sogar viele Jahre unentdeckt in der türkischen Armee gedient haben.

Hier folgt die Geschichte von Kilmeni, so wie der Pater, einige Männer der Kilmeni und der alte Mann sie erzählen.

Es handelt sich um einen großen Stamm aus vier *bariaks*, Seltze, Vukli, Boga und Nikshi; und er leitet sich von einem gewissen Kilmeni (Clementi) her, der vier Söhne hatte, die wiederum die Gründer der vier *bariaks* wurden.

Die meisten Familien könnten komplette Stammbäume nennen, sagt der Pater.

Es gibt aber auch anderes Blut in dem Stamm. Der Seltze-*bariak* unterteilt sich in zwei Gruppen; die eine, Djenovic Seltze, ist verbrüdert mit Vukli. Die andere, Tabijeni Seltze, hat anderes Blut und kam laut Aussage des alten Mannes aus der Nähe von Rijeka in Montenegro. Dem widersprach der Pater allerdings ganz entschieden und sagte, die Herkunft dieser Gruppe sei unbekannt.

Die vier *bariaks* dürfen untereinander heiraten.

Der Stamm besitzt viel Land, verteilt auf drei Täler, die, grob gesprochen, parallel zueinander liegen – Seltzes Land liegt im Tal des Tsem Seltzet, das von Vukli und Nikshi im Tal des Tsem Vuklit, und das Boga-Land liegt am Ende des Proni-Thaat-Tals. Seltze (300 Häuser) ist ebenso wie Vukli (94 Familien) und Boga (75 Familien) ausschließlich katholisch, während von den 94 Nikshi-Familien 10 muslimisch sind.

Die Geschichte der Kilmeni ist reich an Abenteuern. Von jeher nicht gewillt, sich der türkischen Herrschaft zu unterwerfen, nutzte der Stamm seine Chance, als der von Montenegro besiegte Suliman Pascha sich ungeordnet zurückzog (1623). Die Kilmeni stürmten sofort von den Bergen hinunter, überfielen und schlugen die türkische Armee vernichtend.

Die Türken sandten prompt eine Strafexpedition. Die Stammesführer wurden exekutiert und der Stamm vertrieben. Doch mit ungebrochenem Mut schlug der bei der ersten Gelegenheit zurück und griff die Türken 1683 erneut an, als die gegen Österreich kämpften. Als Österreich dann später, 1737, versuchte, den Türken jenen Teil des serbischen Territoriums abzuzwingen, den es immer noch besitzen möchte, rief es die Kilmeni zur Hilfe. Doch in der Schlacht bei Valjevo erlitt Österreich eine schwere Niederlage. Die überlebenden Kilmeni-Truppen wagten allerdings nicht, nach Hause zurückzukehren, aus Angst vor der Rache der Türken. Sie flohen stattdessen zusammen mit ihren Verbündeten und ließen sich in Ungarn nieder.

Einige ihrer Nachfahren besuchten Seltze vor zwei Jahren und berichteten, sie würden immer noch nach kilmenischer Sitte heiraten. Die Braut werde dreimal um das Haus des Bräutigams geführt, ein Apfel werde über das Dach geworfen, sie bekomme Korn überreicht, und wenn sie das Haus betrete, müsse sie mit dem rechten Fuß zuerst über die Schwelle treten und sich hüten zu stolpern. Außerdem müsse sie einen kleinen Jungen in den Armen halten (was in Montenegro und Albanien Sitte ist und gewährleisten soll, dass sie ein männliches Kind gebiert). Danach werde sie dreimal um den Herd geleitet.

Das Korn geht zurück auf die *confarreatio* der Römer.[4]

Seltze war halb leer, da die Menschen noch nicht aus den Ebenen zurückgekehrt waren. Aber alle, die da waren, empfingen mich sehr gastfreundlich. Und ich saß bei vielen am offenen Herdfeuer und ließ mir vom kilmenischen Leben erzählen. Häufig war die Rede von einem grässlichen Wesen,

4 Eine Form der Eheschließung in der Antike

der *Shtriga*. Das ist ein weiblicher Vampir, der das Blut von Kindern saugt und auch Erwachsene verhext, sodass sie verschrumpeln und sterben. Alle Kilmeni und im Grunde sämtliche Stämme glauben an die *Shtriga*. Manchmal kann sie jahrelang unerkannt in einem Dorf leben und ihr böses Wesen treiben.

Die Kilmeni hatten eine sichere Methode, sie zu fangen. Man muss dazu die Knochen des Schweins aufbewahren, das man als letztes während des Karnevals verzehrt hat, und aus ihnen am Ostersonntag, wenn die Kirche voll ist, auf der Kirchentür ein Kreuz formen. Wenn dann die *Shtriga* auch am Gottesdienst teilnimmt, kann sie am Ende nicht mehr hinaus, es sei denn auf den Schultern des Mannes, der das Kreuz gemacht hat. Während alle sehen, wie sie voller Entsetzen vergeblich versucht, die Schwelle zu überschreiten, wird sie gefangen genommen.

Sie und auch nur sie allein kann das Opfer heilen, das verdorrt und dahinsiecht, wenn sie heimlich sein Blut saugt.

Ein Djakova-Mann erzählte sehr lebhaft, wie sein Vater einmal ein Kind gerettet hat.

»Es war das Kind eines Nachbarn. Ich sah es. Es war tot – weiß und kalt. Und mein Vater weinte; ich weiß, wer das getan hat, sagte er. Er rannte nach draußen und packte eine alte Frau und zog sie ins Haus.

›Du hast dieses Kind getötet‹, brüllte er, ›und du musst es wieder lebendig machen.‹ Mein Gott, wie hat sie geschrien und bei allen Heiligen beteuert, sie sei unschuldig! ›Spuck in seinen Mund!‹, rief mein Vater und hielt sie am Nacken fest – ›Spuck, spuck!‹

Denn wenn sie nicht spucken würde, bevor die Sonne unterging, wäre es zu spät, und das Kind würde nicht wieder lebendig. Doch die Frau schrie immer noch und wollte nicht spucken. Und mein Vater zog eine seiner Pistolen und schlug ihr damit auf den Kopf – ›Spuck oder ich schieße!‹

Sie spuckte, und er warf sie aus dem Haus, und sie rannte fort. Wir warteten, und nach einer Stunde kehrte Farbe ins Gesicht des Kindes zurück, und es wurde allmählich wieder lebendig. Mein Vater hatte es gerettet. Und ich schwöre bei Gott, dass es wahr ist, denn ich habe es mit eigenen Augen gesehen.«

Die *Shtriga* kann ihr Opfer mit Kummer und Schmerzen quälen. Die Frau eben dieses Djakova-Manns litt entsetzlich. Sie hatte Schmerzen in ihren Gelenken und Gliedern und konnte kaum noch gehen. Und sie konnten auch nicht die schuldige *Shtriga* finden. Als nichts helfen wollte, wandten sie sich, obwohl sie Christen waren, in ihrer Verzweiflung an einen Derwisch um Hilfe, der sich gut auf Zaubersprüche verstand. Er schnitt ihr ein paar Haare vom Kopf und aus den Achseln ab, verbrannte sie und sprach einige beschwörende Worte. Und noch während die Haare brannten, flohen die Schmerzen und kehrten nie mehr zurück.

Es gibt eine gruselige Schutzmaßnahme gegen *Shtrigas*, aber es ist schwer, daran zu kommen. Man muss heimlich bei Nacht hinter einer Frau herschleichen, die man für eine *Shtriga* hält. Wenn sie Blut gesaugt hat, geht sie immer verstohlen nach draußen, um es zu erbrechen, wenn niemand sie sieht. Man muss etwas von dem erbrochenen Blut auf eine Silbermünze streichen, die Münze einwickeln und immer bei sich tragen. Dann wird keine *Shtriga* mehr Macht über einen haben.

Eine unglückliche Frau in Seltze hatte alle drei Kinder verloren und glaubte, ihre Schwiegermutter sei die *Shtriga*, die sie erschlagen hatte. Die Kindersterblichkeit in Nordalbanien ist erschreckend hoch. Eine verzweifelte Mutter, die ihre Babys, eines nach dem anderen, kränkeln und sterben sieht, weiß nicht, dass sie alle Opfer der Unwissenheit sind – der grausamsten aller *Shtrigas*. Ein nordalbanisches Baby liegt stets straff eingewickelt in einer hölzernen Wiege, über die mit Bändern eine dicke, schwere wollene Decke gespannt ist. Die ist ein Geschenk der Großmutter mütterlicherseits, wenn das erste Kind geboren wird. Und diese Decke ist so dick wie ein gewöhnlicher Kaminvorleger und lässt so gut wie keine Luft durch. Wenn das Kind gesund und kräftig ist, wird es bald nach draußen gebracht und viel umhergetragen, und sobald es krabbeln kann, bekommt es genügend frische Luft, aber wenn es kränklich ist, wird es nur durch den Tod aus seinem Gefängnis erlöst.

Solch ein schwächliches Baby bleibt ständig im Haus; die unglückselige Mutter achtet geradezu besessen darauf, dass es auch nicht die kleinste Minute unbedeckt bleibt. Sie stillt es sogar, indem sie sich die ganze Wiege auf die Knie setzt und nur ein winziges Eckchen der verhängnisvollen Decke lüpft. Wasser an das Kind zu lassen hält sie für tödlich. Schmutzig, bleich vom mangelnden Licht und vergiftet von verdorbener Luft, siecht das Kind dahin und stirbt trotz der Amulette, die ihm um Kopf und Hals hängen und die *Shtriga* und den Bösen Blick fernhalten sollen.

Eine Mutter hatte sieben Kinder verloren; keines war zwei Jahre alt geworden waren. Und noch einmal fünf, und nun fürchtete sie um das sechste. Sie glaubte, ihre Brust sei verhext worden und ihre Milch vergiftet. Um mir das Kind zu zeigen, zog sie die erstickende Decke weg. Soweit ich sehen konnte, gab es keine Anzeichen, dass es die Nahrung nicht vertrug. Aber es war so weiß wie eine Pflanze, die unter einem Topf wächst. Ich bat sie, das Baby aufzudecken, es mit warmem Wasser zu waschen und nach draußen zu bringen. Vergeblich. Kinder hatten niemals unbedeckt zu sein, das ist *adet* (Sitte). Und was *adet* ist, ist unveränderlich. Nur die sehr Starken überleben, und sie können dann später sehr viel aushalten.

Das Elend der Kranken in diesen Ländern ist nicht mit Worten zu schildern. Sie wimmeln vor Läusen, rotten hilflos auf einem Haufen Farnkraut oder auf verdreckten Lumpen in einer dunklen Ecke vor sich hin, bis der Tod sie erlöst. Kein Arzt ist in diese Wildnis vorgedrungen und auch kein Lehrer – bis auf die Franziskaner, deren medizinisches Wissen allerdings meist äußerst gering ist.

In Seltze erzählte man mir von einem kuriosen Mondaberglauben. Wenn man das Haar bei Neumond schneidet, wird es sehr bald weiß. Man muss es bei abnehmendem Mond schneiden, dann behält es für immer seine Farbe. Ein Mann mit einem weißen Schnurrbart erzählte, das liege daran, dass er ihn zur falschen Zeit beschnitten habe.

Die Häuser sind weit komfortabler als die der Kastrati und Hoti. Sie sind solide gebaut, haben zwei Zimmer – eines häufig mit verputzter Decke und Regalen – und ein spitzgiebliges Schindeldach, manchmal sogar mit Schornstein. Ställe unter den Zimmern sind selten. Insgesamt gehören diese Häuser zu den saubersten, die ich auf meiner Reise gesehen habe.

Seltze ist die einzige Ortschaft in *Maltsia e madhe* mit einer Schule. Bauherr und Lehrer ist der Pater, der Mann, der nicht Bischof werden wollte.

Er stand als schwarze Gestalt vor der Kirche, als ich aufbrach. Oben auf dem Hügel angelangt, drehte ich mich im Sattel um und rief ihm ein *a rivederci* zu, in der Hoffnung, es möge sich bewahrheiten. Denn er ist einer jener Menschen, die einen kleinen Winkel unserer Erde mit ihrer Anwesenheit verschönern.

Mein Ziel war Vukli. Doch auf dem Pass zwischen Seltze und Vukli lag dicker Schnee, halb geschmolzen und für Pferde unpassierbar. Wir mussten umkehren und im Tal nach Ura Tamara reiten und dann weiter das Tal des Tsem Vuklit hinauf. Dort war der Weg gut, das Tal weit und grasbewachsen, und es lag eine große Verlassenheit über ihm, denn weder Mensch noch Tier waren schon von den Winterebenen zurück. Unterwegs fielen mir einige primitive Behausungen hoch oben in der Felswand ins Auge – Höhlen, die nach vorne abgedichtet worden waren. An seinem Ende weitet sich das

Tal und wird hügelig. Wir ritten direkt auf die kleine Kirche mit Pfarrhaus zu. Beide bildeten ein einziges Gebäude. Heraus trat Pater Giovanni, der jovialste aller Franziskaner, ein untersetzter Mann mit weißem Schnurrbart, der seine fünfundsiebzig Jahre mit großer Leichtigkeit trug. Italiener von Geburt und einer der wenigen Ausländer in der albanischen Kirche, hatte er vierzig Jahre in Vukli verbracht und sagte, er sei inzwischen Albaner, sei Priester, Arzt und Richter und wolle bis an sein Lebensende in Vukli bleiben.

Wir setzten uns auf die Türschwelle, während er mit den Vorbereitungen als Gastgeber beschäftigt war.

Unser alter Mann wurde als Experte in Rechtsfragen herzlich begrüßt. Man verehrte und respektierte ihn überall. Ebenso wie in Seltze gab es in Vukli innerhalb des *bariak* so gut wie keine Blutfehden. Aber nun wurde ihm sofort einer der wenigen Fälle vorgelegt, und er wurde um seine Meinung gebeten.

Wir setzten uns im Kreis, während der Mann-der-Blut-forderte, seine Geschichte erzählte. Sein einziger Sohn hatte eine gewisse Witwe heiraten wollen, und zum Zeichen dessen hatte er ihr einen Ring geschenkt. Doch die Eltern, deren Eigentum sie war, weigerten sich, den Ring als Besiegelung der Verlobung anzuerkennen, und verkauften die Witwe an einen anderen.

»Mein Sohn hätte den vollen Preis für sie bezahlt«, sagte der Mann, »und sie wollte ihn auch heiraten. Dann wurde er sehr wütend und wollte ihren Ehemann erschießen. Doch er besann sich eines anderen. Der Ehemann war nicht schuldig, denn er wusste vielleicht gar nichts von ihrer Verlobung. Die Schuldigen waren die Männer ihrer Familie, die sie verkauft hatten. Um seine Ehre reinzuwaschen, erschoss er einen ihrer Brüder. Dann erschoss ein anderer Bruder meinen Sohn, und ich habe keinen weiteren. Ich verlange Blut für das Blut meines Sohns. Sie sind die Schuldigen. Sie haben Schande über ihn gebracht und ihn dann getötet.«

Der alte Mann dachte lange über den Fall nach und stellte Fragen dazu. Dann sagte er, auf beiden Seiten sei einer tot, und es wäre besser, wenn kein Blut mehr flösse. Er schlug einen Ältestenrat (eine *medjliss*) vor, der die Fehde beilegen sollte – was auch der Rat des Paters war. Alle, die zuhörten, stimmten dem alten Mann zu, nur der nicht, der den Ruf des Bluts von seinem Sohn vernommen hatte. Er wollte nichts anderes hören.

Aber was meinte eigentlich die Frau zu dem Ganzen? In diesen Geschichten haben die Frauen weder eine Stimme noch die Wahl – *adet* (die Sitte) überrollt sie einfach wie ein schwerer Wagen.

An westeuropäischen Standards des zwanzigsten Jahrhunderts gemessen, wirken die Gefühle eines Volks in solch unentwickeltem Stadium der Menschheitsgeschichte töricht. Aber der Versuch, sie zu analysieren, ist wahrscheinlich ebenso töricht. Genau wie in Montenegro erzählen einem die Frauen hier ganz offen, dass man als Ehefrau seinen eigenen Bruder selbstverständlich mehr liebt als seinen Ehemann. Die Ehefrau kann einen neuen Ehemann und ein neues Kind bekommen, aber ein Bruder lässt sich niemals ersetzen. Ein Bruder ist vom eigenen Blut – vom eigenen Stamm.

An Deck eines adriatischen Dampfers erzählte mir ein Albaner einmal unter einem nächtlichen Sternenhimmel die »Geschichte der Frau von Mirdite«, und das mit einer Dringlichkeit, die ich wahrscheinlich kaum wiederzugeben vermag.

Die Mirdite-Frau wurde von den Bergen hinunter ins Tal geschickt und mit einem Mann aus dem türkisch verwalteten Skutari verheiratet. Sie wohnte mit ihm in Skutari und gebar ihm zwei Söhne. Nun war der Bruder der Frau ein eingeschworener Feind der Türken und beraubte und tötete sie, wo er nur konnte. Worauf sie ihn für vogelfrei erklärten und ein Kopfgeld auf ihn aussetzten. Doch er fürchtete sich vor niemandem und kam immer nachts in die Stadt, um mit seiner

Schwester zu Abend zu essen, und im Morgengrauen verschwand er wieder unbemerkt. Die Türken hörten das und gingen mit einem Beutel voller Gold – zweihundert türkische Pfund – zum Ehemann der Frau und versuchten ihn damit zu locken. Er hatte noch nie zuvor so viel Gold gesehen. Und sie sagten: »Das gehört dir, wenn du uns Bescheid sagst, sobald dein Schwager hier bei dir ist.«

Eines Nachts kam der Vogelfreie wieder aus den Bergen zum Haus seiner Schwester, und wie es Sitte ist, entledigte er sich als Zeichen des Friedens seiner Waffen. Kaum hatte er Pistolen, Gewehr und *yataghan* abgelegt, als auch schon die türkischen Soldaten herbeieilten und den Wehrlosen erschlugen.

Weinend vor wilder Verzweiflung ging seine Schwester mit dem Leichnam des Bruders zurück in die Berge von Mirdita und sang die Totenklage. Und sie begruben ihn bei seinen Leuten. Dann kehrte sie, immer noch trauernd, in ihr Haus zurück. Und siehe da!, ihr Ehemann war gerade dabei, auf seinen Knien Gold zu zählen. Sie fragte ihn: »Woher kommt dieses Gold?«

Da bekam er Angst, denn er sah in ihren Augen, dass sie wusste, es war der Preis für das Blut ihres Bruders. Und mit sanfter Zunge sprach er zu ihr und sagte: »Alle wussten, dass dein Bruder kommt. Wenn er sein Leben nicht verlieren wollte, wieso kam er dann her? Früher oder später würden ihn die Türken erschlagen. Es ist besser, dass wir das Gold haben und kein anderer.«

Doch sie schwieg. Dann erklärte er ihr, wie viel Gutes man mit dem Gold würde kaufen können, und sie antwortete mit einer Stimme wie im Schlaf: »Gewiss.« Und immerzu hörte sie, wie das Blut ihres Bruders rief. Und als die Mitternacht kam und alles still war, erhob sie sich und nahm das *yataghan* ihres toten Bruders. Sie rief Gott an, er möge ihrem Arm Stärke verleihen – und sie schwang das *yataghan* über ihrem schlafenden Ehemann, und sie trennte seinen Kopf vom Körper. Und dann blickte sie auf ihre beiden schlafenden Kinder. »Schlangenbrut«, rief sie, »niemals dürft ihr leben und euer Volk verraten!« Und auch sie erschlug sie. Und sie floh mit dem blutigen *yataghan* hinaus in die Nacht und in die Berge von Mirdita.

Das ist eine alte Geschichte. Ein Entstehungsdatum konnte ich nicht herausbekommen. In ihrer rauen Schlichtheit ist sie monumental und sagt alles über Stammesinstinkte und den Ruf des Bluts.

Der-Mann-der-Blut-forderte erhob sich, vom Urteil des alten Mannes nicht überzeugt, und ging fort in seine einsame Hütte. Vom Blut wandte das Gespräch sich dann ganz selbstverständlich dem Thema Verletzungen zu. Denn der alte Mann war nicht nur eine juristische Autorität, sondern auch ein angesehener Wundarzt. Erst kürzlich hatte er sich großen Ruhm und die stattliche Summe von dreißig Florins – die größte, die er je erhalten hatte – dafür erworben, dass er das Bein eines Soldaten gerettet hatte. Er erzählte diese Geschichte mit bescheidenem Stolz. Der Soldat war von einem Pferd getreten worden; das Ergebnis war ein komplizierter Trümmerbruch, bei dem der Knochen zerschmettert war. Der türkische Militärarzt wollte amputieren, da die Wunde schon anfing zu faulen. Der Soldat weigerte sich, sein Bein zu verlieren, verließ das Krankenhaus und sandte nach dem alten Mann.

»Wenn der Knöchel gebrochen ist«, sagte der alte Mann kategorisch, »kann man ihn nicht mehr richten. Wenn einem Mann durchs Knie geschossen wird, stirbt er gewöhnlich – aber drei Fingerbreit über dem Knöchel und drei unter dem Knie und man ist auf der sicheren Seite. Man kann ein Bein immer retten, wenn man sorgfältig vorgeht.«

Mit seiner selbst fabrizierten Pinzette entfernte er siebzehn Knochensplitter. Als er sicher war, dass er alle herausgeholt hatte, wusch er die Wunde gründlich mit *rakia*. (*rakia* wird aus Traubensaft destilliert; bei doppelter Destillierung enthält er eine beträchtliche Menge Alkohol.) Niemals, sagte er, solle eine Wunde in Berührung mit Wasser kommen – immer nur mit starkem *rakia*. Dann tamponierte und bestrich er die Wunde mit einer Salbe eigener Herstellung – die Zutaten sind ein Kiefernharzextrakt, die grüne Rinde von Holunderzweigen, weißes Bienenwachs und Olivenöl. Was es mit der Rinde von Holunderzweigen auf sich hatte, weiß ich allerdings nicht. Das Kiefernharz sorgt aber für eine stark antiseptische Wirkung. Er fügte den Knochen zusammen, band das Bein an ein Stück Holz, und der Knochen wuchs in drei Wochen wieder zusammen, und schon sechs Wochen später spazierte der Mann mit einem ziemlich verkürzten, aber durchaus funktionsfähigen Bein wieder umher.

Für Schusswunden war der alte Mann ein wirklicher Experte. Sein Rezept für die Erste Hilfe in solchen Fällen lautete: Nimm das Weiß eines Eis und sehr viel Salz, verteile die Mischung möglichst sofort auf der Wunde und verbinde sie. Das sei aber nur provisorisch, bis der Patient mit *rakia* und Kiefernsalbe, so wie oben beschrieben, richtig behandelt werden kann. Die Wunde muss dann mit Schafwolle ausgetupft, gereinigt und dick mit der Salbe bestrichen werden. Der Verband ist nachts und morgens und, wenn es sehr heiß ist, auch am Mittag zu wechseln. Falls die Wunde zu faulen droht, muss sie, so oft es nötig erscheint, wieder mit *rakia* ausgewaschen werden.

Diese Behandlungsmethode hatte er von seinem Großvater geerbt, der sie wiederum von dem Seinen hatte. Dass er die genauen Mengenverhältnisse und die Herstellung der Salbe nicht verraten wollte, bat er zu entschuldigen, das seien Familiengeheimnisse.

Es ist interessant, dass antiseptische Chirurgie auf der Balkanhalbinsel offenbar schon seit ein, zwei Generationen – und wer weiß, ob nicht noch viel länger – praktiziert wird. In Westeuropa wurden Wunden da noch immer mit schmutzigem Wasser gesäubert.

An Faustregeln kannte er eine ganze Menge – so zeigte er uns, wo die Hauptarterien verliefen, wo es gefährlich war zu schneiden und wo sicher. Ich fragte, wie man das chirurgische Handwerk erlerne. Er sagte, zuallererst müsse man gute Hände und gute Finger besitzen (seine eigenen waren sehr feingliedrig). Außerdem müsse man sehr viel nachdenken und sich stets daran erinnern, was man bei einem früheren Patienten beobachtet habe, um sein Wissen bei einem nächsten ähnlichen Fall anwenden zu können. Aber vor allem dürfe man nie in Eile, sondern müsse sich immer ganz sicher sein, bevor man schneide. Man müsse alles in Ruhe für sich selbst durchdenken. Von Anästhesie wusste er natürlich gar nichts, und seine sehr eigenwilligen und entschiedenen Methoden würde ein Westeuropäer wohl kaum aushalten können. Aber ein Bauer des Balkans scheint Schmerzen nicht so stark zu empfinden und erleidet auch nur höchst selten einen Kollaps.

Ein Schlaganfall werde durch zu viel Blut im Kopf verursacht, erklärte er. Er sei vor Kurzem zu einer Frau gerufen worden, die plötzlich nicht mehr sprechen konnte und auf einer Seite fast gelähmt war. Er schröpfte sie auf der betroffenen Seite an ihrer Schläfe und sieben Mal am Arm der anderen Seite. Am nächsten Tag sei es ihr schon besser gegangen. Er habe sie fünf Mal zur Ader gelassen. Sie habe sich gut erholt und könne schon wieder gehen, auch wenn sie ein bisschen lahme.

Man müsse sich stets von den konkreten Umständen leiten lassen. So sei vor einer Weile ein Mann mit einem zerschmetterten Finger zu ihm gekommen. Als er die Bruchstücke sortiert hatte, sah er, dass die Knochen zu spitzig und zu zersplittert waren, um wieder zusammengesetzt zu werden. Also sägte er sie mit einer kleinen selbst gebauten Säge glatt und konstruierte einen ordentlichen, wenn auch etwas kurzen Finger.

Da ich wusste, dass die einheimischen montenegrinischen Wundärzte seit jeher berühmt waren für ihre Trepanationen[5],

5 Aufbohren des Schädels

fragte ich den alten Mann, was er denn bei einem schlimm zerschmetterten Kopf mache. »Oh«, sagte er, »der Kopf ist sehr schwierig. Er ist wie ein Ei. Erst ist da die Schale, dann die Haut, dann das Gehirn. Wenn die Haut zerstört ist, kann man nichts machen – der Mensch muss sterben. Aber wenn der zersplitterte Knochen nur auf die Haut drückt, kann man ihn retten. Dann schneidet man so« – er imitierte so etwas wie eine dreieckige Klappe am Kopf des Mannes neben ihm – und klappt den Kopf auf. Dann holt man die zerbrochenen Stücke sehr sorgfältig heraus und hebt den Knochen weg vom Gehirn. Aber man kann das Gehirn nicht ungeschützt lassen. Man muss ein Stück harten getrockneten Flaschenkürbis zurechtschneiden – er ist ja ebenso rund wie der Kopf eines Mannes. Man findet immer ein Stück, das ganz genau passt. Es muss wirklich hart sein. Dann ersetzt man die Klappe und näht das Stück, wenn notwendig, fest und versorgt die Stelle mit Salbe, und der Kopf des Mannes wird wieder wie neu sein.«

Der *kirijee* erklärte sofort ganz begeistert, er selbst sei im Alter von sechzehn Jahren auf diese Weise behandelt worden; er war bei einer Auseinandersetzung im Basar auf den Kopf geschlagen worden und man habe ihn bewusstlos nach Hause gebracht, wo er sich erst wieder erholt habe, nachdem der eingeschlagene Knochen entfernt worden war. Seitdem habe er ein großes Stück Kürbis im Kopf. Er merke keinen Unterschied, sagte er, nur, dass er sich auf dieser Seite öfter den Kopf kratzen müsse als auf der anderen.

Höchst interessiert begutachtete die Gesellschaft daraufhin seinen Kopf. Selbst hatte der alte Mann noch nie Knochen herausgeschnitten, nur zerbrochene Stücke entfernt. Aber es gebe einen Mann in Mirdita, sagte er, der sei sehr geschickt im Schädelaufschneiden. Er habe erst neulich ein sehr großes Stück aus dem Schädel eines schlimm verletzten, bewusstlosen Mannes entfernt. (Einen sehr großen Teil des Scheitelbeins laut seiner Beschreibung.) Er hatte es mit einem Stück Kürbis ersetzt und den Mann völlig geheilt.

Die Versammelten lauschten den Erzählungen des alten Mannes alle sehr aufmerksam. Wir bekamen noch eine weitere Geschichte von der erfolgreichen Entfernung einer Kugel zu hören und erfuhren, wie er einmal ein Pferd mit einem gebrochenen Bein geschient und geheilt hatte. Er war hocherfreut über mein Interesse, seufzte allerdings und sagte: »Ich weiß nichts. Sie wurden in einem glücklichen Land geboren. Ich hätte auch lernen können. Ich habe es hier«, und er berührte seinen Kopf. »Ich hätte von einigem Nutzen sein können. Nun werde ich sterben, wie ich gelebt habe – als armer alter Mann zwischen den Ziegen in den Bergen.«

Wie er da auf einem Feldstein hockte, wurde der alte Mann zu einer erhabenen, tragischen Figur – als Opfer eines gnadenlosen Schicksals – und zum Bild verschwendeter Ressourcen. Von seinem Geschick hätte halb Europa profitieren können. Mir blutete das Herz – aber im Hinterkopf bewegte mich die Frage, ob er denn wohl wirklich glücklicher wäre, wenn er stattdessen in einem tausend Guineen teuren Automobil durch benzingeschwängerte Straßen von einem mondänen Patienten zum nächsten jagen würde.

Unterdessen war der Pater immer noch mit seinen Vorbereitungen beschäftigt. Wir hätten ihm ein Telegramm schicken sollen, sagte er. Telegraphieren gehe in Albanien sehr viel schneller als in jedem anderen Land. Und das stimmt. Alle Nachrichten werden von Hügel zu Hügel gerufen.

»Rufen« wird der Sache allerdings nicht im Mindesten gerecht. In einer hohen, eigenartig künstlichen Tonlage wirft sich die Stimme mit außergewöhnlicher Kraft übers Tal. Jeder, der die Botschaft auffängt, handelt als Empfänger und schleudert sie weiter in Richtung Empfänger. Und innerhalb einer Stunde kommt vielleicht schon die Antwort von einem Ort, der zwölf Fußstunden entfernt sein kann. Das Rufen erfordert große physische Kraft. Die Stirn bekommt Furchen vor lauter Anstrengung, beide Hände werden oft fest gegen die Ohren gepresst – vielleicht ein instinktiver Gegendruck als Ausgleich für die Gewalt, mit der die Luft aus der Lunge gedrückt wird –, der Körper ist vorgebeugt, wiegt sich hin und her, Gesicht und Hals werden puterrot, die Halsadern schwellen zu Stricken an. Es gibt wenige Orte auf der Welt, wo es schwerer ist, ein Ereignis geheim zu halten, als die Berge von Albanien. Neuigkeiten verbreiten sich wie ein Lauffeuer. Wenn hoch oben im Gebirge ein Mann erschossen worden ist, erreicht die Nachricht Skutari spätestens am nächsten Tag und meistens mit vielen Einzelheiten.

»Diebstahl ist in Kilmeni unmöglich«, sagte der Pater lachend; »der ganze Stamm weiß schon, wie das Objekt aussieht, kaum dass es vermisst wird. Jeder weiß Bescheid, wenn jemand ein paar mehr Schafe hat als am Tag zuvor.«

Beim Abendessen saß der liebenswürdige alte Pater, flankiert von den zwei größten und fettesten Katzen, die ich jemals gesehen habe, am Kopfende des Tischs. Wenn er ihnen nicht genügend Bröckchen zukommen ließ, schlugen sie ihn geschickt mit den Pfoten, was ihn aufs höchste entzückte. Ich glaube, er ist das einzige vollkommen zufriedene menschliche Wesen, das mir je begegnet ist.

»Wenn ich ein zweites Mal in diese Welt geboren würde«, sagte er, »würde ich noch einmal Pater werden. Und bei einem dritten Mal auch wieder, und zwar in den Albanischen Bergen, bei meinem Volk und in meinem kleinen Haus, mit meinen Büchern und meinen Katzen. Ich hoffe, dass ich hier sterbe, ohne je wieder eine Stadt gesehen zu haben.«

Dass ich unverheiratet war, gefiel ihm sehr. Während des Essens unterhielt er uns mit einem äußerst unverblümten *sermon de Virginitate*, bis Marko protestierte und sagte, er führe seit zwanzig Jahren ein tugendhaft verheiratetes Leben und betrachte sich nicht als Sünder. Worauf ein noch expliziterer Vortrag

»de Matrimonio« und »de« – sonst noch allerlei auf uns niederging, dargelegt in höchst klangvollem Latein, das Marko zum Glück nicht verstand und das »kein Blatt vor den Mund nahm«.

Vukli ist ausschließlich christlich und besteht aus vierundneunzig Familien, alle desselben Ursprungs. Sie verheiraten sich vorwiegend mit Seltze. Eine Frau ist billiger als in Hoti und kostet zwölf Napoleons. Die Häuser stehen, wie auch anderswo, überall in der Gegend verstreut. Eine albanische Gemeinde zu betreuen ist nicht einfach. Häufig muss ein Priester vier oder sogar sechs Stunden zu Fuß zu einem sterbenden Menschen laufen. Und ganz gleich, was vielleicht gerade am anderen Ende seiner Gemeinde passiert – er kann nicht an zwei Orten gleichzeitig sein. Ebenso wie in Seltze sind die Menschen hier sehr fleißig, betreiben Viehwirtschaft und besitzen eine beträchtliche Menge an hoch gelegenen Weideflächen. Vukli verfügt über einen ansehnlichen Bestand an kultivierbarem Land, das sorgfältig von Steinen befreit ist, wobei die Menschen letztere zum Mauerbau benutzen. Große Felsbrocken werden mühsam mit einem Kuhfuß angebohrt und mit Schießpulver gesprengt. Manchmal dauert es eine Woche, einen Felsen zu zerlegen und wegzuschaffen – sie tun es trotzdem. Und der größere Teil der Bewohner zieht im Winter mit den Herden in die Ebenen, das bedeutet, sie verbringen Tage mit dem mühseligen Marsch über raue Pfade und tragen dabei ihren Hausstand auf dem Rücken.

Die Häuser sind, wie jene in Seltze, sauber und stabil gebaut. Die Eingangstür hat, wie in vielen Teilen Nordalbaniens üblich, einen halbkreisförmigen Türsturz, und der Bogen ist nicht aus einzelnen Bogensteinen gebildet, sondern am Stück aus einem soliden Feldstein geschlagen. Dass die halbrunden Türbögen überall im Land so hergestellt werden, zeigt, dass man die Statik von Bögen hier überhaupt nicht begreift.

Die Originalität Vuklis lässt sich aber auf seinem Friedhof entdecken. Wie überall dort, wo Holz billig ist, ist er voller

Holzkreuze. Doch eine spezielle einheimische Kunstfertigkeit hat sich der Kreuze angenommen und das christliche Emblem in ein »Porträt« des Verstorbenen transformiert. Das Meisterwerk dieser besonderen Kunst ist das Kreuz eines tapferen Kriegers. Anstelle des kurzen oberen Stücks sitzt da sein geschnitzter Kopf, zwei schräge Arme des Kriegers sind hinzugefügt, und seine Martini und sein Revolver bilden Halbreliefs auf den Querstreben des Kreuzes. Das sieht unvorstellbar grotesk aus. Außerdem ringelt sich an der einen Seite eine Schlange hoch, die, wie mir erklärt wurde, die Grimmigkeit des Toten bezeugen soll. Die Schlange erscheint überhaupt häufig auf Gräbern und mag mit heute vergessenen Glaubensvorstellungen verbunden sein. In den Balladen der Montenegriner ist es aber auch durchaus üblich, dass ein großer Krieger *ljuta zmija* (wütende Schlange) genannt wird. Doch im Laufe der Zeit mögen den alten Symbolen darüber hinaus auch weitere Bedeutungen unterlegt worden sein.

Der Pater lachte, als er sah, wie ich das Kreuz bestaunte. »Sehr unchristlich«, sagte er kopfschüttelnd; »aber sie lieben es so.« Vukli litt ebenso wie Seltze sehr unter der *Shtriga* – eine unglückliche Frau hatte zum Beispiel all ihre acht Kinder verloren – und unter dem Bösen Blick *(Syy kec)*. Um dessen Macht zu demonstrieren, habe ein Mann, wie mir erzählt wurde, vor Kurzem eine Weintraube angestarrt, bis die vor den Augen der ehrfürchtig schaudernden Zuschauer am Zweig verwelkte und zu Boden fiel.

Syy kec ist einer der Flüche, die auf Albanien lasten. Um sich vor ihm zu schützen, tragen die Leute überall im Land vielerlei Amulette. Blaue Glasperlen schmücken die Halfter der meisten Pferde; Kindern wird eine Münze an der Stirn befestigt; die Katholiken tragen Kreuze, Heilige Herzen, Medaillen der Heiligen (meistens aus Italien) und dreieckige Amulettkapseln mit lateinischen Texten darin, die ihnen ihr Priester aufgeschrieben hat. Solche Kapseln werden auch an die Hörner des Viehs und in die Mähnen der Pferde gebunden; damit sollen diese davor bewahrt werden, des Nachts von *oras* oder Teufeln befallen zu werden.

Es gibt einen sehr wirksamen Zauber *(djakova)* gegen all diese Gefahren. Man muss eine Schlange töten und ihr mit Silber den Kopf abschlagen. Dazu eignet sich der scharf geschliffene Rand einer weißen *medjidieh* (große Münze) – den Kopf muss man dann trocknen, ihn zusammen mit einer Silbermedaille des Heiligen Georg einwickeln, beides von einem Priester segnen lassen, und fortan wird das Amulett einen schützen, solange man es trägt. Ein Stück von einem Meteoriten wiederum bewahrt einen vor Schüssen. Gäbe es all diesen Abwehrzauber nicht, wäre es hart, in dem Land zu leben. Die Teufel erscheinen häufig nachts, springen als feurige Funken umher, und ein Reisender, so gut er auch seinen Weg kennen mag, findet ihn plötzlich nicht mehr. Erst mit dem ersten Hahnenschrei (etwa zwei Stunden nach Mitternacht) kann er weitergehen. Dann sind die Teufel machtlos und verschwinden – so wie Hamlets Geist unter ähnlichen Umständen. Albanien lebt noch in jenen archaischen Zeiten, in denen echte Wunder geschehen, die niemand bezweifelt – Zeiten, in denen der Mensch keine Macht über sein Schicksal hat, sondern ohnmächtig vor sich hin darbt, einerseits heimgesucht vom Zorn Gottes und andererseits gequält durch die Mächte des Bösen. Stoisch fügt er sich seinem Schicksal. *Eghel* – »Es steht geschrieben.«

Es tut gut, sich in solch einer Atmosphäre zu bewegen. Auf wie vielen schwindelerregend schmalen Felskanten bin ich ohne zu zögern entlanggekrochen, vorwärts getrieben von dem heiteren Ruf: »Los, weiter! Es ist nicht *eghel,* dass du hier stirbst.« Was ich nicht hätte schaffen können, wenn ein englischer Freund geschrien hätte: »Um Himmels Willen, versuch es bloß nicht! Du brichst dir den Hals!« Das Reisen nur mit Einheimischen hat wirklich unzählige Vorteile.

Vukli war faszinierend, doch es wurde Zeit weiterzuziehen. Ich wollte nach Boga und Shala. Wieder war die Höhe für mich jedoch nicht passierbar. Ich musste denselben Weg nach Kastrati und Skreli zurück und das Tal des Proni Thaat hinaufreiten. Das könne ich in zwei Tagen schaffen, müsse dafür aber früh aufstehen, meinte der Pater. Er schlug drei Uhr für den Aufbruch vor. Und er sorgte auch dafür, dass die Pferde am Nachmittag davor neu beschlagen wurden. Auf diesen Wegen brauchen sie etwa einmal die Woche neue Nägel oder Hufeisen. Drei Uhr morgens ist eine unwirtliche Stunde. Ich plädierte für fünf, wurde aber gebeten, an die Hitze zu denken. Das tat ich. Ich dachte an den qualvollen Albtraum unserer Reise nach Gruda. Also war ich einverstanden, erklärte aber, deshalb müsse ich früh schlafen gehen. Es war dann aber, wie in Albanien üblich, fast elf Uhr abends, als ich mich endlich auf ein paar Schaffellen zurückziehen konnte. Bei der wenigen Zeit lohnte es sich nicht, sie mit Aus- und Anziehen zu verschwenden. Als dann ein Klopfen mich weckte und mir gesagt wurde, der Kaffee sei fertig – ebenso wie die Pferde –, hatte ich das Gefühl, mich kaum hingelegt zu haben. Noch schlaftrunken, aber in Panik vor der aufgehenden Sonne, rappelte ich mich halb bewusstlos hoch. Der Pater meinte, vergnügt wie immer, ich hätte hoffentlich eine gute Nacht gehabt. Seine sei sehr gut gewesen. Die üblichen zwei Schlückchen schwarzen Kaffees machten mich etwas wacher, und ich verabschiedete mich voller Bedauern von meinem liebenswürdigen alten Gastgeber, trat halb benommen hinaus in die kühle, graue, schlafende Welt und begann, zu Fuß den Berghang über lose Steine hinabzusteigen. Die Wirkung des Kaffees war schon verflogen, noch bevor ich halb unten war. Ich taumelte mehr schlafend als wach voran, fiel irgendwann hin und schreckte hoch. Marko und der alte Mann waren bestürzt, aber ich war viel zu weich gefallen, um mich zu verletzen.

»Ihr habt mich zu früh geweckt«, sagte ich. »Ihr wisst doch, dass ich das nicht mag.«

»Aber es ist so gesund, sehr früh aufzustehen«, beharrte Marko.

»Ich kann doch nichts dafür. Bei vierundzwanzig Stunden sind vier Stunden zu wenig. Ich bin zu spät schlafen gegangen. Das Abendessen war so spät.«

»Aber das war doch ziemlich früh! Nur zwei Stunden nach Sonnenuntergang!«

Ich begann jetzt keinen fruchtlosen Streit darüber, dass die Sonne im Sommer später untergeht, weil sie in Albanien immer zur selben Zeit untergeht – um zwölf Uhr. »In England geht die Sonne ja im Sommer vielleicht später unter, bei uns aber nie.«

Am Fuß des Hügels saß ich auf, schlang mir den Zügel um den Arm, hielt mich mit beiden Händen am Sattelbaum fest, schloss die Augen und döste vor mich hin. Nur wenn das Pferd stolperte oder ich nach vorn kippte, schrak ich hoch.

Mitten im Tal hatte der alte Mann Freunde. Er kündigte sich laut rufend an, und sie kamen mit einer Schale frischer Milch und etwas Käse vor die Tür. Wir frühstückten. Das war die Methode des alten Mannes, mich richtig wach zu bekommen.

Ohne Zwischenfälle kamen wir nach Han Grabom. Hier wurde ich von einer weiteren »albanischen Jungfrau« in männlicher Kleidung begrüßt, die mich bat, sie mit nach England zu nehmen. Ihr Heimweg führe sie immer an der montenegrinischen Grenze entlang, erklärte sie, und sie habe Angst, von montenegrinischen Scharfschützen erwischt zu werden. Für ein eigenes Gewehr habe sie aber kein Geld. Sie würde so gern an einem sicheren Ort leben. Sie hatte keinen Bruder und war eine von fünf Schwestern. Zwei waren verheiratet. Die anderen drei kleideten sich ebenfalls wie Männer und bewirtschafteten das Land der Familie.

Hinter Han Grabom begann der Aufstieg nach Rapsha. Zum Glück kann man steile Wege hinaufreiten, auch wenn man sie nicht hinunterreiten kann. Halb zu Fuß – an den riskantesten Stellen – und halb reitend, erreichten wir die Höhe zu einer guten Zeit. Es war zwar noch ziemlich heiß, aber die Sonne war schon weg.

Bei Einbruch der Nacht machten wir an einem *han* in Kastrati Halt. Das war eine der Gelegenheiten, wo ich einen *han* wirklich zu schätzen wusste, denn ich war schweißnass und ziemlich zerschrammt vom vielen Hinfallen. Der *hanjee* machte Feuer, und ich trocknete mich, während Marko einem Huhn den Kopf abschlug und es zum Schmoren aufsetzte.

Am nächsten Morgen wachte ich mit der traurigen Tatsache auf, dass ich mich von unserem Führer, dem lieben alten Mann, verabschieden musste. Wir befanden uns in Kastrati. Und Hoti und Kastrati lagen in Blutfehde miteinander. Ihm war zwar eine sichere Rückkehr garantiert worden, doch weiterreisen durfte er nicht.

Er hielt eine anrührende Abschiedsrede, bat mich, ihm aus London zu schreiben – der Pater werde ihm den Brief vorlesen. Später besuchte er mich jedes Mal, wenn er nach Skutari kam, beflügelt von der vagen Hoffnung, ich könne etwas für sein unglückliches Land tun.

Der *hanjee* lotste uns hinunter nach Brzheta in Skreli, wo uns ein anderer Mann übernahm, der uns auf einer leichten Strecke am rechten Ufer des trockenen Proni Thaat-Flusstals weiter nach Boga geleitete. In der Nähe des Dorfs Skreli wechselten wir aufs linke Ufer.

In Boga – fünfundsiebzig Familien, alle katholisch – herrschte, anders als bei seinen Brüdern in Vukli und Seltze, finsterste Blutfehde. Erst vor Kurzem waren zwei Brüder von ihren eigenen Verwandten erschossen worden.

Für alle, die sich für »Tauben-Kreuze« interessieren, erwähne ich nebenbei, dass in Boga und bei Snjerch (St. Georg), nahe der Mündung der Bojana – heute auf montenegrinischem Gebiet – die schönsten Exemplare zu finden sind.

Empfangen wurden wir vom Priester und seiner alten Mutter, die mich, als sie hörten, ich wolle weiter nach Shala, beide dringend baten, nicht über den Pass zu gehen. Der Schnee liege sehr hoch, sei halb geschmolzen und rutschig und der Steilhang auf der anderen Seite extrem abschüssig. Die Pferde könnten ihn auf keinen Fall bewältigen. Ich beherzigte ihren Rat. Die Rückreise durchs Tal war dann im höchsten Maße lohnenswert wegen des prachtvollen Anblicks der beschneiten Berge von Skreli, die sich über einem dunklen Kieferngürtel strahlend vor dem türkisfarbenen Himmel abzeichneten. Kurz hinter Brzheta überquerten wir das Flussbett und wandten uns gen Süden Richtung Rechi. Dabei kamen wir durch Lohja, den Ort eines kleinen Stamms, der nur aus einem *bariak* mit achtzig muslimischen und vierzig christlichen Häusern besteht. Er hat eine Moschee und einen *hodza* und teilt sich einen Priester mit Rechi, dem Nachbarstamm – der ebenfalls vorwiegend muslimisch ist. Rechi-Lohja ist gemischter Herkunft, stammt hauptsächlich von Pulati und Slaku ab und war ursprünglich ausschließlich katholisch.

Grizha, ein weiterer kleiner Stamm ganz in der Nähe und auch nur aus einem *bariak* bestehend, ist meinem Eindruck nach nur muslimisch, ebenso wie Kopliku unten in der Ebene.

Rechi erreichten wir nach einem Ritt durch einen Wald aus mächtigen Kastanien. Kirche und Pfarrhaus, beide neu, stehen auf einer Erhebung mit herrlich freiem Blick über die gesamte Ebene und den See von Skutari. Der Priester von Rechi, ein eifriger Erforscher albanischer Sitten, war eine regelrechte Fundgrube für Informationen, nicht nur über Rechi, sondern auch über Pulati, wo er einige Jahre gelebt hatte.

Er erzählte uns von Schwüren, die, wenn es sich um sehr feierliche handelt, in Rechi ebenso wie in allen Pulati-Stämmen stets auf einen Stein und auf das Kreuz geleistet werden: »per guri e per kruch« (auf den Stein und das Kreuz). Der Stein ist der wichtigere Teil und kommt zuerst. Wenn ein Ältestenrat zusammentritt, um einen Fall zu behandeln, wirft der Angeklagte häufig einen Stein in die Mitte der im Kreis Versammelten und schwört bei dem Stein, dass er unschuldig sei.

Hat ein Mann eine besonders schlimme Tat gestanden und ihm ist vergeben worden, sagt er gewöhnlich: »Ich muss wohl am nächsten Sonntag einen Stein zum Gottesdienst mitbringen?« Der Stein wird auf der Schulter getragen, als öffentliches Zeichen der Reue. Und auch wenn ihm gesagt wird, das sei nicht nötig, bringt er meistens doch lieber einen. Der Priester eines anderen Bezirks war der Meinung, das öffentliche Steintragen habe eine solch gute moralische Wirkung, dass er niemals sage, es sei überflüssig. Und seine Gemeindemitglieder brächten häufig riesige Exemplare. Ob die dann auch im Größenverhältnis zur Sünde stehen, weiß ich nicht.

Die Priester sagen, dass ihre Gemeindemitglieder trotz aller christlichen Erziehungsversuche der Ansicht sind, das Erschießen eines Menschen sei nichts im Vergleich zu der Sünde des Fastenbrechens – wenn man beispielsweise am Samstag ein Ei isst. Fasten in Albanien bedeutet den vollständigen Verzicht auf jegliche tierische Nahrung.

Im Herbst 1906 begaben sich die albanischen Geistlichen nach Ragusa, um den Erzbischof Franz Ferdinand zu begrüßen, den Repräsentanten des Kaisers Franz Josef, der wiederum der Schutzherr der katholischen Kirche in Albanien ist. Geplant war, dass sie zusammen mit den österreichischen Priestern speisen würden, und zwar die gleichen Gerichte. Das führte fast zu einem Skandal. Denn die albanischen Gemeindemitglieder hielten das für ein Komplott, mit dem ihre Priester vom rechten Pfad abgebracht werden sollten. »Dieser Papst«, sagte ein Mann zu mir, »ist doch sowieso nur ein Italiener!«

Wir sprachen auch über das Wahrsagen – das Lesen von Knochen –, einen Brauch, den ich zuerst in den Bergen von Shpata, nahe Elbasan, kennenlernte. Der Knochen muss entweder das Brustbein eines Geflügels sein oder das Schulterblatt eines Schafs oder einer Ziege. Anderes kommt nicht in Frage. Es ist schwierig, die Leute dazu zu bringen, dass sie einem die Methode erklären. Wenn ich für mich die Fakten ordne, die ich von einem Rechi-Priester, einem Mann aus Djakova, erfuhr, ergibt sich Folgendes:

Wenn man sich die eigene Zukunft vorhersagen lassen möchte, muss der Knochen von einem Tier stammen, das man selbst aufgezogen hat. Ein gekauftes ist unbrauchbar. Das Federvieh muss geköpft werden; wenn ihm der Hals umgedreht wird, behaupteten der Mann aus Djakova und andere, dann läuft das Blut in die falsche Richtung und zerstört die Zeichen auf dem Knochen.

Ein guter Seher kann sofort erkennen, ob das Tier gekauft oder selbst aufgezogen wurde.

Der Knochen wird gegen das Licht gehalten, und die Beschaffenheit des Marks usw. interpretiert. Die Kunst, die Zeichen richtig zu lesen, wird aber sorgfältig geheim gehalten.

»Ich fragte einen Mann«, sagte der Rechi-Priester, »wie er die Knochen denn lese. Er erwiderte: »Wenn Ihr kleine schwarze Zeichen auf Papier seht, dann wisst Ihr, sie bedeuten »Gott«, »Mensch« und so weiter. Die kann ich nicht lesen, aber wenn ich kleine Zeichen an den Knochen sehe, dann kann ich sie lesen und Ihr nicht.«

Der allerbeste Knochen stammt vom Brustbein eines schwarzen Hahns, er sollte jedoch keine einzige weiße Feder tragen. Man nimmt das Kielstück des Brustbeins. Das Schicksal des Hahnbesitzers und seiner Familie lässt sich an der Dicke an seinem Ende ablesen – daran entlang verläuft eine Marklinie. Ein Loch darin bedeutet seinen Tod, ein Riss eine Krankheit oder Katastrophe. Die jeweilige Lage zeigt den Zeitpunkt des Ereignisses an. Tode oder Unfälle der Familie sind an den Verzweigungen der Hauptlinie abzulesen. Rote Punkte bedeuten Blut. Öffentliche Ereignisse werden an den Seiten des Kiels vorhergesagt. Es werden die wundersamsten Geschichten über die Wahrheit dieser Prophezeiungen erzählt, und sie werden geglaubt. Und das mit einer solchen Absolutheit, dass man durchaus vermuten könnte, es sei eher das Entsetzen über die Vorhersage, die den Tod des Betreffenden bewirkt.

Der einzige Sohn einer Familie, den der Djakova-Mann gut kannte, nahm an einem Familienfest teil. Er hielt ein Geflügelbrustbein ins Licht und warf es mit einem Schrei zu Boden. Sein Vater fragte, was los sei. Der Sohn sagte: »In drei Tagen wirst du mich begraben.« Der entsetzte Vater las den Knochen auf und sah, dass es nur zu wahr war. Er klagte und jammerte laut: »In drei Tagen werden wir dich begraben!« Alle seine Verwandten weinten mit ihm. Der junge Mann erblasste, ihm wurde übel, und er konnte nichts essen. Und binnen drei Tagen war er tot, und sie begruben ihn.

»Als er in dem Knochen las, dass er sterben müsste, starb er«, sagte der Djakova-Mann.

Als er sah, dass ich ein skeptisches Gesicht machte, fügte er, sehr viel klüger, als ihm selbst bewusst war, hinzu: »Sie würde es nicht umbringen, weil Sie nicht daran glauben. Wir aber glauben daran, und deshalb ist es für uns wahr.«

Es ist durchaus vorstellbar, dass die Panik, ausgelöst durch die eigene lebhafte Fantasie und die gnadenlose Bestätigung durch die Familie einen Menschen mit einem schwachen Herzen umbringen kann.

Als Shakir Pascha zum *Vali* von Skutari ernannt wurde, nahm ein Mann aus den Bergen einen Knochen auf und rief laut: »Er wird nur sechs Monate *Vali* sein!« Das war eine so ungewöhnlich kurze Zeit, dass man den Mann auslachte, doch der *Vali* wurde tatsächlich nach sechs Monaten versetzt.

Auf einer Hochzeitsfeier verriet der Knochen, dass einer der Anwesenden binnen kurzer Zeit tot bei einem Felsen aufgefunden werde. Zwei Wochen später stürzte der Bräutigam über einen Felshang und starb. Und so weiter.

Derart stark ist der Glaube an die Knochen, dass ich mehr als einmal miterlebt habe, wie der Wunsch nach der Deutung eines Knochens dem Betreffenden mit dem Argument, es sei besser, nicht das Schlimmste zu wissen, verweigert wurde.

Als ich mir Ende November 1908 in Skutari diese Notizen mache – dunkle Wolken eines drohenden Kriegs an allen Grenzen ziehen gerade auf, und unter den Jungtürken gärt die Unzufriedenheit –, sehen die Männer der Berge Blut in allen Knochen, »vielleicht vor Weihnachten, gewiss zu Ostern.« Wenn Krieg in der Luft liegt, kann das Gleichgewicht der Kräfte leicht durch eine Nichtigkeit wie das Brustbein eines Federviehs gestört werden, und die Dinge werden »wahr, weil wir sie glauben.«

Die Menschen würden immer noch an manch heidnischem Glauben festhalten, sagte der Priester, über den sie aber nicht sprechen wollten. So würden sie einer Leiche vor der Beerdigung eine Münze in den Mund legen, schienen aber keine Erklärung dafür geben zu können, außer der, das sei *adet* (Brauch). Man finde, sagt er, auch immer noch den Glauben an die Laren[6]. Er habe selbst erlebt, dass bei Familienfesten ein Platz für die Geister der Toten freigehalten werde. Und in Pulati habe er Spuren eines Glaubens an zwei Mächte entdeckt, die des Lichts und der Finsternis. Er glaube, dass die sonnen- und mondähnlichen Figuren, die man als Tätowierungsmuster finden kann, damit zu tun hätten.

Am Sonntag strömten die Siechen und Beladenen schon seit dem frühen Morgen herbei. Der Priester hatte eine mehrjährige medizinische Ausbildung, und er kümmert sich sowohl um die Körper wie um die Seelen seiner Schäfchen. Seine Kirche ist stets gut gefüllt. Eine große Gruppe ambulanter Patienten wartete sonntags stets an der Kirchentür. Die Sonntagsmesse wird in den Bergkirchen erst um elf oder noch später

6 Schutzgötter

zelebriert, damit die weit verstreuten Gemeindemitglieder genügend Zeit für den langen Weg haben. Während wir warteten, kamen wir mit einer Ortsberühmtheit ins Gespräch, einem alten Mann aus Lohja, der stolz behauptete, er habe trotz seines Alters von hundertzehn Jahren nur zweimal in seinem Leben gesündigt. Und außerdem sei er in beiden Fällen unschuldig. Denn bei der Sünde handele es sich jedes Mal um Diebstahl, zu dem er von bösen Leuten verführt worden sei. Ich fragte ihn, wie viel Menschen er denn getötet habe. Mit einem fröhlichen Grinsen erwiderte er: »Viele, aber keinen einzigen unehrenhaft oder wegen Geld.« Er war ein munterer alter Mann mit Adlernase und lustigen grauen Augen. Als jemand sein hohes Alter bezweifelte, konterte er mit einer Kaskade historischer Ereignisse, von denen er schwor, sich noch persönlich an sie zu erinnern. Man schlug vor, ich solle den alten Lohjaner »schreiben«. Er war unendlich geschmeichelt und saß mir gerne kurz Modell. Als ihn alle in der Zeichnung wiedererkannten, befiel ihn eine große Angst, und er flehte mich eindringlich an, was ich »über ihn geschrieben hatte«, niemals zu zerstören. Er war überzeugt, dass er, sobald jemand die Zeichnung vernichte, tot umfallen werde – und das sei doch sehr schade, nachdem er hundertzehn Jahre gelebt habe. Ich versprach mit gebührendem Ernst, mich niemals von ihr zu trennen, was ihn sehr erleichterte.

Der Priester neckte ihn wegen seiner »zwei Sünden« und erklärte, er sei ein sehr böser alter Schlingel, der viele Dinge getan habe, die ungetan hätten bleiben sollen, und der nie zur Beichte komme. Letzteres gab der alte Mann vergnügt zu – nach hundert Jahren sei eine Beichte nicht mehr nötig. Und außerdem habe er seine zwei Sünden schon vor Jahren gebeichtet, mehr habe er dazu nicht zu sagen.

Nachmittags brachen wir nach Rioli auf – in einem nur zweieinhalbstündigen Spaziergang über einen Kamm und durch ein Tal mit einem kristallklaren Fluss, der so manche

Getreide- und Walkmühle antreibt, beide auf die übliche balkanische Weise.

In der Walkmühle dreht das Wasserrad eine große hölzerne Radachse mit zwei Flanschen, die über eine Welle zwei große, schwere hölzerne Hämmer, meist aus Walnussholz, abwechselnd heben und fallen lassen. Dadurch werden die vielen Meter nassen, handgewebten Wollmaterials *(shiah)*, das sich in einem Trog darunter befindet, ausgiebig geschlagen und geklopft. Innerhalb von achtundvierzig Stunden ist die Masse zu jener Art Tuch gewalkt, aus dem in Bosnien, Montenegro und Nordalbanien allgemein die Kleidung der Menschen besteht.

Die Getreidemühlen sind häufig sehr klein. Ein winziger Verschlag steht auf Pfählen über einem kleinen Wasserfall, dessen Wasser mit großer Kraft durch ein Rohr schießt. Das Rohr besteht aus einem ausgehöhlten Baumstamm und hat am Ausgangsende eine sehr kleine Öffnung, durch die das Wasser auf ein kleines Wasserrad trifft. Dessen senkrechte Achse führt durch die beiden Steine und dreht den oberen. Das Getreide wird durch einen hölzernen Trichter eingeleitet, wobei dessen gleichmäßiger Zufluss geschickt mit einem Zweig geregelt wird, der über die Fläche des oberen Steins streicht. Mühlen sind normalerweise im gemeinsamen Besitz mehrerer Familien, die abwechselnd ihr eigenes Korn mahlen.

Die Kirche von Rioli steht hoch am rechten Hang des Tals, das hier dicht bewaldet ist. In der steilen Felswand auf der anderen Seite befindet sich die Höhle, in die sich im siebzehnten Jahrhundert Bischof Bogdan auf der Flucht vor den Türken zurückzog.

Rioli ist ein kleiner Stamm, der aus einem *bariak* besteht und, wie ich glaube, gemischter Herkunft ist. Er gehört zur Diözese von Skutari.

Und nun verließen wir die *Maltsia e madhe*-Gruppe und die Diözese von Skutari und brachen auf nach Pulati.

Pulati – Ghoanni, Plani, Thethi

PULATI ist unterteilt in Ober- und Unter-Pulati und besteht nicht aus nur einem Stamm, sondern aus sehr vielen Stämmen, die allesamt einem Bischof unterstellt sind. Das untere Pulati besteht aus den vier großen Stämmen Ghoanni, Plani, Kiri und Mgula, von denen jeder einen *bariak* bildet. Das obere Pulati setzt sich aus den großen Stämmen Shala, Shoshi, Merturi, Toplana und Nikaj zusammen. Diese sind wiederum Teil der Gruppe, die sich Dukaghini nennt. Das ist der Distrikt, der einst von *Lek* regiert worden war, und sie halten immer noch eisern an seinem Gesetz fest.

Die Aufteilung von Pulati scheint hauptsächlich eine kirchenpolitische zu sein – und entspricht Polat major und minor, was ein französischer Priester des vierzehnten Jahrhunderts erwähnt.

Es lohnt kaum, die Legende hier zu wiederholen, wonach der Name sich angeblich von einem Mann herleitet, der nichts als eine einzige Henne *(pulë)* besaß.

Die Menschen von Pulati unterscheiden sich wesentlich von denen in *Maltsia e madhe*; einerseits, weil sie noch weniger Berührung mit der Außenwelt haben; andererseits mit Sicherheit auch, weil sie anderen Bluts sind.

Insgesamt sehen die Leute in Pulati für mich nicht so ansprechend aus. Der hochgewachsene, hellhaarige, grauäugige Typ ist weniger häufig, der kleine, dunkle rundköpfige Typ dagegen sehr verbreitet. Zudem unterscheidet sich die Kleidung, besonders die der Frauen, stark. Auch die Sitten sind hier anders. Es kann aber durchaus sein, dass sich in *Maltsia e madhe* Sitten und Gebräuche schon überlebt haben, die in Pulati immer noch lebendig sind.

Der Priester von Rioli gab uns eine Frau als Führerin mit, da ein Mann nicht zur Hand war. In Zeiten einer Blutfehde zwischen zwei Stämmen ist ein weiblicher Führer sehr viel sicherer. Während unserer Reise herrschte allerdings Frieden.

Die Bergkette, die hier die Grenze von Pulati bildet, ragte wie eine Mauer in den Himmel. Selbst der Pass – Chafa Biskasit – sah von unten unüberwindlich aus. Die Strecke ist äußerst unwegsam – nur lose Steine und große Felsblöcke, alles für Pferde völlig unmöglich. Es war sehr heiß und stickig, und ein Gewitter lag in der Luft. Ohne den Schatten der Bäume, die die Höhen bedeckten, hätte ich den Anstieg nicht geschafft. Die beiden Männer schwitzten gewaltig. Der jungen Frau dagegen, die es gewohnt war, solche Wege mit 40 oder 50 Pfund Mais auf dem Rücken zurückzulegen, »krümmte die Hitze kein Haar«.

Manche Leute finden die Bergluft belebend. Ich registriere aber stets nur den Mangel an Sauerstoff und klettere immer in der traurigen Gewissheit, dass, je höher ich komme, desto weniger davon vorhanden sein wird. Was in Meereshöhe eine nette sportliche Übung ist, wird im Gebirge, wenn man nach Luft ringt wie ein Fisch auf dem Trockenen, zur qualvollen Arbeit.

Der Weg ins Paradies sei hart, sagt Marko.

Die Passhöhe von Chafa Biskasit beträgt etwa 1.470 Meter. Dann folgte das Glück des Abstiegs. Unten lag das Tal des Kiri, in dem die vier Stämme des unteren Pulati leben. Die große Bergkette am anderen Ende des Tals bildet die Wasserscheide zwischen dem Kiri und dem Lumi Shalit und gleichzeitig die Grenze zu den Stämmen der Shala-Shoshi.

Die Stammesgrenzen in dieser Gegend sind noch niemals kartographisch erfasst worden. Die Menschen kennen sie aber sehr genau und können auf einen bestimmten Baum oder Stein zeigen, bei dem man die Linie überschreitet. Ich kann deren Verlauf allerdings nur sehr, sehr grob skizzieren.

Wir erreichten Ghoanni trotz der kurzen Entfernung spät. Der Weg war weggebrochen. Und die Pferde mussten einen scheinbar nicht zu bewältigenden Abhang hinunter schlittern, mit je einem Mann, der sich an Kopf und Schwanz hängte, um beim Bremsen zu helfen. Außerdem hatten wir einen weiten Umweg zu machen. Als wir schließlich am Palast des Bischofs von Pulati ankamen – einem maroden kleinen Bau im einheimischen Stil, mit einem verrückten hölzernen Balkon –, hielten Seine Gnaden gerade Siesta. Zu meinem Entsetzen wurde der Bischof aufgeweckt, um mich zu empfangen, doch als christliche Seele nahm er mich freundlich auf und gab mir zu essen.

Der Palast steht hübsch versteckt zwischen Bäumen, und nicht fern rauscht ein Wasserlauf. Es ist bezeichnend für das Land, dass keine anständige Straße hierher führt. Ich legte mich faul in die Wiese beim Palast. Die Luft war bleischwer, es gab prachtvolle Kastanien in der Nähe und das träge Summen der Bienen. Die ganze Welt schien zu dösen. Plötzlich wurde der Frieden jedoch durch zwei Schüsse gestört, die dumpf durchs Tal hallten – dann noch zwei – und Stille.

»Was ist das?«, fragte ich, nur wenig interessiert.

»Wahrscheinlich eine Hochzeit«, meinte Marko. »Es ist Montag – bei uns der Tag zum Heiraten.«

Wir verließen die Wiese und kletterten am Hang entlang zu einer Ansammlung von Hütten. Die erste Frau, der wir begegneten, bat uns sofort zu sich ins Haus – eine elende Bruchbude, ohne Fenster und pechschwarz in den Ecken. In einer war ein Schaf festgebunden, und ein Schwein lief frei herum. Die Frau blies in die Asche und begann Kaffee zu kochen. Das Leben sei hart, sagte sie – der Mais entsetzlich teuer. Man müsse zehn Zicklein bis ganz nach Skutari treiben, um sie dort zu verkaufen, um dann so viel Mais dafür zu besorgen, wie man zurücktragen könne. Plötzlich hallten Rufe durchs Tal. Ein Junge stürzte mit der Neuigkeit ins Haus. Die Schüsse, die wir gehört hatten, waren Todesboten gewesen. An einem knapp über eine Stunde entfernten Ort war ein armer kleiner Junge, unbewaffnet und erst acht Jahre alt, von einem Shoshi-Mann aus Blutrache erschossen worden, als er in den Bergen die Schafe seines Vaters hütete.

Der Shoshi-Mann hatte sich vor einiger Zeit mit einem Ghoanni-Mann gestritten, der schließlich nach einem brennenden Scheit aus dem Herd griff und es gegen den anderen schleuderte. Ein Schlag ist aber eine unverzeihliche Beleidigung. Der Shoshi-Mann forderte Blut und weigerte sich, *besa* zu schwören.

Nun hatte er seine Ehre im Blut eines hilflosen Opfers reingewaschen, dessen einziges Verbrechen darin bestand, dass es demselben Stamm angehörte wie der Übeltäter.

Das Kind war das ältere von zweien. Der Vater, ein Krüppel und sehr arm, war nach Skutari gegangen, um Arbeit zu finden. Die Ghoanni waren voller Zorn. Jener Shoshi habe zwar das Recht gehabt, das Blut eines jeden Mannes von ihrem Stamm zu fordern, gaben sie freimütig zu, aber ein Kind zu töten sei unehrenhaft. Das würden sie ihrerseits niemals tun.

Ich habe diesen Fall danach an vielen Orten diskutiert. Insgesamt war man gefühlsmäßig dagegen. Viele, die zwar im Prinzip fanden, das Gesetz rechtfertige die Tat, hielten sie trotzdem für einen schmutzigen Trick. Andere meinten, gefordert sei männliches Blut des Stammes (das ist der alte Brauch), und in welchen Adern es fließe, spiele dabei keine Rolle – es sei der Stamm, der bestraft werden müsse. Ich selbst habe gehört, dass sogar schon ein Baby in der Wiege geopfert wurde, aus Gehorsam gegenüber jenem archaischen Gesetz.

Nach einer neuen Gesetzgebung beschränken manche Stämme die Blutschuld inzwischen auf den tatsächlichen Täter (so wie in Mirdita) oder sein Haus (wie bei den Shala). Ein Shala-Mann sagte, der Ghoanni-Fall sei schlecht. Er selbst würde nicht gern gezwungen sein, ein Kind zu töten, aber »wenn es das Gesetz will, dass man jemanden aus demselben Haus tötet, und der Mörder geflohen ist und nur ein Kind als männliches Wesen zurückgelassen hat, dann muss es sein. Es ist traurig, aber es ist das Gesetz.«

Habe er denn nicht auf die Rückkehr des Täters warten können oder so lange, bis das Kind so alt ist, dass es Waffen tragen darf? »Nein. Du kannst nicht warten, wegen deiner Ehre. Nur Blut kann sie reinwaschen.« Ich meinte dazu, das sei doch die Ehre des Wolfs gegenüber dem Lamm, was ihn überraschte, aber er blieb bei seiner Aussage. »Solange du nicht Blutrache genommen hast, wird jeder über dich reden. Und so kannst du nicht leben.« Mrs. Grundy ist auch in Albanien allmächtig![7]

Ein Mann kann sogar aus Blutrache erschossen werden, auch wenn er gar nicht weiß, dass sein Stamm Blut schuldet. Wenn er woanders arbeitet, wird er häufig vorbeugend seine Kleidung ändern, damit nicht sofort klar wird, aus welcher Region er kommt, und er für ein Verbrechen zahlen muss, von dem er nicht einmal gehört hat. Wer sich zu Blutrache verpflichtet sieht und nicht weiß, welcher Herkunft ein solcher Mann ist, wird ihn fragen: »Woher kommst du?« Und die Sitte verbietet es, zu lügen. Wer also eine falsche Herkunft angibt, auch wenn er nichts von der jüngsten Blutfehde weiß, der wird womöglich selbst fällig für Blut. Er würde vielleicht antworten:

»Von wo immer du willst.«

»Wie lautet dein Name?«

7 Eine sprichwörtlich gewordene Figur aus einem Stück des 18. Jh., die sich ständig vor dem fürchtet, was die Leute über sie sagen könnten.

»Ich wurde einst getauft«, und so weiter. Antworten dieser Art werden von Männern gegeben, die nach langer Abwesenheit auf dem Weg nach Hause sind und die aktuelle Situation ihres Heimatorts nicht kennen.

Gastfreundschaft sollte man niemals über Gebühr beanspruchen, schon gar nicht die eines Bischofs. Und so waren meine Pferde am nächsten Morgen um sechs Uhr früh bereit. Der Bischof versicherte mir, dass die Strecke nach Plani hervorragend sei, und versprach im Scherz, mich zu besuchen, »wenn ich das nächste Mal nach London komme.«

Als wir aufbrachen, hallten die Berge wider von den Rufen, mit denen der Stamm zur Beerdigung des ermordeten Jungen aufforderte. Die werde dann den endgültigen Ruin der Familie bedeuten, sagte unsere Führerin. Denn die Ehre verpflichte sie dazu, alle Trauergäste mit Fleisch und Getränken zu bewirten. Einige Gebiete, wie zum Beispiel Theti, hätten, um diese Ausgaben zu begrenzen, ein Gesetz erlassen, das die Auswahl der Gäste auf nahe Verwandte beschränkt.

Die Vorstellung des Bischofs von einer hervorragenden Strecke muss die biblische vom schmalen, geraden Pfad gewesen sein. In Wirklichkeit war sie grauenhaft. Nur mit großer Mühe ließen sich die Pferde vorwärts bewegen. Wir balancierten und schlängelten uns zu Fuß auf schmalen Graten entlang oder auf lockerem Schiefergestein, das schnell wegbrach und ins Tal hinunter polterte. Schatten gab es keinen und auch kein frisches Lüftchen. Ich habe nicht die geringste Ahnung, wie die Landschaft ringsum aussah, da ich, ganz taumelig von der fast unerträglichen Hitze, immer nur den nächsten Halt für meine Füße im Blick hatte, wobei ich stets ein gutes Stück vor den Pferden lief, da die mit ihrem zuletzt aufsetzenden Hinterbein ständig Steine lostraten.

Vor noch gar nicht langer Zeit waren diese Berge dicht bewaldet gewesen, aber wie in vielen Regionen fällt auch hier jedermann Bäume, aber keiner pflanzt neue. So verschwindet die lockere Krume in alarmierendem Tempo. In jeder Regenzeit schwemmt das Wasser Tonnen von Muttererde nach unten, lässt die Bojana verschlammen und errichtet eine Sandsperre in der Mündung. Und weil das Wasser sich so selbst seinen Ausgang ins Meer verbaut, dehnt es sich faulig und fieberbrütend über die Ebene aus und hinterlässt in den Bergen Verödung. Das Land verschwindet beängstigend schnell direkt vor den Augen der armen Menschen, die wiederum klagen, die Regierung müsse Mauern bauen. Sie begreifen einfach nicht, dass sie selbst verantwortungsbewusster fällen und wieder aufforsten müssten.

In den wenigen ausländischen Schulen in Skutari wird nur »Bücherwissen« gelehrt und gar nichts Praktisches. Die Schüler verlassen die Schule mit dem Wunsch, einen Angestelltenposten im Ausland zu ergattern, anstatt mit Kenntnissen darüber, wie sie ihr eigenes Land voranbringen können.

Am Mittag erreichten wir Plani, das am Ausgang vom Tal des Kiri liegt. Die Kirche steht an einer bezaubernden Stelle. Ein kleiner Wasserfall stürzt sich dort von weit oben eine bewaldete Schlucht hinab – der Ort ist ein kühler, grüner Hain nach dem brütend heißen Marsch.

Plani, ein Stamm aus einem *bariak*, führt seine Herkunft auf drei verschiedene Gruppen zurück, die untereinander heiraten dürfen. Eine kommt aus Kilmeni. Vor fünfzig Jahren hätten sie sich noch wie die in Mirdite gekleidet, sagen die Leute. Aber ich habe nichts über eine derartige Verwandtschaft gehört.

Innerhalb des Stammes gab es kaum Blutrache, aber dafür befanden sie sich mit verschiedenen Nachbarstämmen in Blutsfeindschaft.

Wenn in Plani (und ich glaube auch in einigen anderen Regionen) eine Fehde beigelegt wird, bringt eine Frau ein Baby in einer Wiege herbei, dreht die Wiege mitsamt dem Säugling auf den Kopf und legt sie zwischen den Verfeindeten auf die Erde. Da das Baby mit seiner Decke immer fest an die Wiege gebunden ist, kann es nicht zu Schaden kommen – die Zeremonie ist also nicht so brutal, wie sie klingt.

Es gibt noch viele andere Zeremonien zur Beendigung einer Blutfehde, von denen ich hörte.

Der stellvertretende *bariaktar* empfing mich bei sich zu Hause – es lebten dort vierzig Familienmitglieder. Er äußerte sich entschieden gegen die Blutfehde, denn er hatte in ein und derselben Fehde Vater, Bruder und Sohn verloren. Da deren Fortsetzung seinen Ruin bedeutet hätte, bezahlte er Blutgeld, insgesamt 300 Gulden. Jetzt gehe es ihm gut.

Ebenso wie Hoti hat Plani einen berühmten Wundarzt. Leider war er zurzeit nicht anwesend. Seine Spezialität waren Augenkrankheiten. Für entzündete Augen etwa habe folgender Extrakt eine unfehlbare Wirkung, erzählte man mir: der Saft von Mauer-Glaskraut, gemischt mit etwas Salz; davon zweimal am Tag drei Tropfen ins Auge.

Ein Sprichwort lautet: »Jede Krankheit hat ihr Kraut.«

Ein beliebtes Mittel bei Schnitten und Wunden ist das verbreitete echte Johanniskraut *(Hypericum perforatum)*, gut zerstampft und in eine Flasche mit Olivenöl eingelegt. Die muss einige Tage in der Sonne liegen, danach kann das Öl angewendet werden. Es hat einen so guten Ruf als Heiltinktur, dass ich eine antiseptische Eigenschaft vermute.

Gegen Gelbsucht, ein häufiges Leiden in den Bergen, hilft Folgendes: Fang einen kleinen Fisch, setz ihn in ein Gefäß mit Wasser und starr ihn ununterbrochen an, während er seine Runden schwimmt. Nach einigen Tagen wandert das Gelb aus deinen Augen in die des Fischs, und du bist geheilt.

Dann ist da noch eine wundersame Pflanze, die Stein und Eisen bricht. Sollte etwa ein angekettetes Pferd draußen grasen und die Kette kommt zufällig mit der Pflanze in Berührung, fliegt das Eisen auseinander. Auf diese Weise sind schon häufig wertvolle Pferde verloren gegangen. Niemand weiß, wo diese Pflanze wächst, nur die Schildkröte.

Wenn du also, was nicht selten vorkommt, eine Anzahl Schildkröteneier finden solltest, musst du eine kleine Mauer aus Steinen um sie herum bauen. Dann versteck dich und warte auf die Schildkrötenmutter. Sie wird sehr böse sein und versuchen, mit ihrem Kopf die Mauer umzustoßen, denn sonst würden ihre Kinder, sobald sie geschlüpft sind, verhungern. Gelingt ihr das nicht, zieht sie los und holt ein Blatt dieser Pflanze, damit berührt sie die Mauer, und schon fällt sie um!

Danach kann man ihr das Blatt wegnehmen und es selber zum Stehlen, aber auch für Haushaltsangelegenheiten einsetzen. Wo die Schildkröte das Blatt findet, weiß allerdings niemand, und sie wird es auch nicht holen, wenn man ihr folgt.

In Albanien wimmelt es von Schildkröten – diesen seltsam faszinierenden Geschöpfen, die in der Sonne baden, dich mit ihren kleinen Knopfaugen anschauen oder gelassen, mit schief gehaltenem faltigen Hals die Gegend durchstöbern und gezielt die Blätter abbeißen, nach denen es sie gelüstet. Arm dran sind sie allerdings in einem sprießenden Mais- oder Bohnenfeld. Dass ihre groteske Gestalt eine Legende inspiriert hat, ist nicht verwunderlich. Hier ist sie: Wie die Schildkröte zu ihrem Panzer kam.

Als Jesus ans Kreuz genagelt wurde, eilten alle Tiere herbei, um der Jungfrau ihr Beileid zu bekunden. Die arme kleine Schildkröte war tief betrübt, wusste aber nicht, wie sie ihre Trauer zeigen sollte. Und so biss sie unterwegs ein großes Blatt ab und bedeckte sich damit. Als die Jungfrau sah, wie sie da angekrochen kam, und ihren kleinen Kopf herausstreckte, fand sie das so komisch, dass sie, trotz der schmerzlichen Umstände, nicht umhin konnte zu lachen. Und seit diesem Tag ist die Schildkröte bedeckt.

In Plani kann man viele seltsame Dinge hören. Da gibt es zum Beispiel nicht weit von der Kirche eine Anzahl Häuser, auf denen seit vielen Jahren ein Fluch liegt, der dafür sorgt, dass die Familien niemals größer werden. Ich besuchte ein sehr kleines dieser Häuser. Es lebten achtzehn Menschen darin, weshalb die Nichtzunahme an Familienmitgliedern vielleicht eher ein Segen als ein Fluch ist.

Das Gespräch kam auf das *chytet* (die Festung). Das Bauwerk sei sehr alt – wer weiß, vielleicht tausend Jahre alt. Ob es weit dahin sei, fragte ich, denn ich war müde. »O nein«, sagte der Franziskaner, »Wir können es leicht in einer Stunde hin und zurück schaffen.«

Also brachen wir auf. Der Pfad entpuppte sich allerdings bald als ein schmaler Sims, der sich, zwischen dem Himmel oben und dem Fluss unten, an der Bergflanke entlang zog. Und an deren Ende, am Sporn des Bergs, wartete eine Felsspitze, die zu überklettern war.

Ein unglaublich wilder Ort. Der spitze Gipfel reckte sich in die Höhe, an drei Seiten von einem tiefen Tal umgeben. Zwischen ihm und dem Kamm, dessen Endpunkt er bildete, gibt es tatsächlich Spuren des *chytet* – Reste dreier Brunnen, die jetzt mit Steinen verstopft waren. Ein Teil der Felswand ist grob behauen, und an manchen Stellen sind schmale Rillen hineingeschnitten. Ein in grober Bauweise errichtetes Bollwerk hängt über dem Steilhang.

»Nein, wir müssen bis zur Spitze«, sagte der drahtige kleine Franziskaner, der wie eine Gämse von Felsblock zu Felsblock sprang. Ich war aber nicht für Kletterpartien ausgerüstet. Da mir ein einstündiger Spaziergang versprochen worden war, trug ich einen langen Rock. Nach einem vergeblichen Versuch über den kürzesten Weg sagte der Franziskaner: »Am besten geht es über den Steilhang.«

Marko gefiel die Idee überhaupt nicht. Trotzdem krochen wir zurück und begannen mit dem Aufstieg. Die hohen Felsblöcke standen zu weit auseinander für meine Schrittweite, doch es gab Buschwerk dazwischen, an dem man sich hochziehen konnte, dafür konnte man etwa 300 Meter senkrecht in die Tiefe fallen. Zum Glück werde ich nie schwindelig, sonst wäre ich schon vor Jahren über Bord gegangen. Auf der Balkanhalbinsel kennt man kein Schwindelgefühl, und die Leute führen einen vergnügt und unbekümmert auf jeden schmalen Kamm in jeder beliebigen Höhe.

Da die Hitze so unerbittlich war, kam mir auf halber Strecke der Gedanke, nachzufragen, ob da oben eigentlich viel von dem *chytet* zu sehen sei. Und als ich erfuhr, dass da nichts sei und wir offenbar nur um des Steigens willen hinauf stiegen, schrie ich, zum Verdruss des Wildziegen-Franziskaners, laut auf. Das war den Aufwand wirklich nicht wert. Marko dankte Gott inbrünstig dafür, dass ich nicht mehr über dem Abgrund hing. Er hatte geschworen, mich lebendig wieder nach Hause zu bringen, und sich deshalb sehr unwohl gefühlt.

Die Festung war höchstwahrscheinlich ein venezianischer Außenposten zur Abwehr möglicher Angriffe von Stämmen aus dem Landesinneren gewesen. Vor vielen Jahren hatte man auch eine bronzene Kanone gefunden, die weiter unten am Berghang vergraben lag. Ein Offizier und mehrere Soldaten hatten sie jedoch an sich genommen und weggeschafft.

Plani besitzt wenig Maisanbaufläche und muss zukaufen. Einige Männer und sehr viele Frauen kämpften sich daher in langen, mühseligen Trecks ständig über Shala nach Gusinje und mussten dabei zwei Pässe überwinden – ein fürchterlich harter Zweitagesmarsch –, denn in Gusinje war der Mais billiger als in Skutari. Die Rückreise dieser elenden Wesen, die unter Lasten von 60 oder 70 Pfund dahinstolpern, ist stets ein erschreckender Anblick. Die Stricke, mit denen sie ihre Last vertäuen, schneiden häufig buchstäblich ins Fleisch der Schultern. Der Mais reicht kaum länger als eine Woche, und die mühsame Reise beginnt von vorn. Kein Wunder, dass die unter der Arbeit schier zusammenbrechenden Menschen darum baten, die Obrigkeit möge endlich den Bau einer Eisenbahn nach Skutari vorantreiben.

Die Zeit flog dahin. Ich wollte doch das ganze Hochalbanien sehen. Es wurde Zeit weiterzuziehen. Da erklärte der *kirijee*, er habe einen bösen Fuß und sei erschöpft von der Reise. Daraufhin lieh mir der Pater freundlicherweise seinen eigenen Mann, der mich nach Thethi bringen würde. Wir bekamen noch einen zweiten als Geleitschutz. Die Strecke sei gut, sagte der Pater, aber nachdem ich mit meinem sich mühsam abquälenden Tier etwa zehn Minuten lang mit »Jesus-Maria-Joseph«–Ausrufen, die es aufmuntern sollten, über grobes Gestein geritten war, saß ich ab, und es begann ein weiterer Glutmarsch zu Fuß.

Der ständig ansteigende Weg schwang sich oberhalb der Kiri-Quelle rund um das Kopfende des Tals und führte über den Chafa Bashit (rund 1200 Meter) nach Shala. Nachdem wir erst einmal den Pass überwunden hatten, lag ganz Shala vor uns – als eine lange, einsame Mauer aus gewaltigen, zerklüfteten, immer noch schneebedeckten Bergen und dem Lumi Shalit, der unten durch das Tal am Fuß des Gebirges floss.

Ich wage zu behaupten, dass Sie noch nie von Shala gehört haben. Ich selbst bin schon seit Jahren gespannt auf Shala und sein Hinterland – das wilde Herz eines wilden Lands.

Können Sie sich den Charme eines solchen Landes vorstellen? Es ist der Charme der Kindheit. Dieses Land besitzt unendliche Möglichkeiten – wenn es nur auf richtige Weise erwachsen werden wollte. Man findet dort Verbrechen und Laster; ich kenne sie alle (das heißt, ich glaube, dass es darüber hinaus keine weiteren gibt). Aber man findet auch archaische Tugenden und kaum jene Charakterlosigkeit, die die sogenannte Zivilisation mit sich bringt. Dieses Land ist nicht durch Luxus korrumpiert worden. Es ist grausam – doch so ist die Natur. Es ist großzügig wie ein Kind, das seine Bonbons wegschenkt. Es kann verlässlich und gewissenhaft sein. Und es spielt seine eigenen geheimnisvollen Spiele, die Erwachsene niemals werden verstehen können.

Es trieb mich voran. Wir hatten inzwischen Gras unter den Füßen, und es würde – stets eine Freude – stundenlang bergab gehen. Unsere beiden Männer waren nicht so begeistert. Sie erklärten, sie würden jetzt gern einen Freund besuchen, ließen uns mit einem Martini-Gewehr im Schatten eines Baums zurück und erklärten, jeder der vorbeikäme, würde an der Waffe (geschmückt mit silberner Filigranarbeit) sehen, dass wir keine Feinde seien.

Und prompt erkannten die ersten Vorbeikommenden sie tatsächlich sofort und verhielten sich sehr liebenswürdig. Ihre Freude, als sie hörten, wie viele Brüder ich besitze, wie alt sie sind, teils verheiratet, teils alleinstehend ... etc., ihre nachdrücklichen Einladungen, zumindest zu einer Tasse Kaffee oder einem *rakia*, aber wir könnten auch gern in einem ihrer Häuser übernachten und würden dort »Brot, Salz und unsere Herzen« empfangen – all das vertrieb uns die Zeit aufs Angenehmste, bis unsere beiden Männer zurückkehrten.

Wir stiegen zum Flussufer hinab, erreichten Gimaj, ein Shala-Dorf, und folgten dem Fluss durchs Tal. Er wurde bald zum Wildbach, der von Fels zu Fels sprang – zu beiden Seiten von kiefernbewachsenen Bergen gesäumt und mit Bauten, die allesamt *kulas* waren, hohe, wehrhafte Türme mit Löchern für die Gewehre.

Ein letzter Aufstieg brachte uns zur Hochebene von Thethi, einer Landschaft von großartiger Wildheit, dort wo das Tal sich weitet. Der Boden wird landwirtschaftlich genutzt und durch ein ausgeklügeltes System kleiner Kanäle gut bewässert. Überall verstreut stehen riesige einzelne Felsblöcke, auf denen *kulas* errichtet sind.

Die Augen seien die Fenster der Seele, hat einmal jemand gesagt. Wenn ein Mann extrem erregt und kurz vorm Losschlagen ist, wenn er weiß vor Wut wird, ziehen sich seine Pupillen zu kleinen schwarzen Punkten zusammen. Genau so stehen die nackten, fensterlosen Mauern der *kulas* mit ihren winzigen Löchern da – in ewig drohender Bereitschaft.

Ich glaube, in keiner von Menschen bewohnten Gegend hatte ich jemals so sehr den Eindruck einer majestätischen Abgeschiedenheit von der restlichen Welt. Es ist eine Landschaft, in der die Jahrhunderte zusammenschrumpfen. Der Fluss könnte die Quelle der Welt sein, seine Ufer wären die Heimat elementarer Instinkte – schneller, blutroter Leidenschaften.

Ein sehr großes, oben abgeflachtes rechteckiges Felsplateau zur Linken war übersät mit umgestürzten Kiefernstämmen, die eine schwere Schneelawine im Winter niedergemäht hatte. Hell gebleicht von der Sonne, lagen sie wie die Knochen von Toten herum. Andere standen hager und aufrecht da. »Das ist ein Altar für Gott, mit Kerzen bestückt!«, rief einer meiner Begleiter aus.

Ganz am Ende des Tals ragt eine Bergkette in den Himmel, die sie die Prokletija nennen (die fluchbeladenen Berge). Sie heiße so, erklärte man mir in Shala und im unteren Pulati, weil über sie die Türken nach Hochalbanien gekommen waren. Andere Strecken scheinen zwar eher passierbar, aber ich persönlich halte mich an die einheimische Überlieferung. Und es bleibt immerhin eine bittere Wahrheit, dass über dem Land noch heute der Fluch der türkischen Herrschaft liegt.

Thethi ist ein Shala-*bariak*. Die Kirche und das Gemeindehaus von Thethi stehen mitten in der Ebene – solide Gebäude mit Schindeldach, die Kirche mit Glockenturm. Es ist hauptsächlich dem persönlichen Einsatz des jungen amtierenden Franziskaners zu verdanken, dass Thethi fast frei von Blut ist. In mehr als vier Jahren hat es nur zwei Vorfälle gegeben.

Wir kamen in einem Augenblick wildester Aufregung an. Ganze Gruppen von Männern der Berge waren herbeigeeilt, schrien und brüllten, redeten in höchster Lautstärke – ein wimmelndes, lärmendes Durcheinander, und mittendrin der kleine Franziskaner, der hin und her eilte, kommandierte, flehte, gestikulierte, alles auf einmal. Sämtliche Oberhäupter der Shala, fast hundert Männer, waren zusammengekommen *me ban medjiliss* (um einen Ältestenrat abzuhalten).

Der große, leere Raum im Erdgeschoss war überfüllt. Der Präsident des Rats wird hier vom Volk gewählt (das ererbte Amt des *bariaktars* verleiht in Thethi keinerlei Rechte, außer in der Schlacht. Und dieses System scheint sich allmählich durchzusetzen). Er war ein großer, dunkler, wenig attraktiver Mann, der wirkte, als könne er im Umgang ziemlich unangenehm werden. Das Fenster in dem Raum war vergittert. Eine Frau, die das Gesicht von außen gegen das Gitter presste, lauschte aufmerksam. Denn es handelte sich um eine sehr wichtige Zusammenkunft, in der lokale und auswärtige Probleme behandelt wurden. Der Lärm war unvorstellbar und machte uns noch im Zimmer oben drüber taub. Der Pater kam keuchend mit einem Arm voller Pistolen nach oben, Steinschlossgewehren, schwer mit Silber beschlagen. »Gott sei Dank habe ich ihnen die hier abnehmen können!«, sagte er, während er sie in dem Schrank mit Tassen und Tellern verstaute. »Sie sind heute schrecklich aufgeregt!« Der Raum war schon vollgestapelt mit Martini-Gewehren, die als Zeichen des Vertrauens abgegeben worden waren. Die Frage, die zur Debatte stand, lautete: Krieg oder Frieden.

Die Shala und die anderen christlichen Stämme, die an muslimische Stämme angrenzen, sind dauernd in Überfälle verwickelt, entweder greifen sie an, oder sie schlagen zurück.

Vor kurzem hatte die Lage sich zugespitzt. Im vergangenen Herbst hatten die Moslems in der Nähe von Djakova einen Franziskaner entführt und ihn wochenlang eingesperrt. Zur selben Zeit wurden sämtliche muslimische Stämme mysteriöserweise mit Mauser-Waffen und Mengen von Munition versorgt, wie es hieß, durch die türkische Regierung. Und nun hatten die Moslems den Christen stolz und selbstherrlich ein Ultimatum gestellt: Es würden alle massakriert, die nicht bis zum Ramadan muslimisch geworden seien. Der direkt benachbarte muslimische Stamm der Krasnich prahlte mit 350 Mauser-Gewehren, Gasi mit 300 und Vuthaj mit 80. Die christlichen Shala hatten kaum sechs oder sieben, und die waren auch nur unter Mühen eingeschmuggelt.

Trotzdem schworen die zornerfüllten Shala eine Friedens-*besa* mit ihren christlichen Nachbarn, den Shoshi und den Merturi, und beschlossen gemeinsam, die Vuthaj- und Gusinje-Moslems warnend darauf hinzuweisen, dass die Shala-Shoshi und die Merturi sieben Tage nach Empfang dieser Warnung auf Kriegsfuß mit ihnen stehen würden. Dieser Beschluss kam unter wildestem Geschrei zustande. Der Franziskaner wurde geholt, um ihn zu protokollieren, was der auch tat, nachdem er sich vergeblich zugunsten des Friedens müde geredet hatte. Der örtliche Priester hat als einziger Mann, der des Schreibens mächtig ist, bei einer *medjliss* stets auch als Außenminister zu fungieren und muss deren Beschluss, unabhängig davon, ob er ihn gutheißt oder nicht, niederschreiben und das Dokument für zukünftige Rückfragen aufbewahren.

Die ebenso erschöpfte wie erregte *medjliss* wandte sich dann örtlichen Weiderechten zu. Schließlich brach man die Sitzung mit viel Lärm ab, ohne weitere Entscheidungen getroffen zu haben. Der skeptische Franziskaner behielt die Pistolen der fünf einflussreichsten Männer bis zum nächsten Morgen, wenn alles endgültig beschlossen sein musste.

Die *medjliss* fand sich früh am nächsten Morgen wieder ein, diesmal aber in großem Kreis draußen im Freien. Ich wollte sie fotografieren, wurde aber von Marko und dem Franziskaner weggezogen und nach drinnen geschickt, da sie fürchteten, es könne jede Minute eine Schießerei losgehen. Vier der fünf wichtigsten »Häupter« hatten am Vorabend der Entscheidung der Mehrheit zugestimmt. Doch der fünfte hatte sich wütend dagegengestellt und geschworen, weder er noch seine *mehala* würden zustimmen. Da er das Oberhaupt von vierzehn

Häusern bzw. vierundsechzig Personen war, war seine Zustimmung für eine Änderung der Weiderechte notwendig. Nach ein oder zwei äußerst stürmischen Stunden – immer haarscharf am Rand einer Blutfehde – wurde er jetzt umgestimmt. Der Antrag wurde angenommen, und die Ältesten kamen nach oben, um ihre Pistolen zu holen, doch es hatte wirklich auf Messers Schneide gestanden.

»Ich fürchte, sie finden das Ergebnis entsetzlich langweilig«, sagte der Franziskaner. »Sie sagen, es sei seit zwei ganzen Jahren niemand mehr erschossen worden! Vor einer Weile wäre es bei einer *medjliss* einmal fast zu einem Streit gekommen – deshalb habe ich diesmal die fünf Chef-Pistolen an mich genommen. Ich hörte damals einen furchtbaren Lärm, und als ich hinauslief, erhoben sich viele von ihnen plötzlich wie ein Bienenschwarm und brachten ihre Gewehre in Anschlag. Sie waren im Begriff loszuschießen. Und sie weigerten sich, mir zuzuhören. Da eilte ich in die Kirche und läutete die Glocke so stark ich konnte. Und das hatte eine großartige Wirkung. Sobald sie die Glocke hörten, schoben sie, wie sonst auch, ihre Pistolen in den Gürtel, nahmen ihre Gewehre in die linke Hand und bekreuzigten sich. Keiner wusste, was passiert war. Und so strömten sie in die Kirche, um nachzuschauen. Als wir alle wieder hinausgingen und noch einmal miteinander redeten, hatten sie sich beruhigt.«

So sah also meine Ankunft in Thethi aus. Ich blieb eine Weile, kam später ein zweites Mal wieder und hoffe auch noch auf einen weiteren Besuch.

Nach der Überlieferung stammen die Shala, Shoshi und Mirdita von drei Brüdern ab, die, um der türkischen Unterdrückung zu entgehen, Rashia, kurz nachdem die Region von den Türken besetzt worden war, verließen.

Einer der Brüder besaß einen Sattel *(shala)*, der zweite ein Rüttelsieb *(shosh)*. Der dritte besaß gar nichts, und deshalb sagte er: »Guten Tag« *(mir dit)* und zog sich zurück. So wie sie erzählt wird, ist die Geschichte zweifellos erfunden. Aber die Tatsache, dass die Mirdita bis auf den heutigen Tag keine Ehen mit den Shala und den Shoshi eingehen, ist für mich der schlagende Beweis dafür, dass es ursprünglich eine enge Blutsverwandtschaft gegeben haben muss.

Als die Shala und Shoshi sich niederließen, wohnten da schon andere Menschen, die, wie sie erzählen, klein und dunkel gewesen seien. In Shala gibt es acht Familien, denen man noch immer ansieht, dass anderes Blut in ihren Adern fließt. Der Rest, eine sehr große Anzahl, wanderte »vor langer Zeit« (wahrscheinlich als die Serben die Region besetzten) nach Dechani und Umgebung aus. Sie alle sind mittlerweile muslimisch.

Ich weiß noch, dass mir, als ich 1903 in Dechani war, die kleinen, dunkeläugigen Albaner besonders auffielen, denn damals kannte ich nur den hellhaarigen, grauäugigen Menschenschlag.

Da die Türken Eashia früher einnahmen als Bosnien, ist es wahrscheinlich, dass die Vorväter der Shala und Shoshi früher emigrierten als die Bosnier, die nach *Maltsia e madhe* zogen, wie ich bereits erwähnt habe.

Das kann sogar schon gegen Ende des vierzehnten oder zu Beginn des fünfzehnten Jahrhunderts gewesen sein. Nach der Überlieferung der Shala war der *bariak* der Shala vor dreihundertsechsundsiebzig Jahren (d. h. 1532) so stark angewachsen, dass er in drei große »Häuser« unterteilt werden konnte – in Petsaj, Lothaj und Lekaj –, die noch immer als separate *bariaks* existieren. Das beweist, dass sie zu diesem Zeitpunkt schon länger dort gewohnt haben mussten. Die Lothaj und Lekaj haben vor Kurzem beschlossen, dass sie genügend weit voneinander entfernt sind, um untereinander heiraten zu können. Die Petsaj lehnen das jedoch wegen Blutsverwandtschaft immer noch ab.

Der Thethi-*bariak* besteht aus 180 Häusern, von denen 80 das Dorf Okolo am äußersten Ende des Tals bilden.

Thethi kann genügend Mais für den eigenen Bedarf produzieren und tut es auch. Ebenso wie in ganz Shala hat man hier ein Gesetz erlassen, das den Weiterverkauf strikt untersagt. Den einzigen Nachschub für Mais gäbe es im Notfall im nahegelegenen muslimischen Gusinje, aber im Falle einer Blutfehde zwischen beiden müsste man bis nach Skutari, einem ebenso fernen wie teuren Markt.

Das Leben in Thethi war für mich außerordentlich interessant. Ich vergaß den Rest der Welt vollkommen, und da ich den *kirijee* und die Pferde bezahlt und entlassen hatte, schien es keinen Grund zu geben, warum ich hier jemals weggehen sollte.

Es war gerade die Zeit des Pflügens und Eggens. Die Egge ist ein großes Büschel aus Buschwerk, auf das sich jemand hockt, um es plattzudrücken.

Den ganzen Tag lang kamen Leute vorbei, riefen unter dem Fenster laut: »Hallo, Pater!« und empfingen seelische Tröstung oder eine Portion Epsom-Salz. Häufig kamen sie auch nur, um mich zu sehen, in welchem Fall ihre Neugier befriedigt wurde.

Die Beziehungen einer Gemeinde zu ihrem Priester sind ziemlich amüsant. So weigern sich die Leute, ihn bei seinem Taufnamen zu nennen, wenn er ihnen nicht gefällt. Sie berufen dann eine *medjliss* ein und wählen feierlich einen besseren, unter dem er fortan bekannt ist. Ich bin nicht weniger als vier Berg-Priestern begegnet, die auf diese Weise umbenannt worden waren.

Es erschienen auch zahllose Kranke im Pfarrhaus und baten um Hilfe. Trotz der herrlichen Luft ist die Sterblichkeit hier erschreckend hoch. Thethi war vor vier Jahren von Pocken heimgesucht worden, die alle paar Jahre im nicht geimpften Türkischen Reich grassiert, während das geimpfte Montenegro nebenan verschont bleibt. Die unglückliche Bevölkerung erhielt damals keine medizinische Hilfe, und es gab sehr viele Tote. Nur der tapfere Franziskaner schleppte sich von einem

Sterbelager zum nächsten und hielt die Überlebenden aufrecht. Das haben sie ihm nie vergessen.

Unter den grauenhaften hiesigen Lebensbedingungen nehmen alle Epidemien – Cholera, Typhus, Pocken, sogar die Grippe – horrende Ausmaße an, sobald sie in den Bergen ausbrechen. Weder eine Isolierung des Kranken (in Häusern mit nur einem Aufenthaltszimmer, in dem womöglich dreißig Menschen schlafen) noch eine entsprechende Diät oder Pflege sind möglich. Die Kinder sterben im Herbst wie die Fliegen. Hilflos und ohnmächtig warten die Menschen einfach darauf, dass der Sturm vorüberzieht. *Eghel* – »Es steht geschrieben.«

Aber auch jenseits von Epidemien ist die Sterblichkeit in den Bergen hoch. Vor allem aber die Blutrache ist für den Tod vieler Männer verantwortlich. Manche sterben bei Fehden innerhalb des Stammes, sehr viel mehr aber bei Fehden mit Nachbarstämmen.

Baron Nopcsa[8], ein sehr gründlicher Beobachter, hat eine Liste der Getöteten in einer Vielzahl von Stämmen aufgestellt und schätzt, dass in den christlichen Stämmen durchschnittlich 19 Prozent aller männlichen Toten durch Blutrache umkommen. Diese Liste führt die wildesten der christlichen Stämme auf, enthält einige der weniger wilden jedoch nicht, weshalb der Durchschnitt im Ganzen wahrscheinlich deutlich niedriger liegt. Die Shala-Shoshi und Mirdite stehen sehr weit oben auf dieser Liste – den obersten Rang von allen nehmen die Toplana ein. Von den muslimischen Stämmen gibt es keine Statistiken. Aber der muslimische Durchschnitt wird sich wahrscheinlich nicht von dem der Christen unterscheiden. Die Religion hat keinen Einfluss auf die traditionellen Gebräuche.

Was die jüngst veröffentlichte Äußerung eines selbsternannten »Beobachters« betrifft, der behauptet, in Skutari wür-

8 Ein ungarisch-österreichischer Paläontologe, Geologe und einer der führenden Albanienforscher, gest. 1933.

den täglich mehrere Menschen erschossen, so kann ich dazu nur sagen, dass man dem armen Gentleman einen gehörigen Bären aufgebunden hat und das nicht nur zu diesem Thema.

Trotz der vielen Schießereien gibt es jedoch immer noch mehr Männer als Frauen. Die Menschen sagen, in seiner unendlichen Weisheit schicke Gott stets eine Extraportion nach Albanien, denn er wisse, dass sie da gebraucht werden.

Wahrscheinlicher ist allerdings, dass die Sterblichkeit bei Frauen sehr hoch ist. Die Tatsache, dass die Mädchen sehr jung verheiratet werden – häufig mit dreizehn –, und die medizinische Unwissenheit sorgen dafür, dass viele bei der Geburt eines Kindes sterben. Verheerend wirkt sich dabei auch aus, dass die Mütter viel zu schnell nach der Geburt ihre Arbeit wieder aufnehmen.

Die Shala sind einer der Stämme, die stark an einer Form von Syphilis leiden, von der es heißt, sie sei erst vor Kurzem eingeschleppt worden. Alle Stämme, mit denen Shala Heiratsverbindungen hat, leiden ebenso daran. Mir wurde erzählt, dass es in manchen Orten kaum gesunde verheiratete Frauen gebe. Das blutsverwandte Mirdita hingegen soll frei davon sein.

Wenn in Thethi eine Blutfehde mit einer nicht blutsverwandten Familie beigelegt wird, dann wird die Freundschaft gewöhnlich durch eine Heirat zementiert – allerdings nicht immer erfolgreich. Vor einigen Jahren beendete ein Mann eine Fehde, indem er seine Tochter gegen ihren Protest an einen muslimischen Gusinje verkaufte. Es gelang ihr beim Wasserholen, ihre Begleiter kurz wegzuschicken, so dass sie fliehen konnte. Sie versteckte sich und schlich nachts in einen christlichen Stamm, wo der Pater ihr half, nach Skutari zu gelangen. Eine Blutfehde war die Folge.

Die angrenzenden Moslemstämme bezahlen hohe Preise für christliche Mädchen, sogar zehn Napoleons über dem christlichen Satz. Die Moslems ihrerseits verkaufen ihre Mädchen nur selten an Christen, aber dafür entführen beide, Moslems sowie Christen, gern die Mädchen der jeweils anderen. Die Folge: viel Blut.

Das Los einer Frau, die ihrem christlichen Ehemann entkommen möchte, ist sogar noch härter. Erst jüngst lief eine christliche Frau, die in einen christlichen Stamm verheiratet worden und unglücklich in ihrer Ehe war, ihrem Mann weg und wollte zu einem Moslem in Ipek und türkisch werden.

Als sie durch Thethi kam, wurde sie erkannt und angehalten. Der Stamm, aus dem sie geflohen war, wurde informiert. Sechs Männer ihres eigenen Stamms und fünf aus dem ihres Mannes brachten sie zurück zu ihrem Ehemann. Es sei sehr viel besser für sie, sagte Thethi, unglücklich mit einem Christen zu sein als glücklich mit einem Moslem.

Wenn eine Frau von ihrem Mann sehr schlecht behandelt wird und Schutz bei ihrer Familie sucht, kann die sich, falls sie ihre Flucht für berechtigt hält, weigern, sie herauszugeben. In diesem Fall können sie eine *medjliss* einberufen, die ihr im extremsten Fall gestattet, bei ihrer eigenen Familie zu bleiben. Wenn die Familie sie aber ohne Erlaubnis der *medjliss* behält, bricht eine Blutfehde mit ihrem Ehemann aus.

Bis vor Kurzem soll dieser Brauch auch noch in Montenegro praktiziert worden sein. Mir wurde von einem Fall berichtet, bei dem dreißig Männer in einem Streit erschossen wurden, der entbrannt war, als eine Familie sich weigerte, eine geflohene Tochter wieder ihrem Ehemann zu übergeben, der sie schlecht behandelt hatte.

Es sei die Frau – die Franziskaner wurden nicht müde, mir das einzuschärfen –, die die Probleme in die Welt bringe.

Thethi war vor einiger Zeit durch eine schöne Witwe ziemlich in Aufregung versetzt worden. Sie war sehr jung nach Thethi verheiratet worden, und ihr Ehemann wurde schon im ersten Jahr getötet. Da sie kinderlos war, galt sie als Besitz ihrer eigenen Familie. Der *xoti i shpis* (Herr des Hauses), ihr

Neffe, verkaufte sie gleich zu einem höheren Preis weiter. Der zweite Ehemann fand ebenfalls sofort ein vorzeitiges Ende. Nun genoss sie aber den Ruf großer Schönheit und war sehr gefragt. Ihr Neffe erhielt sofort ein Angebot von fünf Geldbeuteln (22 Napoleons) für sie und nahm es an. Dann folgte aber ein zweites, sehr viel höheres Angebot. Er verwarf das erste und entschied sich für dieses. Nun kam ein drittes von nicht weniger als acht Geldbeuteln. Die Tante war wahrhaftig eine Goldmine. Der Neffe wollte nur noch den Acht-Beutel-Mann, und es entstand eine schreckliche Auseinandersetzung. Der Fünf-Beutel-Mann bekam schließlich sein Geld zurück und wurde beschwichtigt, auch der zweite Mann wurde umgestimmt. Dann erschien jedoch ein vierter Mann und behauptete, die Witwe habe sich ihm versprochen, und sie bestätigte seine Aussage.

Acht-Beutel bestand darauf, dass sie sein sei. Der Neffe war auch entschieden auf dessen Seite. Darauf wurde die Angelegenheit dem Priester vorgetragen. Als der feststellte, dass die Frau sehr entschieden für Nummer vier war, unterstützte er ihre Wahl, denn, so bemerkte er philosophisch: »Es ist wirklich nicht klug, sie an jemanden zu verheiraten, den sie nicht will, sie wird nur weglaufen.« Der Neffe sagte, bei einem angemessenen Preis sei er einverstanden. Und so schlang das Paar seine kleinen Finger ineinander, tauschte vor dem Priester die Ringe und wurde offiziell für verlobt erklärt.

Wutentbrannt erschien Acht-Beutel und untersagte das Aufgebot aus Gründen der Blutsverwandtschaft. Ein Verwandter des Bräutigams war der *kumar i floksh* (der kopfscherende Pate)[9] eines Verwandten der Braut gewesen. Sie waren also »Kopfscher«–Cousin und Cousine zweiten Grades und durften einander deshalb nicht heiraten. Der Pater erklärte das

9 Sieben Tage nach der Geburt wird dem Neugeborenen der Kopf geschoren.

kurz für »Unsinn« und traute die beiden. Acht-Beutel und sein gesamtes Haus eilten im Zorn zum Bischof und klagten den Pater wegen inzestuöser Trauung an und verlangten seine sofortige Amtsenthebung. Seine Gnaden erklärte ihnen jedoch, sie sollten »verschwinden!« Sie schworen Rache und gingen nach Skutari, um bei der Regierung Hilfe gegen Bischof und Priester zu fordern. Als ihnen die nicht gewährt wurde, ließen sie die Sache schließlich auf sich beruhen.

Die Stämme im oberen Pulati halten sich gern an die Sitte, die Witwe eines Verwandten zur Nebenfrau zu nehmen. Und der dortige Pater führte entschieden Krieg dagegen. Ein Mann gab ihm nun als Begründung dafür an, dass er sich seine Schwägerin genommen hatte, er sei ein armer Mann und komme so umsonst an eine Frau. Neun Wochen lang wurde das Paar daraufhin Sonntag für Sonntag im Gottesdienst exkommuniziert. Schließlich erklärte sich der Mann bereit, die Schwägerin freizugeben, wenn der Pater eine billige Frau für ihn besorge. Nun ist es so, dass ein albanischer Franziskaner alles tun wird, was seiner Herde hilft. Als er also in einem benachbarten Stamm eine geeignet scheinende Witwe sah und feststellte, dass sie billig zu haben war, schickte er nach seinem verirrten Schaf, damit er sie sich anschaue. Der Mann war hoch erfreut. Ihr Besitzer »tauschte« sie gegen eine alte Martini, der triumphierende Pater verheiratete die beiden, und der Mann durfte wieder in den Schoß von Mutter Kirche zurückkehren.

In der Wildnis verlangt es mich nie nach Büchern. Sie sind immer langweilig, verglichen mit den Geschichten, die das Leben zwischen den kahlen, grauen Felsen inszeniert.

Ein Vater und eine Mutter kamen äußerst besorgt zum Pater. Vor einiger Zeit hatten sie ihre Tochter verkauft und die vereinbarte Summe erhalten. Und nun, als die Zeit gekommen war, sie zu dem Mann zu schicken, stellten sie fest, dass er sich die Witwe seines Onkels und außerdem seine Cousine als

»Ehefrauen« genommen hatte und jetzt plante, dieser Runde ihre Tochter als legale Ehefrau hinzuzufügen.

Sie wollten nicht, dass ihre Tochter eine von dreien würde, und sagten, er müsse die anderen zwei erst fortschicken. Der Mann weigerte sich und behauptete, er habe das Mädchen gekauft und sie gehöre ihm und müsse so mit ihm leben, wie er es wünsche. Darauf erklärten die Eltern das Geschäft für nichtig und boten eine Rückzahlung der Kaufsumme an. Er schwor Rache. Da bekamen sie große Angst, das Mädchen könne mit Gewalt entführt werden, und baten den Pater um Hilfe. Worauf der das Mädchen in die Obhut seiner Mutter gab und versuchte, so rasch wie möglich einen respektablen Mann zu finden, der sie heiraten und mit ihr in eine andere Gegend ziehen würde. Das gelang ihm auch bald, und das Mädchen wurde sicher fortgeschmuggelt.

Die Stammesregeln weichen nur sehr langsam den Gesetzen der Kirche. Und für einige Bräuche kann man sich ihren Fortbestand wirklich nicht wünschen. Um andere, die als heidnisch diffamiert werden, tut es einem jedoch leid. Vor einigen Jahren war es noch allgemeiner Brauch, zu Weihnachten einen Julklotz zusammen mit Korn, Mais und Bohnen – eine Auswahl all der Dinge, die der Boden hervorbringt – zu verbrennen und Wein und *rakia* in die Flammen zu gießen, als Opfergabe für einen zweifellos halb vergessenen Gott. Die Asche verstreute man auf die Felder, um sie fruchtbar zu machen. Doch ein energischer Franziskaner erklärte: »Warum vergeudet ihr gutes Essen und verderbt eure Seelen durch heidnische Riten, wenn ihr doch beides retten könntet, indem ihr euch als Christen verhaltet?« Und so ist die ebenso malerische wie harmlose Sitte inzwischen fast ausgestorben. (In Montenegro wird sie allerdings noch gepflegt.)

Der Glaube an das, was *eghel* ist, liegt im Krieg mit dem christlichen Glauben, und manchmal siegt er. Ein sehr, sehr alter Mann lag sterbenskrank im Bett. Der Pater eilte zu ihm, doch er weigerte sich zu beichten und wollte keine Absolution. »Ich kann nicht sterben«, sagte er, »das ist nicht *eghel*. Nie zuvor besaß ich eine so große Ziegenherde und einen solchen Vorrat an Korn und getrocknetem Fleisch. Ich kann nicht sterben bei dieser Menge an Essbarem.« Doch er hatte das Buch des Schicksals falsch gelesen und starb *sine sacramento*.

Thethi ist einer der wenigen Orte in Nordalbanien, in dem die alte Kunst des Kerbschnitzens noch nicht vergessen ist. Der hiesige Friedhof wirkt stattlich mit seinen großen, schön geschnitzten Holzkreuzen, deren Arme in Kreisen enden, die mit einer Strahlensonne geschmückt sind. Als ich den Friedhof besuchte, war in der Nacht zuvor ein kleines Kind gestorben, und jetzt, am Morgen, trug die Trauergemeinde den kleinen Leichnam in seiner hölzernen Wiege zu Grabe.

Das tote Kind war wunderschön gekleidet und sehr sauber gewaschen worden, wahrscheinlich zum ersten Mal, das arme kleine Ding. Auf seiner Brust lagen drei grüne Äpfel. Die Frauen ließen sich um die Wiege nieder und sangen Trauerweisen, während die Männer das sehr flache Grab schaufelten. Das lag daran, dass der Kopf des Babys noch nicht rasiert worden war. Nach dieser zeremoniellen Rasur hätte es als erwachsen gegolten, und das Grab hätte brusttief ausgehoben werden müssen. Einen Sarg gab es nicht, aber das Grab wurde grob mit Brettern ausgekleidet.

Das wilde Klagen der Frauen und die langgezogenen Schluchzer des Vaters – während eine Frau ein Totenlied sang – waren extrem qualvoll. Aber gerade als ich dachte, mir breche das Herz, endete das Lied, und die Gesellschaft begann zu plaudern und zu lachen, als wäre nichts. Unterdessen kamen ein paar Leute vorbei, die auf dem Weg nach Gusinje waren, um Mais zu kaufen, und schauten sich den Leichnam an. Alle unterhielten sich fröhlich, als plötzlich eine Frau wieder ein Totenlied anstimmte und auf der Stelle wieder das Schluchzen einsetzte.

Dann schnitten sie dem Kind eine Locke ab und legten den Leichnam mit den drei Äpfeln auf der Brust in das Grab. Der Pater erschien, und die Leute fragten ihn, ob die Äpfel nötig seien. Er verneinte, und sie wurden wieder entfernt und zusammen mit der Haarlocke in ein Taschentuch geknüpft.

Die Beerdigungsmesse ging dann ziemlich unter, weil ein alter Mann, der mit seinem Rosenkranz direkt am Grab stand, aus vollem Hals ein Sammelsurium lateinischer Fetzen brüllte, die er noch aus Gottesdiensten im Gedächtnis hatte. Anschließend wurde ein Brett als Deckel über das Grab gelegt und Erde darauf geschaufelt. Niemand zeigte auch nur die geringste Gefühlsregung, und die Gesellschaft machte sich mit der leeren Wiege gemächlich auf den Heimweg. Sowohl in Montenegro wie in Albanien wird die Wiege häufig zerbrochen und auf dem Grab liegengelassen, ein herzergreifendes Monument. Über die Äpfel konnte ich später nur in Erfahrung bringen, dass es eine alte Sitte sei, sie ins Grab zu legen. Auch in Montenegro hat man das noch vor Kurzem getan.

Die Tage vergingen. Ich besichtigte düstere, auf Felsen hockende *hulas* und begegnete überall der gleichen offenen Gastfreundschaft und Höflichkeit, allerdings unter falschen Voraussetzungen. Denn obwohl ich unablässig und nachdrücklich widersprach, bestand ganz Theti darauf, dass ich die Schwester des Königs von England sei, gekommen, um sie zu befreien, und alle redeten mich stets mit *Kralitse* (Königin) an.

Doch auch wenn ich in Thethi glücklich war, verzehrte ich mich nach Gusinje. Gusinje, sagten jedoch alle, sei unmöglich. Ich hatte es 1903 von Andrijevica in Montenegro aus schon einmal versucht, aber niemand wagte damals, mich zu eskortieren. Die türkische Regierung verweigerte die Erlaubnis – die Einheimischen würden keinen Fremden hereinlassen. Vor längerer Zeit hatten ein oder zwei Konsuln die Stadt mit einer Eskorte besuchen dürfen. Später dann wurde Gusinje zur europäischen Variante des tibetischen Lhasa – für alle verboten. Einige haben es trotzdem zu erreichen versucht.

Je länger ich in Theti war, desto häufiger dachte ich an Gusinje. Marko wollte jedoch nichts davon wissen. Schließlich gab ich auf und bestellte Mulis, die uns ins untere Shala bringen sollten, und machte mit dem Pater einen Spaziergang ans Ende des Tals, nach Okolo. Es ist ein wunderschönes Tal – weite Wiesen, durch die ein kristallklarer Fluss fließt, der durch zahllose sprudelnde Quellen genährt wird.

Okolo ist wohlhabend. Viele seiner achtzig *kulas* sind groß und schön, und einige auch ziemlich neu. Wenn da nicht die Blutrache wäre, könnte Okolo florieren. Es hat alles, was ein Dorf an Land, Wald und Wasser braucht. Doch obwohl seit vier Jahren innerhalb des Orts Frieden herrscht, verrät ein Feld voller Gräber, die nur wenige Jahre älter sind, dass die Shala nicht umsonst als kriegerischer Stamm berüchtigt sind. Hier eine Geschichte:

An einem Sommerabend streifte eine größere Gruppe von Männern durchs Tal, ließ sich irgendwann träge auf dem Boden nieder und sah zu, wie nach und nach die Sterne am Himmel erschienen.

Einer zeigte auf einen bestimmten Stern und sagte: »Das ist der größte«, und ein anderer sagte: »Nein, der da ist größer.« Ein heftiger Streit brach aus. Manche nahmen Partei für den einen, manche für den anderen. Gewehre donnerten, Kugeln pfiffen. Als der Rauch sich verzogen und die erste Erregung sich gelegt hatte, lagen da im Gras siebzehn tote Männer – umgebracht für einen Stern – und elf Verwundete. Ihre Kameraden begruben die Toten dort, wo sie gefallen waren – denn sie starben in Sünde – *sine sacramento.*

Am äußersten Ende des Tals ragte Mai Radoina empor, angeblich der höchste Berg der Prokletija-Kette, und Mai Haxapit reckte seine scharfe Spitze in den Himmel, mit einem tief und grob in seine Schulter eingeschnittenen Pass – Chafa Pes –, dem Pass, der nach Gusinje führt. Hinter jener Bergwand lag das verheißene Land, und ich hatte die Maultiere, die mich ins untere Shala bringen sollten, für den nächsten Morgen bestellt.

Ein Dorfältester von Okolo lud den Pater, mich und Marko ein, in seine *kula* zu kommen. Wir folgten ihm, und dann begannen sich Wunder zu ereignen. Neben seiner Tür war ein wunderschönes kleines, graues Reitpferd angebunden. Es war das Pferd eines der Ältesten von Vuthaj, einem großen muslimischen Dorf, nur eine Stunde von Gusinje entfernt, und dieser Mann war ein Gast des Hauses. Meine Laune hob sich. Dort an der Feuerstelle saß ein großer, schlanker Moslem, elegant gekleidet, bewaffnet mit einer neuen Mauser – offenbar ein wohlhabender Mann. Er grüßte den Pater herzlich – denn der hatte Vuthaj einst besucht und einige Kranke erfolgreich mit Medikamenten versorgt –, interessierte sich sehr für meine Reisen und beschrieb uns die Schönheiten von Vuthaj. Vuthaj schien, wenn vielleicht auch keine Rose, dann aber doch nahe dran. Aufgeregt fragte ich, ob man es besuchen könne. Sofort lud der Moslem uns ein. Er gehörte einem der zwei wichtigen Häuser an und sagte, er könne für unsere Sicherheit garantieren.

Da er unterwegs nach Skutari war, konnte er selbst uns nicht begleiten. Ich war entschlossen, »Gusinje zu sehen und zu sterben« – der Pater hatte Freunde und würde sicher sein –, aber Marko sagte, für ihn sei es unmöglich, er habe an Frau und Kinder zu denken. Ich war hin und her gerissen zwischen dem Wunsch, dort hinzureisen, und der Furcht, womöglich einen meiner Männer in Gefahr zu bringen. Erst vor wenigen Tagen hatte Theti geschworen, eben dieser Region – dem Land der Mauser-Gewehre – den Krieg zu erklären. Nach vielem Reden, nach Schafskäse und *rakia* sagten wir Adieu, ohne die Sache entschieden zu haben.

Als das Tal einen Bogen machte und der eingeschnittene Pass nicht mehr zu sehen war, hatte ich das Gefühl, alles verloren zu haben, was mir wichtig war. So nah und doch so fern. Der beherzte Pater kam gleich zur Sache: »Was ist mit Morgen?« Er verbreitete sich darüber, wie einfach und sicher die Expedition sein werde, und schlug vor, dass er und ich gehen sollten und Marko auf uns wartete. Marko schloss das jedoch absolut aus. Er habe geschworen, mich heil nach Hause zu bringen, es gehe um seine Ehre. Wenn ich stürbe, wolle er auch sterben. Gott müsse dann für seine Frau und die Waisen sorgen.

»Es wird nichts passieren«, sagte der Pater fest. »Ich werde gehen«, sagte ich. Gesagt, getan. Unser Gastgeber in Okolo bot an, uns zu eskortieren und zwei Maultiere zur Verfügung zu stellen. Er müsse ohnehin dorthin oder jemanden schicken, da er versprochen habe, das graue Pferd des Moslems zurückzubringen. Der Diener des Paters würde mit einem Gewehr kommen. Wir würden keinerlei Gepäck mitnehmen, nur die Verpflegung für unterwegs. Man brauche sechs Stunden, wenn man schnell reite, sagte der Pater. Wir würden noch vor sechs Uhr früh aufbrechen und, wie ich törichterweise glaubte, vor ein Uhr mittags ankommen und am nächsten Morgen zurückkehren – was nach einer neunjährigen Erfahrung im Nahen Osten eine absolut tollkühne Vorstellung von mir war.

Die Prokletija, Shala und Suma

Bis Okolo ging es problemlos voran. Dort verloren wir dann aber eine Stunde mit dem Warten auf unseren Eskort, der seinerseits auf ein Maultier wartete, das wiederum auf einen Mann wartete, der unweigerlich aufgehalten worden war etc. etc. Als wir endlich am Fuß des Gebirges ankamen, war es heiß. Ich hatte mir bis jetzt nicht vorstellen können, wie es möglich sein sollte, einen Weg über das, was wie eine Mauer am Ende der Welt aussah, zu finden. Trotzdem folgte ich dem Pater, der das Pferd des Moslems ritt, und wir begannen, einen steilen, sehr steilen Pfad zu erklimmen, der im Zickzack über Unmengen loser Steine und Felsbrocken führte, die von dem Berg über uns heruntergekracht waren. Je höher wir kamen, desto steiler wurde die Spur, die auf einem schmalen Grat entlang balancierte. Bei jeder neuen Kurve flogen lockere Steine ins Leere, und ich fragte mich, wo mein Tier Halt für seine vier Hufe finden sollte.

Auf halber Strecke gibt es eine große Höhle, die aus einer Masse überhängender Steinschichten gebildet wird und schwarz von den Feuern Reisender ist, die hier Rast gemacht haben. Wir stiegen ab. Über uns hing ein Felsvorsprung mit vereinzelten Kiefern. Und auch wenn der Pfad über Grate kroch, die wirklich sehr schmal waren und rechts und links senkrecht ins Nichts abfielen, war es nicht so schlimm, weil quer über den Weg gelegte Kiefernstämme an den steilsten Stellen provisorische Treppen bildeten. Die stiegen wir jeweils zu Fuß hinauf, und die Maultiere folgten. Der Franziskaner war mittlerweile allerbester Laune. Er eilte voraus, erreichte die Passhöhe, brach dort in ein dämonisches Lachen eigener Erfindung aus und weckte damit ein solches Echo, dass das ganze Gebirge von einer gigantischen Heiterkeit widerhallte. Frohen Muts mühte ich mich die felsige Steilwand hinauf, in der Überzeugung, wir hätten gleich den Gipfel erreicht und müssten dann nur noch hinunter nach Vuthaj trotten, als ich um die Ecke bog und den Franziskaner, das braune Habit bis zu den Knien hochgebunden, vergnügt vor einer dreieinhalb bis viereinhalb Meter hohen Schneewand stehen sah, die den Pass blockierte. Ich war verblüfft – Marko entsetzt.

»Oh, das macht nichts. Wartet mal!«, schrie der Pater, empfahl uns das einheimische Getränk – mit Milch aufgeschlagenen Schnee, was, nebenbei bemerkt, wirklich gut ist – und rührte uns ein wenig davon an. Dann ging es weiter. Wir kletterten den Schneehang hinauf: Er taute in der Sonne, war weich und sehr schwer. Ich trug die einheimischen Tierhaut-*opanke* und war rasch bis halb hoch zu den Knien durchnässt. Der blendende Schnee zeichnete sich scharf gegen den Himmel ab. Noch ein paar mühselige Meter, und wir sollten endlich und wirklich den Pass geschafft haben. Doch als wir die Höhe erreichten, siehe da, eine weiße Schneewüste – eine schneebedeckte tiefe Mulde, dann ein steiler Anstieg und Schneegipfel über Schneegipfel –, Schnee, so weit man sehen konnte. Der Franziskaner raffte seine Röcke, hockte sich hin, stieß einen Schrei aus, rutschte den Hang hinunter, rannte, unten angekommen, wie ein verspielter Hund wild im Kreis herum und rief dabei auf Deutsch und Albanisch: »Oh, lasset uns fröhlich sein!« Die Maultiere versuchten den Abstieg erst im Zickzack, wurden aber rasch immer schneller und landeten übereinander im Schnee. Ich auch. Marko war empört. »Wieso haben Sie uns nicht gesagt, dass es hier Schnee gibt?«, fragte er.

»Weil ich wusste, dass du sie nicht hättest gehen lassen, und jetzt reist sie nach Vuthaj! Es geht nach Vuthaj«, sang er. »Oh, und da kommt noch eine Menge mehr! Ich glaube nicht, dass wir vor dem späten Abend da sind. Wir haben erst die Hälfte hinter uns.«

»Aber Sie sagten doch, sechs Stunden!«, meinte Marko.

»Ich habe gesagt, sechs Stunden, wenn man sich sehr beeilt! Und bei diesem Schnee geht das natürlich nicht.«

Wir quälten uns den nächsten Hügel hinauf. Die Mulde war eine regelrechte Sonnenfalle. Ich schlitterte und holperte auf der geschmolzenen Oberfläche und sank manchmal knietief ein. Meine Füße waren abgestorben vor Kälte, und die Sonne versengte mir den Rücken.

Irgendwann kamen wir zu einer hart gefrorenen Schneefläche, saßen wieder auf und konnten – zu meiner großen Erleichterung, allerdings etwas riskant – eine beträchtliche Strecke reiten. Der Schnee war dort, wo er an den Südseiten der Felsen runtergerutscht war, sechs Meter hoch und höher. Dann kam eine weitere Schlitterpartie durch nassen, knöcheltiefen Schnee. Vom Schnee weg und auf *terra firma* zu gelangen brauchte Zeit, da er zeitweise sehr dünn war und man leicht einbrechen und in tiefe Löcher unter den Felsen fallen konnte.

Wir gelangten in ein Tal, wo aus den Schmelzwasserpfützen zwischen großen Felsbrocken tatsächlich Gras sprießte, und machten Halt, da Mensch und Tier hungrig waren.

Dann folgte ein langer Abstieg zu Fuß, der im Zickzack durch einen herrlichen Buchenwald und dann, weiter unten, in ein Tal führte. Dieses durchritten wir gutgelaunt und kamen unterwegs an einem kleinen See vorbei, der sehr blau und tief war, aber, wie mir erklärt wurde, nur aus Schmelzwasser bestand und im Sommer austrocknete. Jetzt waren wir im »Verbotenen Land«, in der Prokletija. Marko hatte Angst. Der Pater jubilierte vergnügt – sang »Die Engländer gehen nach Vuthaj« und wurde immer feierlicher.

Hinter allem, was auf dem Balkan geschieht, steckt mehr, als das Auge sieht. Jetzt dämmerte mir nämlich, welche Fallstricke bei dieser Expedition lauerten. Ein gewisser Österreicher hatte vor einiger Zeit einen Stammesangehörigen der Thethi schrecklich beleidigt und dessen Ehre beschmutzt. Besagter Österreicher hatte versucht, nach Gusinje zu gelangen, war aber gescheitert. Jetzt stand zu befürchten, dass er höchst erbost sein werde, sollte eine Engländerin es weiter schaffen als er. Ich war also das Pfand in dem Spiel, wie man Österreich verärgert. Und die Partie würde auch nicht so einfach zu spielen sein wie behauptet.

Eine Pause wurde eingelegt, und man erklärte mir, dass ich ab jetzt die Schwägerin von einem von uns zu sein hätte und meine Kodak und die Füllfeder abgeben müsse, da sie nicht zu meiner Rolle passten. Und außerdem solle ich, da die Leute von Vuthaj meistens Serbisch sprächen, immer daran denken, dass ich mich in einem muslimischen Land befinde, und besser den Mund halten.

Das gefiel mir ganz und gar nicht, da ich davon ausgegangen war, dass wir bei dieser Expedition mit offenen Karten spielen würden. Doch es war längst zu spät für eine Umkehr, die ich ohnehin nicht wollte. Da ich aber auf keinen Fall eine Blutfehde wegen unpassenden Verhaltens riskieren wollte, willigte ich zwar wenig begeistert, aber letztendlich doch ein, und wir zogen weiter, immer noch flussabwärts.

Das Tal öffnete und weitete sich, und vor uns lagen verstreut die Häuser von Vuthaj, teilweise über den Berghang verteilt, an dessen Flanke entlang der Weg zur anderen verbotenen Stadt, nach Plava führte.

Das Vuthaj-Tal ist reich an grünen Weiden, großen, gut bewässerten Feldern und stattlichen, solide gebauten *kulas* mit hohen Schindeldächern. Mittendrin stand eine kleine Moschee mit einem hölzernen Minarett. All das lag da vor unseren Augen in der Nachmittagssonne. Plötzlich wurde mir meine Kodak in die Hand gedrückt. »Rasch, bevor jemand kommt. Du bist der erste Fremdling, der so nahe gekommen ist!« Klick! – und die Kamera verschwand wieder. Und jetzt verstummte meine Eskorte ängstlich. Leute tauchten aus den

Häusern auf und starrten uns misstrauisch an. Der Pater begrüßte einen Bekannten und wurde freundlich empfangen. Wir stiegen ab und wurden zu der *kula* des Pferdebesitzers geführt – jenes Mannes, den wir in Okolo kennengelernt hatten.

Es war ein schönes Haus, das Beste in Vuthaj – mit gemalten Pferden, einer großen Mondsichel, der Sonne und vielen anderen Gegenständen und Spielereien in einem breiten bunten Fries unterhalb des Dachs. Außerdem hatte es zwei Stockwerke über dem Erdgeschoss. Wie beschlossen, folgte ich meinen drei Männern bescheiden und in kleinem Abstand, schlug die Augen diskret nieder, blinzelte aber heimlich und machte mir im Geist Notizen.

Wir schritten durch ein hohes Tor in einen stinkenden ummauerten Hof – wo ein weiteres, kleineres Haus mit einem Stall stand – und wurden nach oben in ein schönes Zimmer im obersten Stock des großen Hauses geführt.

Eine Ziegenhaarmatte bedeckte den Fußboden, darüber hübsche rote Läufer. Ein in Laubsägearbeit geschnitzter Wandschirm trennte an einer Seite verschiedene Schränke und Nischen ab. Die Wände waren sauber getüncht und die Feuerstelle offen. Eine prächtige europäische Schlaguhr stand auf einer geschnitzten Konsole, und eine edle Paraffinlampe hing von der Decke. Das ganze Glas kommt entweder aus Skutari, auf demselben Weg, den ich genommen hatte, oder aus Cattaro über Montenegro und Gusinje, wie alle anderen importierten Waren auch. Wie es Vuthaj heil erreichen kann, ist ein Wunder – aber Wedgwood in England hat sein Porzellan ja auch vor gar nicht so langer Zeit auf Maultierrücken nach China exportiert.

Der Herr des Hauses empfing uns ausgesprochen liebenswürdig. Selbstverständlich befahl die Etikette, dass er keine Notiz von mir nahm. Meiner Rolle entsprechend, saß ich in einer Ecke auf dem Boden, hielt den Mund und sah mich um.

Das Zimmer war hell, da es zur Hofseite große Fenster hatte. Ein paar Mühlsteine lagen so, dass sie in Minutenschnelle damit gesichert werden konnten. Die Fensterläden waren hübsch mit Kerbschnitt verziert.

Wir befanden uns in einem schönen muslimischen Bollwerk in der Prokletija, dem Verbotenen Land.

Schon eilten die Kranken herbei und baten den Pater um Rat; und er hatte gut zu tun mit dem Ausstellen von Rezepturen und Bescheinigungen, die unter einem aufgemalten Kreuz mit »Excellentium crucis« begannen und heiß begehrt waren. Sehr viele Menschen kamen aber auch nur, um uns zu beschauen, weil ich als die erste ausländische Frau galt, dazu als die erste Frau, die in Vuthaj *alla franga* gekleidet war, und als das erste ausländische Wesen überhaupt, das direkt nach Vuthaj kam.

Der Hausherr kochte Kaffee und bot ihn zusammen mit Tabak ununterbrochen an. Im Raum drängten sich lauter hochgewachsene, schlanke Männer, kaum einer von ihnen war unter ein Meter achtzig, viele darüber, alle mit Mauserpatronen-Gürteln. Die Mauser-Geschichte stimmte also. Diese Männer sind von einem auffälligen Typus – sehr langer Hals, häufig ganz wenig Kinn, dazu eine Höckernase, was etwas seltsam Gänseartiges hat. Ich sah diesen Typus später wieder bei den Hashi- und Djakova-Moslems. Viele wirkten körperlich eher schmächtig-schwächlich, zeigten aber eine ausgesprochen stolze Haltung. Ich überlegte, ob dieser markante Typus wohl durch ständige Binnenheiraten auf der weiblichen Seite entstanden war. Die Kleidung der Männer unterstreicht noch die lange, schlanke Erscheinung. Die engen Hosen sitzen sehr tief – nur gerade eben über dem Becken –, und das Wams ist extrem kurz, so dass eine Lücke von dreißig bis fünfundvierzig Zentimetern entsteht, die eng umwickelt ist mit Schärpen und Gürteln, manchmal drei breiten, einer über dem anderen, und dazwischen guckt das Hemd hervor. Das macht eine äußerst lange Taille, als hätten sie doppelt so viele Rückenwirbel wie normale Menschen.

Der Franziskaner schlug einen Spaziergang vor, doch das wurde entschieden abgelehnt. Wir mussten uns weiter präsentieren, und er sollte weitere Rezepturen aufschreiben. Die Luft war sehr stickig; zeitweise hielten sich bis zu dreißig Besucher im Zimmer auf und starrten uns an.

Der Franziskaner hatte noch kurz vor der Ankunft in Vuthaj großartig verkündet, er werde mich bis nach Gusinje bringen und wir würden uns gegen Mittag des nächsten Tages wieder auf den Rückweg nach Thethi machen. Aber er hatte nicht mit den Moslems gerechnet. In einer Pause während seiner Schreibpflichten flüsterte er mir zu, dass wir den ganzen nächsten Tag in Vuthaj bleiben müssten. Wenn wir trotzdem aufbrächen, könnten sie uns möglicherweise zurückholen. Was ich davon halten würde. Der nach unserem Gastgeber nächstwichtige Mann wünsche nämlich, dass wir die folgende Nacht in seinem Haus verbrachten. Ich war damit einverstanden.

Viel wurde dann über *ghak* geredet. Unser Haus lag in Blutfehde mit dem gegenüber, also direkt in Schussweite. Sie hatten aus den Fenstern aufeinander gefeuert – von daher die Mühlsteine. Durch das Loch in einem Mühlstein lässt sich ganz hervorragend schießen.

Und so war es zu der Blutfehde gekommen. Die Heuhaufen des Nachbarn waren angesteckt worden. Er beschuldigte unser Haus. Ein Rat von vierundzwanzig Ältesten hatte den Fall behandelt und unseren Hausherrn freigesprochen. Doch die von gegenüber beharrten auf der Anklage und hatten den Fall unter verschiedenen Vorwänden noch zweimal nachverhandeln lassen, jedes Mal mit demselben Ergebnis. Unser Haus war genervt von dem ewigen Nachverhandeln. Ein offener Kampf fand statt, und einer von gegenüber wurde getötet. Viele Tage lang feuerten sie aufeinander. Unser Haus hatte mehr als 600 Piaster für Patronen ausgegeben. Nun war eine *besa* von zwei Wochen beschlossen worden, und in Kürze würde der Fall erneut verhandelt. Unser Hausherr beklagte voller Bitterkeit die Umstände, die solche Dinge möglich machten – beklagte das Fehlen einer anständigen Regierung und das viele Geld, das mit Waffen für die Selbstverteidigung vergeudet werden musste. »Wo es keine richtige Regierung gibt, herrschen die Bösen«, sagte er.

Seinen Wunsch nach einer Besserung der Situation äußerte er sehr ernst und sehr traurig. Aber man braucht gar nicht bis ganz in die Prokletija zu reisen, um auf Menschen mit nicht zu verwirklichenden Idealen zu treffen. Da er uns aufgenommen und so offen gesprochen hatte, bat ich Marko flüsternd, ihn zu fragen, ob der Distrikt wohl eine Eisenbahn durch ihr Gebiet zulassen würde. Er antwortete, sein Haus würde es begrüßen, gab aber zu, dass manche wohl dagegen seien. Die Region ist eine der fruchtbarsten in Albanien, besonders bekannt für ihre Vieh- und Pferdezucht. Mit einer guten Straßen- oder Eisenbahnverbindung würden sie bald reich sein. Jetzt konnten sie nur ihr Korn an ihre nächsten Nachbarn verkaufen und ihre Pferde scharenweise durch Montenegro nach Cattaro treiben (von wo sie hauptsächlich nach Italien verschifft werden) – eine lange, mühselige Reise.

Ich sah mir das Zimmer mit all diesen hochgewachsenen, schmalgliedrigen Bergkatzen an und fragte mich, ob es irgendjemandem guttun würde – von ihnen selbst gar nicht zu reden –, wenn sie allesamt zu fetten Korn- und Pferdehändlern würden.

»Civilisation is vexation,
And progress is as bad.
The things that be, they puzzle me,
And Cultchaw drives me mad.«

Die Zivilisation ist eine Qual,
Und der Fortschritt ist ebenso schlimm.
Die Dinge, wie sie sind, verwirren mich,
Und die Kultur macht mich verrückt.

Weitere Besucher strömten herbei. Sie schickten nach *rakia* und tranken das erste Glas, in Würdigung unserer Gefühle, höchst zeremoniell selbst – »Kiofte levduar Christi« (Gelobt sei Christus). Ich wüsste kein einziges christliches Dorf irgendwo auf der Welt, das sich ebenso aufmerksam gegenüber Moslems verhielte.

Nun begann eine theologische Diskussion. Einer der Gäste hatte einen Freund, der in Jerusalem gewesen war und aus zuverlässiger Quelle erfahren hatte, Christus sei gar nicht ans Kreuz geschlagen worden, sondern direkt in den Himmel aufgefahren, und ein anderer sei an seiner statt gekreuzigt worden. Der Franziskaner fragte mich flüsternd, ob er die Situation nutzen und sich auf eine Auseinandersetzung einlassen solle. Ich sagte: »Bloß nicht. Sie haben uns als ihre Gäste aufgenommen, wir dürfen jetzt nicht Anlass für Ärger werden.« Und so wurde das Thema fallengelassen.

Inzwischen war es zehn Uhr abends, und wir hatten seit Mittag nichts gegessen. Aber immer noch lockten wir Schaulustige an, die herbeiströmten, guckten, kommentierten und mir Zigaretten zuwarfen, die alle pflichtschuldig aufgesammelt und von Marko und dem Franziskaner geraucht wurden. Ein Mann – ein höchst seltsames Geschöpf mit dunklen Augen, großem, bleichem Gesicht und blank geschorenem Schädel – erschien mit einer Tambora und spielte und sang endlose Balladen, während seine Finger auf dem schlanken, glockenhellen Instrument fremdartige Triller und wunderbare Verzierungen zupften.

Der Raum war vom Tabakrauch völlig vernebelt und roch streng nach vielen Menschen. Ich döste und wiegte mich in meiner Ecke. Der Franziskaner jammerte erbärmlich: »Oh, ich habe solchen Hunger.« Marko sah besorgt aus. Endlich erschienen die Frauen, die uns lange verstohlen durch die Tür beäugt hatten, und deckten die *sofra,* unverschleiert wie alle muslimischen Bergfrauen. Sie betasteten mich neugierig und sprachen frei mit vielen der Männer, brachten die *ibrik* und Suppe. Wir wuschen uns die Hände, und ich wurde eingeladen, gemeinsam mit den Männern des Hauses und Marko und dem Franziskaner zu essen. Der Hausherr reichte runde Holzlöffel herum und gab uns jedem ein riesiges Stück heißes Maisbrot. Die Frauen setzten eine große Schüssel mit geschmortem Lamm und *pillaf* auf den Tisch. Jemand erzählte, dass der einstige *Padishah* Abdul Aziz täglich vierundzwanzig Hühner für die Brühe auskochen ließ, in der dann sein *pillaf* garte.

Die Gesellschaft machte sich über die Suppe her, und in unglaublich kurzer Zeit war dann nur noch das Fleisch übrig. Unser Gastgeber zerriss es mit den Fingern und warf jedem von uns ein Stück zu. Der Franziskaner, als der Ehrengast, bekam den Kopf und warf ihn höflich zurück. Er wanderte noch mehrmals hin und her, aber schließlich rissen sie ihn in zwei Teile – »die Ehre wurde geteilt«. Ich bekam als Letzte das, was übriggeblieben war. Sie aßen wie die Wölfe, rissen das Fleisch von den Knochen, schlangen große Stücke hinunter – offenbar im Ganzen – und schleuderten die Knochen hinter sich. Kochendheißes fettes Hammelfleisch, das glitschig ist, die Zunge verbrennt und sich nicht von den eigenen, daran nicht gewöhnten Fingern in mundgerechte Häppchen reißen lässt, zu essen erfordert sehr viel Geschick. Innerhalb weniger Minuten war alles aufgegessen. Das Schulterbein wurde ins Licht gehalten und für ein gutes Omen befunden. Die leere Schüssel wurde blitzschnell entfernt, und eine mit *kos* (saurer Milch) folgte – ein Gericht, das für mich Gift ist, obwohl mir versichert wird, dass es nicht nur bekömmlich ist, sondern auch als »Heilmittel« eingesetzt wird. Stattdessen kaute ich tapfer Maisbrot. Das *kos* war in null Komma nichts weg. Ich glaube nicht, dass die ganze Mahlzeit länger als fünfzehn Minuten gedauert hat.

Unterdessen hatten die Besucher es sich auf dem Fußboden bequem gemacht und tranken schwarzen Kaffee, und immer wieder übertönten die raue Stimme des Sängers und der helle, scharfe Klang der Tambora das Gesumm der vielen Stimmen. Erneut erschienen die Frauen, räumten die *sofra* weg, und wir wuschen uns die Hände. Es gab keine Anzeichen, dass jetzt Schlafenszeit war. Der Franziskaner und ich nickten immer wieder ein und weckten einander abwechselnd. Es war nach elf, als der letzte Besucher sich endlich hochrappelte und davonmachte.

Dann kamen die Frauen wieder und breiteten die Matratzen aus. Ich hatte gedacht, ich würde zum Schlafen in den Frauenbereich geschickt, aber nach einer langen Diskussion hielten sie es für zulässig, dass ich mich in eine der Ecken legte und der Franziskaner quer davor. Die sechs Männer des Hauses und meine Begleiter am anderen Ende des Zimmers wurden angehalten sich nebeneinander in einer Reihe niederzulegen. Der Franziskaner – der, wie die meisten Christen, überzeugt war, man könne den muslimischen Glauben an seinem ausgesprochen unangenehmen Geruch erkennen – war erfreut über dieses Arrangement und bemerkte vergnügt: »Was habe ich für ein Glück! Sie stinken nicht.«

Es war fast Mitternacht, als wir endlich alle unseren Platz gefunden hatten. Ich schlief ein, kaum dass mein Kopf die Matratze berührte. Und hereinspaziert um vier Uhr früh kam der Hausherr mit einigem Lärm, entfachte mit viel Getöse das Feuer und kochte den Morgenkaffee. Nach und nach erwachten alle und schüttelten und streckten sich. Ich war ganz krank vor mangelndem Schlaf und wusste nicht, was ich machen sollte. Als ich unter meiner Decke hervorspähte, sah ich, dass der Franziskaner noch friedlich schlummerte, und beschloss, ebenfalls weiterzuschlafen. Doch die Herrschaften waren, obwohl eigentlich nichts zu tun war, erpicht darauf, das Tageslicht zu nutzen. Rasch war das Zimmer voller Leute, genau wie am vorhergehenden Abend, alle tranken Kaffee in der kalten, grauen Morgendämmerung.

An Schlafen war nicht mehr zu denken. Um sieben Uhr stand ich, halbwegs ausgeruht, aber ziemlich zerzaust, auf und bat Marko, mir das kleine Päckchen mit Seife, Kamm, Zahnbürste und Handtuch zu holen, das, in meinen Mantel eingewickelt, hinter meinem Sattel festgebunden war – es war alles, was ich an Toilettengegenständen besaß. Doch leider!, oben auf dem Pass hatte jemand die Sättel neu justiert, und der Beutel war verloren gegangen. Die Vorstellung, für die nächsten zehn Tage zu ungekämmten Haaren und ungeputzten Zähnen verdonnert zu sein, deprimierte mich, aber Marko war höchst erfreut. Er dankte Gott und jubelte aus vollem Herzen. »Nun kommen wir lebend davon. Wir haben unsere Portion Unglück gehabt! Wir haben etwas verloren. Und«, fügte er vergnügt hinzu, »du brauchst die Sachen doch gar nicht. Eine Zahnbürste!« In England ist eine Zahnbürste nichts Besonderes, aber die Götter Albaniens hatten wahrscheinlich noch nie eine solch seltene und kostbare Gabe empfangen und werden womöglich lange warten müssen, bis sie wieder eine erhalten. Auf jeden Fall waren sie jetzt erst einmal versöhnlich gestimmt.

Vom Franziskaner, der inzwischen auch aufgestanden war und sich geschüttelt hatte, erfuhr ich nun, dass ihm absolut verboten worden sei, mich nach Gusinje zu bringen oder auch nur selbst dort hinzureisen. Daraufhin hatte ich vor, es ganz allein zu riskieren. Und ich glaube, es hätte auch möglich sein können, aber da meine Männer darauf bestanden, dass sie mir in dem Fall folgen würden, was sie mit Sicherheit in Schwierigkeiten gebracht hätte, ließ ich den lang gehegten Plan fallen.

Der Franziskaner bat nun um Erlaubnis zu einem Spaziergang, worauf eine heiße Diskussion entbrannte. Schließlich begleitete uns eine große Gruppe. Wir gingen ein paar hundert Meter bis zu einem Pflaumenbaum. Dort wurde uns erklärt, wir sollten uns hinsetzen, das taten wir auch, umringt von unserer Eskorte. Und nach einer halben Stunde wurden wir wieder zurückgebracht.

Als man uns erneut, mit der Anweisung, keinesfalls fortzugehen, in dem Zimmer oben einsperrte, wurde Marko sehr unruhig. »Du wolltest es ja unbedingt«, sagte er, »und jetzt sind wir Gefangene; weiß Gott, was uns noch passieren wird.«

Ich war immer noch völlig besessen von der Idee, Gusinje zu sehen – ritt dauernd darauf herum und dachte an nichts anderes.

Der Franziskaner sah sonderbar besorgt aus, verbreitete aber angestrengt eine etwas zwanghafte Heiterkeit.

Das Mittagessen war wie das Abendessen. Wieder wurden wir alleingelassen und aufgefordert zu warten, bis das Haus unserer neuen Gastgeber für uns fertig vorbereitet sein würde. Also legte ich mich schlafen, während Marko sich die Zeit damit vertrieb, dem Franziskaner vorzuwerfen, er habe uns in diesen Schlamassel gebracht. Als ich um drei Uhr früh mit der Nachricht geweckt wurde, die Pferde stünden bereit, waren die beiden verärgert und niedergeschlagen.

Wir wurden nach unten geleitet. Unser Gastgeber, bis zuletzt höflich und würdevoll, verabschiedete uns am Tor und wies auf eine Ecke der Mauer, die kürzlich in einem Kampf von Mauserkugeln getroffen und beschädigt worden sei. Einige Männer des Hauses begleiteten uns und übergaben uns an weitere Männer, die uns als die neue Eskorte schon erwarteten.

Der neue Gastgeber hielt sich in seinem »Landhaus« auf, weil er seine Herden dort weiden lassen wollte. Es lag in dem Tal, durch das wir gekommen waren.

Nachdem wir eine kurze Strecke zurückgelegt hatten, sagte der Franziskaner zu den Männern, sie sollten mit den Pferden schon vorgehen, wir würden folgen. Es gab keinen Widerspruch. Wir kletterten auf einen kleinen felsigen Hügel mitten im Tal und liefen auf seinem Kamm entlang, bis wir um die Ecke schauen konnten.

»Reicht das Licht für ein Foto?«, fragte er.

»Ein Foto wovon?«, entgegnete ich.

»Von Gusinje!«

Und tatsächlich, jenseits der fruchtbaren Ebene lag, halb versteckt zwischen Bäumen, in etwa drei Kilometern Entfernung die kleine Stadt.

Mittlerweile hatte ich alle Hoffnung aufgegeben, sie zu sehen, und starrte sie staunend an.

»Herr Roland kam zum finstren Turm« fiel mir plötzlich unpassenderweise ein, denn der Ort sah sonnig, heiter und grün aus. Der Fluss schlängelte sich ihm entgegen. Überall in der Ebene verstreut standen kleine, weiße Häuser.

Es war jetzt fünf Jahre her, dass ich zum ersten Mal versucht hatte, das Verheißene Land zu erblicken, und nun musste ich mich mit einem Blick aus weiter Höhe zufriedengeben. Aber immerhin hatte ich es schließlich doch gesehen.

Ein Mann unserer Eskorte kam uns suchen. Und er erklärte uns jetzt auch, wieso man uns eingesperrt gehalten hatte. In Gusinje hatte sich die Nachricht verbreitet, dass sich ein ausländischer *Giaour* in der Gegend aufhalte, und ein *suvarri* sei als Kundschafter losgeschickt worden, um ihn gefangen zu nehmen. Doch unser edler Gastgeber war loyal geblieben – hatte uns versteckt und erst weitergeschickt, als die Luft wirklich rein war.

Die Sonne ging gerade unter, als wir den Hügel wieder hinabstiegen. Und als wir unser neues Quartier erreichten, war es fast dunkel.

Die Szenerie im Inneren des Hauses war umwerfend. Es handelte sich einfach um einen riesigen, primitiv errichteten Viehstall aus Stein – weit und höhlenartig –, beleuchtet nur durch einen Haufen hell lodernder Holzscheite. Große Netze aus Spinnweben hingen von den rauchgeschwärzten Deckenbalken. Die Wände und die Pfosten, die das Dach trugen, funkelten von den Patronengürteln und brandneuen Mauserwaffen der vierundzwanzig Männer des Stammes, die sich versammelt hatten, um uns in Augenschein zu nehmen. Der Boden war dick mit Büscheln frisch geschnittenen Farns bestreut. Ein homerisches Mal wurde auf vielen *sofras* aufgetischt. Und das Bild der vierundzwanzig Krieger, die da tapfer und mit schweren silbernen Ketten und silberbeschlagenen Revolvern behängt im rötlichen Feuerschein wie Panther lagerten, war ein wahrhaft unvergesslicher Anblick. Zwei Bedienstete hielten brennende Fackeln in die Höhe, in deren Licht wir das gesottene Lamm mit den Zähnen zerrissen. Das Dach hallte wider vom Lachen, von den Liedern und der Tambora. Die Tür war verschlossen und verriegelt, das Feuer glühend heiß, und der Rauch machte uns fast blind. Nachdem die Krieger mit fettem Lamm abgefüllt waren, ließen sie sich auf dem Farnbett nieder. Die Frauen hockten in einer entfernten Ecke und verschlangen die Reste des Fests, verrichteten danach ihre Gebete, erhoben sich und sanken nieder, beugten oder streckten das Knie – verschwommene Gestalten hinter einem Vorhang aus sich kräuselndem Rauch. Die Männer beteten nicht, beugten auch nicht das Knie, sondern legten sich in langer Reihe zum Schlafen nieder, fest eingepackt in Schichten von Filzmatten oder ihren eigenen Kapuzenumhängen.

Der Hausherr erschien und legte mich und meine zwei Begleiter ordentlich nebeneinander und breitete eine große *yorgan* über mich.

»Bei allem Respekt«, sagte der Franziskaner, wild um sich blickend, »hier kriegen wir Läuse!« Das war nun etwas, worüber ich keine Lust hatte zu diskutieren. Ich schob mir meinen Mantel unter den Kopf und schlief sofort ein, wurde allerdings immer wieder von dem Franziskaner geweckt, der kläglich jammerte: »Oh, ich kann nicht schlafen! Ich muss dauernd an diese Läuse denken. Ich glaube, ich spüre sie schon.«

Schon vor vier Uhr früh begannen die Frauen das tägliche Brot zu backen. Sie kämpften mit dem Teig, der in einem großen ausgehöhlten Baumstamm bearbeitet wurde, während die graue Morgendämmerung durch die Ritzen im Dach drang. Die Luft in dem noch geschlossenen Haus war erstickend. Ich stieg über die Körper der schlafenden Männer und eilte an die Tür. Marko folgte, weckte unseren Führer und schickte ihn die Maultiere holen und satteln. Wir hatten geplant, um fünf Uhr aufzubrechen. Wir taten es nicht. Denn der Franziskaner war schließlich trotz seiner Ängste doch noch eingeschlafen, und jetzt konnte ihn nichts aufwecken. Als es uns schließlich mit einiger Grobheit doch noch gelang, erklärte er, er werde weiterschlafen, und das tat er auch. Endlich erhob er sich, bereit zum Aufbruch, doch inzwischen war eine große Gruppe erregter Männer aus Gusinje angekommen. Eine lärmende Verhandlung begann. Kein Fremder hätte Zugang in den Distrikt erhalten dürfen, sagten sie. Marko bekam große Angst; er war überzeugt, wir würden festgenommen. Der Führer der Gruppe ließ mich fragen, ob ich »irgendetwas Schriftliches besitze, das zeigt, wo Schätze versteckt sind.« Es seien zahllose Schätze hier in der Gegend vergraben. Und mir sei es nicht gestattet, sie an mich zu nehmen. Nach einem langwierigen einstündigen Palaver zogen sie wieder ab nach Gusinje. Und kaum waren sie um die Ecke verschwunden, stiegen wir auf und ritten rasch davon. Gerade noch rechtzeitig, denn zwei Stunden später wurden Männer aus Gusinje losgeschickt, um uns festzunehmen.

Oben auf der Passhöhe trotteten Schaf- und Ziegenherden in einem langen, dunklen Gänsemarsch über den Schnee – die ersten, die aus den Ebenen ins Gebirge zogen. Die Treiber riefen uns zu, wenn wir Fleisch wollten, könnten wir nach einem Schaf schauen, das abgestürzt sei – sie selbst hätten keine Zeit zu verlieren, müssten noch vor Sonnenuntergang über die Berge sein.

Das feuerte unsere Truppe an. Wir eilten weiter, und am Beginn des Zickzackwegs, dort wo die Bergflanke senkrecht abfiel, konnten wir von unten die schwachen Rufe des armen Tiers hören. Unser Führer legte sich flach auf den Boden, klammerte sich an den Kiefernwurzeln fest, beugte den Kopf über die Kante und sah das Schaf auf einem unerreichbaren Felsvorsprung. Eine Kugel tötete es, und unter einem Steinhagel stürzte es in die Tiefe. Unten warteten Marko, der Pater und ich, während sich die anderen beiden auf Schaffleischjagd machten und triumphierend mit dem blutenden Kadaver zurückkehrten. An der Quelle des Flusses begann dann das große Ausweiden. Und schon tauchte ein zerlumpter alter Mann auf, der sich das Gekringel aus glitschigen Gedärmen auf die Arme lud und fragte, ob er es – wenn wir es nicht brauchten – haben dürfe, um sich daraus eine Suppe zu kochen. Wir ließen ihn am Ufer zurück, wo er sich hingehockt hatte und seinen Schatz wusch. An jenem Abend gab es abgestürztes Schaf. Und das ist die Geschichte, wie ich nicht nach Gusinje kam.

Über die Bewohner von Gusinje erfuhr ich nur, dass sie vielfältigster Herkunft waren. Bevor diese Menschen muslimisch wurden, sollen sie orthodox, aber nie römisch-katholisch gewesen sein. Sie sprechen fast alle ebenso gut Serbisch wie Albanisch. Was insgesamt auf einen serbischen Ursprung weist, auch wenn heute zwischen ihnen und dem montenegrinischen Grenzstamm der Yasojevich viel hin und her »geballert« wird.

Von den noch abgeschiedeneren und scheueren Bewohnern von Plava in den Bergen oberhalb von Gusinje – die mehr als einen türkischen Gouverneur mitsamt seinen Truppen verjagt haben – heißt es, dass sie sich zum Teil von dem katholischen Stamm der Hoti (das habe ich von einem Hoti-Mann) herleiten würden, aber dass eine andere Gruppe, eine »sehr schamlose und aufsässige«, »sehr, sehr alt« und vor langer Zeit Pagani genannt worden sei. Ich fragte nach der Religion dieser Pagani, aber mein Informant wusste nur, dass sie jetzt Moslems seien.

Das Wort sagte ihm nichts. Es wäre interessant herauszufinden, ob diese Menschen sich vom Paganismus[10] direkt dem Islam zuwandten. Was nicht unmöglich wäre.

Mit zwei schönen weißen Maultieren und ihren Besitzern, die in einer *kida* hoch oben auf einem Steilhang wohnten, verließ ich Theti und das untere Shala am nächsten Morgen. Der Weg am linken Ufer des Shala-Flusses ist gut. Er steigt am Berghang entlang immer höher und höher. Nach etwa der Hälfte der Strecke schlugen unsere beiden Begleiter eine Pause zum Trinken und Ausruhen bei einer großen *kula* vor – einem klobigen viereckigen Turm mit einer steinernen Außentreppe zum ersten Stock.

Der *xoti i shpis* (Herr des Hauses), ein hochgewachsener, magerer, adleräugiger alter Mann, hieß uns in seinem Adlerhorst willkommen.

Innen führte eine hölzerne Treppe in den oberen Stock – das Familienwohnzimmer, in dem einunddreißig Personen unter der autokratischen Herrschaft des alten Mannes lebten. Der unangenehm strenge Geruch dicht aufeinander hockender Menschen wurde noch durch zwei eingepferchte große Schafe verschärft, die an einer Seite des Raums bis zu den Fesseln in ihrem Kot standen. Zwei kleine Gucklöcher waren der einzige Zugang zu Licht und Luft. Frisches Reisig wurde nun auf die halb erkaltete Asche in der Feuerstelle mitten im Zimmer geworfen, und der beißende Rauch überlagerte für kurze Zeit alle anderen Gerüche. Die Hitze unter dem glühend heißen steinernen Dach war unerträglich.

Wie es sich gehörte, kochte der Hausherr persönlich den Kaffee.

Obendrein herrschte ein irritierender Lärm schreiender Kinder. Drei von ihnen, alle unter zwei Jahren, tapsten entweder zu der ungeschützten Falltür – um jedes Mal gerade noch

10 Heidentum

rechtzeitig von ihrem selbstmörderischen Sturz in die Tiefe abgehalten zu werden – oder zu den Brüsten ihrer Mütter, die ihnen freigiebig zur Erfrischung dargeboten wurden.

Die Männer lauschten eifrig den Fragen, die der Hausherr auf uns niedergehen ließ – zu der Ungerechtigkeit der Regierung und der elenden Lage der Christen, auf deren Besserung es keine Hoffnung gebe, solange die Türken regierten. Was ich denn zu all dem denken und raten würde. Ich erwiderte, als Erstes müsse der Blutrache Einhalt geboten werden.

Listig blickte der alte Mann hoch. »Haben Sie einen König in Ihrem Land?«, fragte er. »Ja.« »Kann er lesen und schreiben?« »Ja.«

»Und führt er Krieg mit seinen Feinden?« »Ja.«

»Nun«, sagte der alte Mann entschieden, »wir alle hier sind arme Menschen. Wir haben keine Schule, wir wissen nichts. Wenn euer König, der lesen und schreiben kann, seine Feinde tötet, wieso sollten wir armen Menschen nicht die unseren töten?« Diese Ansicht fand großen Beifall. »Wenn in eurem Land ein Mann einen anderen Mann erschießt, was tut euer König dann?«

»Er schickt die *suvarris* los. Die fangen den Mörder. Es wird eine *medjliss* einberufen, die ihn verurteilt, und er wird gehängt.«

Das hielt der alte Mann für einen schmutzigen Trick. Schießen sei doch viel besser. Und wenn es darum gehe, den Gendarmen die Verhaftung anzuvertrauen – jeder wisse doch, wie Gendarmen sind! Sie würden irgendjemanden schnappen und behaupten, das sei der Gesuchte. Er hatte auch keine gute Meinung von einer *medjliss*, die von der Regierung eingesetzt war. Er wisse doch, wie Regierungen sind. Ich versicherte ihm, unsere *medjliss* werde gerecht geleitet. Er erwiderte: »Warum all diese Zeit verschwenden, wenn es doch viel praktischer und befriedigender ist, seinen Feind selbst zu erschießen?« Ich erklärte ihm, dass die Menschen in unserem Land nicht immer

Gewehre tragen. Er konnte nicht verstehen, wie ein Mann sich dann vor den Pferdedieben von jenseits der Grenze schützen sollte. Und er konnte sich auch keine Gesellschaft vorstellen, in der solche Dinge nicht passierten. Es erfüllte ihn mit Respekt für meinen König, der seiner Meinung nach eine große Anzahl an Dieben getötet haben musste, um solch ein Ergebnis zu erreichen. Und er bat mich dringend, meinem König von den traurigen Verhältnissen in Albanien zu erzählen und ihn zu fragen, was man da machen könne. Wenn er wirklich sehr reich sei und so viel für sein Land tue, dann könne er vielleicht auch König von Albanien werden. Die Hauptaufgabe sei es, die Türken loszuwerden. Irgendeiner von den Sieben Königen Roms wäre besser als der jetzige Zustand.

Das Interesse des alten Mannes war so groß, dass er uns bat, bis zum nächsten Tag zu bleiben, damit wir noch weiter über diese Themen diskutierten könnten. Der furchtbare Dreck machte das allerdings undenkbar. Aber ich zog mit Bedauern weiter, denn die außerordentliche Höflichkeit und die würdevolle, menschliche Haltung, die dieser gewitzte alte Mann uns gegenüber als Gastgeber zeigte, sowie der unverbrüchliche Gehorsam, mit dem seine Untertanen sich seinen strengen Befehlen fügten, wären eines ausführlicheren Studiums wert gewesen. Er war reich an Herden, seine *kula* würde einer langen Belagerung standhalten, und er besaß einen ansehnlichen Vorrat an Wein und *rakia*. Die Familie lebte nur deshalb in einem einzigen Raum, weil es bequem und praktisch war, nicht aus Bedürftigkeit. Und die Schafe lebten nicht zuletzt deshalb mit ihnen zusammen, weil sie Fruchtbarkeit bedeuten.

Wir begossen manch edle Gefühle mit starkem *rakia*, tranken aber auch auf die Gesundheit meines Königs. Dann ritt ich davon.

Der Pater von Abate, der Kirche des unteren Shala, war nicht zu Hause, aber sein Diener nahm uns auf. Am Abend saßen wir draußen unter den Bäumen und diskutierten Shala-

Angelegenheiten mit allen, die kamen, um uns zu sehen. Es schien sie sehr zu erfreuen, dass sie so berühmt für ihre hohe Sterblichkeit waren. Es war erst wenige Tage her, dass vier Männer in einem Streit getötet worden waren. Aber das, meinte einer, sei doch gar nichts. »Manchmal erschießen wir einen ganzen Haufen an einem einzigen Tag. Einmal«, fuhr er fort und musste allein bei dem Gedanken daran lauthals lachen, »wurden zwölf für eine von diesen hier getötet«, und zur Illustration löste er eine Patrone von seinem Gürtel. Und es folgte die Geschichte. Ein Mann vermisste eine Patrone an seinem Gürtel, zumindest behauptete er das – jedenfalls war sie nicht mehr da –, und er beschuldigte den Mann neben sich des Diebstahls. Der stritt das ab. Der erste Mann brüllte: »Dieb!«, der zweite: »Lügner!« Alle Anwesenden nahmen sofort Partei, und es begann eine Schlacht. »Jeder schoss und schrie, und als wir aufhörten, waren zwölf tot und eine ganze Menge verwundet. O nein! Die Patrone haben wir nie gefunden. Höchstwahrscheinlich hatte der Mann sie zu Hause gelassen.«

Ich registrierte mit Interesse, dass sämtliche Getöteten mit ihrem Namen genannt wurden, obwohl die Geschichte schon ein Dutzend Jahre zurücklag – für mich ein Beleg dafür, wie detailliert die lokale Geschichte weitergereicht wird. Friede ihrer Asche! Die Art ihres Todes ist noch immer Anlass zu Heiterkeit für ihren Stamm.

Am nächsten Morgen brachen wir nach Shoshi auf, stiegen einen steilen Hang zum Fluss hinunter und überquerten ihn auf einer hohen Holzbrücke, die von einem dem heiligen Antonius gewidmeten Schrein beschützt wurde. Eine Weile ritten wir am rechten Ufer des Shala-Flusses entlang, was uns bergan und durch einen herrlichen Kastanienwald führte. Unter einer besseren Gesetzgebung könnte Shala tatsächlich ein glückliches Tal sein. Es ist hervorragend mit Wasser versorgt, kristallklare Quellen sprudeln überall zwischen den Felsen hervor. Außerdem hat es eine Menge Holz, und was an Boden überhaupt kultivierbar ist, ist sehr fruchtbar. Auch an Weiden für die Herden fehlt es nicht. Wir kamen an vielen großen *kulas* vorbei, und die sprießenden Maisfelder wurden alle von weißgestrichenen Holzkreuzen bewacht.

Wir stiegen hinunter zu einem kleinen Gewässer, einem Nebenfluss des Shala-Flusses, überquerten ihn und erreichten Kisha Shoshit, die Kirche von Shoshi.

Der dortige Franziskaner (ein Tiroler aus dem italienischsprachigen Teil), der einen Großteil seines Lebens bei den Shala-Shoshi verbracht hat, sammelte und transkribierte seit Langem Aufzeichnungen aus den Kirchen und setzte alles, was ein Licht auf die Geschichte des Landes wirft, minutiös zu einem Gesamtbild zusammen. Allerdings waren so viele Kirchen mit allem, was sie enthielten, niedergebrannt worden, dass kaum etwas überliefert ist. Die früheste Quelle, die er mir zeigte, stammt von 1648 und ist ein Bericht über die Ermordung von fünf Franziskanern in jenem Jahr – einer von ihnen in Podgoritza.

Die Moslems von Podgoritza – konvertierte abtrünnige Serben und Albaner – waren berühmt für ihre Grausamkeit. Unter der montenegrinischen Herrschaft geschah etwas Merkwürdiges. Als die Stadt montenegrinisch wurde, zog sich ein sehr großer Teil der albanischen Einwohner in türkisches Territorium zurück. Und seit der Zeit haben die Albaner ihre verlorene Stadt nach und nach auf friedlichem Weg zurückerobert. Die Moslems zogen allmählich fort, und katholische Gewerbetreibende übernahmen deren Stelle. Fast der gesamte montenegrinische Handel ist inzwischen in albanischer Hand. Und diese Albaner sind es auch, die hauptsächlich von der dortigen italienischen Tabakindustrie eingestellt werden. Denn die Montenegriner haben keinen Sinn für Handel. Podgoritza ist die reichste Stadt Montenegros, doch das Geld ist vorwiegend in albanischen Händen. Die Eroberten verleiben sich den Eroberer ein.

Nach hiesiger Überlieferung kam der Held Lek Dukaghin auf seiner Flucht aus Rashia nach Shoshi. Ein Felsblock – Guri Lek Dukaghinit – oben am Berg, auf der anderen Talseite, bezeichnet die Stelle, wo er sich zuerst niederließ.

Der kommende Sonntag war der Pfingstsonntag. Die kleine Kirche war überfüllt. Viele hatten einen vierstündigen Fußmarsch hinter sich.

Jedes Mal, wenn ich auf meiner Reise einen Gottesdienst besuchte, habe ich mich, allerdings vergeblich, gefragt: »Was bedeutet diesen Menschen ihre Religion?«

Dass sie deren Symbolen große Bedeutung beilegen, daran besteht kein Zweifel. Das Kreuz ist eine Art Zauberformel, wird ins Brot geritzt, auf jeden Hügel gestellt, auf jede Tür gemalt oder in sie eingraviert. Es sitzt auf Dachgiebeln, wird um jeden Hals getragen, und der größere Teil der katholischen Bevölkerung lässt es sich als Schutzzauber auf Hand, Arm oder Brust tätowieren. Aber was die eigentliche christliche Lehre betrifft, so scheinen sie davon keine Vorstellung zu haben. Unglückseligerweise haben die Jesuiten eine ebenso grausame wie abstoßende Reihe von Bildern zusammengestellt, auf denen die Folterqualen dargestellt sind, die den sündigen Bewohner der Berge erwarten. Indem sie ihm Angst machen, versuchen sie ihn zum christlichen Gehorsam zu zwingen. Von einem *Deus caritas* wird er, fürchte ich, selten etwas gehört haben.

Außerdem stehen die Bilder sich selbst im Weg. Einmal hörte ich, wie ein Mann mit dem Höllenfeuer bedroht wurde, weil er seine Schwägerin als Konkubine genommen hatte. Er erwiderte darauf: »Wir sollten nicht so grausam sein, und Gott ist nicht grausamer als wir.«

Der Pater von Shoshi hat großes Verständnis und große Sympathie für sein Völkchen. Ich hörte mehr als eine Geschichte darüber, wie er mitten im Winter sein Leben riskierte, um sich durch Schnee und reißende Flüsse zu einem sterbenden Menschen zu kämpfen.

Noch ehe ich mir eine Meinung über die Besucher der Messe gebildet hatte, traten sie schon wieder hinaus in den Sonnenschein.

Auf dem Platz vor der Kirche würde nun eine große *medjliss* stattfinden. Die Ältesten saßen im Kreis auf dem Boden oder auf Steinen. Thema der Diskussion war der Fall jenes Jungen, der in Ghoanni von dem Shoshi-Mann erschossen worden war. Zur Ehre der Shoshi muss gesagt werden, dass die Geschichte sie aufs Höchste empörte. Die Öffentlichkeit hatte sich so erhitzt, dass der *ghaksur* nicht gewagt hatte, im Ort zu bleiben, sondern geflohen war. Jetzt hatte die *medjliss* zu entscheiden, ob sein Haus zur Strafe niedergebrannt werden sollte.

Viele sprachen sich dafür aus. Die Schwierigkeit war nur, dass es kein Gesetz gab, auf das man sich hätte berufen können. Die Blutrache hatte außerhalb des Stamms stattgefunden, war deshalb kein Verbrechen gegen den Stamm und konnte von daher nicht durch ihn geahndet werden. Die Pflicht zur Rache lag bei der Familie des toten Jungen. Alle waren damit einverstanden, dass die Shoshi sich ihnen nicht entgegenstellen würden, falls die Familie das Haus in Brand zu setzen gedachte. Doch die nächsten Verwandten waren ein verkrüppelter Vater und ein Kind und konnten somit nicht die Gerechtigkeit vollziehen.

Das Problem führte zu einer hitzigen Debatte. Für das Abfackeln des Hauses müsste ein neues Gesetz erlassen werden, das es erlaubte, einen Mann für ein Verbrechen gegen einen anderen Stamm zu bestrafen. Das würde wiederum die völlige Umformulierung des Kodex erfordern. Und zwar müssten sie sich dafür selbst als Nation betrachten und nicht als voneinander unabhängige Stämme.

Ich fragte, ob es denn nicht möglich wäre, ein Gesetz zu erlassen mit dem Inhalt, dass jeder, der ein Kind tötet, das noch zu jung ist, um Waffen zu tragen, zu bestrafen ist.

Ich wurde darauf hingewiesen, dass Shoshi dann im Nachteil wäre, wenn es sich an dieses Gesetz hielte, die Nachbarstämme aber nicht.

Daraufhin fragte ich, ob die Bestrafung in diesem speziellen Fall nicht der türkischen Regierung überlassen werden könne. Doch es wurde mir bedeutet, dass keiner wisse, wohin der Mann geflohen sei, weshalb er nicht ausgeliefert werden könne. Und außerdem wäre es ein schlechter Präzedenzfall, wenn man türkische Soldaten einlüde, ein Shoshi-Haus anzustecken.

Das Problem wurde zwei Tage lang behandelt und war, als ich aufbrach, noch immer ungelöst.

Das Verfahren der *medjliss* verlief, bis auf den großen Lärm, sehr geordnet. Gewöhnlich wurde die Rede eines Mannes kaum unterbrochen; nur hin und wieder riefen mehrere Personen plötzlich laut dazwischen. Die meiste Zeit wurde der Fall zwischen zwei Männern verhandelt – einem auf jeder Seite –, und die übrigen waren entweder dafür oder dagegen, drängten sich aber nicht mit ihrer Ansicht in die Debatte. Ein eindrucksvoller alter Mann, ein gewisser Nik Lutzi, angeblich einhundert Jahre alt, war das Oberhaupt aller Shoshi und einer der Hauptsprecher. Hager und geschrumpft, aber voller Leben und Energie, mit einem dichten grauen Schnurrbart und einer Steinschlosspistole, saß er hellwach und leidenschaftlich da und schleuderte seine Ansichten mit lauter Stimme in die Runde.

Ich sah den ganzen Nachmittag lang zu, so lange, bis die Sitzung unterbrochen wurde. Es hatte etwas seltsam Faszinierendes, die Auslegung von Lek Dukaghins Gesetz in der Nähe jenes Ortes zu verfolgen, wo er sich zuerst niedergelassen haben soll.

Der Sitte gemäß kann von einem männlichen Kind Blut gefordert werden, sobald ihm der Kopf geschoren worden ist. Mir wurde erzählt, dass Mütter, die nur einen Sohn haben, das

Rasieren aus diesem Grund gelegentlich ein wenig hinausschieben. Aber das halte man nicht für korrekt.

Inzwischen scheint das Empfinden der Menschen dem Stammesbrauch voraus zu sein, und man kann nur hoffen, dass das Blut von Kindern bald nicht mehr zur Rechenschaft gezogen werden kann. Solange die Kinder nicht von der Blutrache ausgenommen sind, können sie zum Beispiel nicht auf weite Schulwege geschickt werden.

Von Shoshi ging es auf einer ziemlich guten Strecke, vorbei an Chafa Kirit und über die Berge, die die Wasserscheide zwischen Shoshi und dem unteren Pulati bilden, bis zur Kirche von Kiri und von dort aus hinunter zum Fluss Kiri, der von der Sommertrockenheit zahm und geschrumpft war. Wir überquerten ihn, es folgte ein kurzer Aufstieg auf der anderen Seite, dann stiegen wir wieder hinunter, überquerten einen Nebenfluss und gelangten gegen sieben Uhr abends zur Kirche von Suma.

Der Priester war nicht anwesend, das Haus verschlossen, aber wir mussten nicht lange auf ein Quartier warten. Ein netter junger Mann kam vorbei und bat uns, seine Gäste zu sein. Das steinerne Haus sah aus wie ein Schuppen – ein einziger langer, fensterloser Raum. Drei Männer und zwei Frauen waren seine Bewohner, und alle machten sich sofort daran, uns gastlich zu empfangen. Ein Mann eilte hinaus, schnitt ein dickes Bündel Walnusszweige und machte mir ein federndes, köstlich duftendes Lager unmittelbar vor der Tür, auf dem ich luxuriös ruhte. Ein anderer lief den Hang oberhalb des Hauses hinauf und rief laut in alle vier Himmelsrichtungen: »Wir haben Gäste. Einen Mann aus Skutari, zwei aus Shala, einen aus Shoshi und eine fremde Frau.« Der Ruf hallte weithin durchs Gebirge. Das Haus befand sich gerade in Blutfehde, und der Ruf war ein Hinweis an alle, die es betreffen mochte, dass an diesem Abend »Schießen verboten« war. Ein Haus mit Gästen ist vorübergehend von einer Fehde ausgenommen. Als das

Licht dann allmählich aus dem Himmel schwand, erklang erneut der warnende Ruf: »Wir haben Gäste.« Denn es ist die Abenddämmerung, in der der Blutjäger seine Beute sucht.

Und folgendermaßen waren sie in die Blutfehde geraten: Der junge Mann, der uns eingeladen hatte, war seit Kindertagen mit einem Mädchen verlobt. Als sie reif für die Ehe war, verkaufte ihr Vater sie an einen anderen. Der junge Mann hatte das Mädchen zwar bis dahin noch nie gesehen, aber das spielte keine Rolle, seine Ehre war beschmutzt. Er zog los und erschoss einen Mann aus der Familie des Mädchens und stellte so seine Ehre wieder her. Doch nun dürstete es die Familie des Getöteten nach seinem Blut oder dem eines Verwandten. Unser junger Mann hingegen betrachtete die Situation mit grimmiger Befriedigung, denn er wusste, er hatte recht gehandelt.

Ich lag da und lauschte der Erzählung, während die drei Männer, die uns unbedingt üppig verköstigen wollten, auf einem Reisigbündel vor der Türschwelle ein Zicklein schlachteten und jetzt mit dem Ausnehmen und Vierteilen beschäftigt waren.

Gerade als sie bis zu den Ellbogen im Blut steckten, krachte, peng, ein Gewehr, und, huii, sang eine Kugel, hinter der Mauerecke hervor, dicht über unsere Köpfe hinweg. Schon entglitten die Enthäutungsmesser den Händen, die drei schnappten sich ihre Martini – die Waffen hingen alle griffbereit an den Tragsteinen bei der Tür – und machten sich blitzschnell auf die Jagd nach dem Schützen. Und dann plötzlich schallendes Gelächter. Ein Nachbar mit großem Sinn für Humor hatte aus Jux gefeuert, einfach um sie zu erschrecken! Ich lag auf meinen Walnussblättern, denn ich war müde und hatte es nicht für nötig gehalten aufzustehen. Der Jux gefiel mir ausnehmend gut.

Mit Markos Hilfe erklärte ich ihnen, dass die Mädchen in England sehr geschickt darin seien, eine Verlobung auf leichte und beiläufige Art zu lösen, sogar wenn sie sich den Herrn selbst ausgesucht hatten. Sie nähmen sich dann einen anderen, und es werde nicht geschossen. Der Mann habe sich damit abzufinden und müsse sich, wo möglich, ebenfalls eine andere suchen.

Sie waren entsetzt. Der Sitzengelassene schrie laut, eine solche Kreatur könne nicht Mann genannt werden. Eine derartige Feigheit sei unfassbar. Der Vater des Mädchens gehöre erschossen, weil er seiner Tochter ein solches Verhalten erlaubt habe. Er selbst würde ihr schon Gehorsam beizubringen wissen, wenn man ihn ließe. Alle waren sich einig, dass so etwas dabei herauskomme, wenn man den Frauen eine eigene Meinung zugestehe.

Mittlerweile war es dunkel geworden. Wir gingen ins Haus und ließen uns rund um die zentrale Feuerstelle auf Farnbetten nieder, während aus dem Zicklein vier verschiedene Gänge entstanden – Suppe, Leber und Nieren am Spieß geröstet, gekochtes Zicklein und mit Kräutern geschmortes Zicklein. Es war inzwischen nach zehn. Ich war zwischendurch eingeschlafen und musste zum Essen geweckt werden. Und noch bevor die lebhafte Gesellschaft alle Knochen abgepult hatte, war ich auch schon wieder eingeschlafen. Wir schliefen allesamt auf dem Boden. Nur der Hausherr hatte einen kleinen Raum für sich oder vielmehr eine Art Verschlag aus Reisigbündeln, der wie ein Schwalbennest an der Wand hing und von einem Pfosten abgestützt wurde. Das Haus war bemerkenswert sauber, und die zwei Frauen wirkten sehr adrett und fröhlich. Und weil sie von Marko hörten, dass ich Milch mag, stand eine große Schale voll für mich bereit, als ich am nächsten Morgen aufwachte. Ich werde sie lange nicht vergessen, diese freigiebigen und ritterlichen Gastgeber, die mich aufnahmen und ihr Bestes gaben, und ein Leben nach ihrem Kodex führten, der verlangte, dass ein Leben nichts zählte, wenn es darum ging, die Ehre unbefleckt zu halten. Und wahrhaftig nicht jeder Bewohner eines »zivilisierten« Landes würde dafür bereit sein.

Von Suma ritten wir hinauf auf die Bergkette, die mit dem Maranaj endet, jenem Berg mit der eckigen Spitze, die man schon von Skutari aus sehen kann. Von dort oben aus hatten wir einen herrlichen Panoramablick über den gesamten Skutarisee, die verdorrte gelbe Ebene und das Gebirge mit seinen vielen Gipfeln – einer hinter dem anderen –, die im flimmernden Sonnenlicht irgendwo im Unendlichen verschwanden.

Dann ging es wieder hinunter zum Kiri, dort wo er aus dem Tal heraustritt. Und auf dem Gipfel in der Ferne zeichneten sich die Ruinen von Drishti scharf gegen den Himmel ab.

Noch hielt mich der Zauber der Wildnis in seinem Bann, und selbst Skutari kam mir zu zivilisiert vor. Wir näherten uns der Stadt allerdings nicht auf die übliche Weise, denn unsere beiden Männer, die uns die ganze Strecke von Thethi geführt und unterwegs exzellent betreut hatten, verkündeten plötzlich, aus privaten Gründen würden sie Skutari nicht zu betreten wagen. Ich vermute, dass Shala der Regierung Geld schuldet und dass die beiden fürchteten, ihre herrlichen weißen Maultiere würden konfisziert. Wir mussten also bei einer *kavana* draußen vor den Toren absteigen und uns einen Mann suchen, der das Gurtgeschirr und die Sättel in die Stadt trug. Gestartet waren wir heimlich im Morgengrauen. An unser Ziel schleppten wir uns gegen Abend durch die Hintertür.

Als erste Neuigkeit erfuhren wir, dass man sich um das, was der *Vali* ansagte, nicht mehr kümmern müsse. Auch nicht um die Äußerungen von Ezzad Bey, dem Kommandeur der Gendarmerie. Die Soldaten, die es leid waren, auf den seit Langem ausstehenden Sold zu warten, hatten ihre Waffen auf einen Haufen gestapelt und erklärt, alle Befehle so lange zu verweigern, bis die Angelegenheit geregelt sei. Es wurde gemunkelt, der *Vali* habe sich das Geld in die eigenen Taschen gesteckt. Seine Stellung sei sehr heikel, und Ezzad Bey, der Tyrann von

Tirana, habe die Stadt »aus gesundheitlichen Gründen« verlassen und sei im Ausland – es handele sich um politisches Fieber, hieß es.

Vermutlich hatte er von den Gerüchten über die sich anbahnenden Ereignisse gehört und sich so lange an einen sicheren Ort zurückgezogen, bis er wusste, »wie der Hase läuft«.

Und all dies war die Wolke, die, kaum größer als eine Männerhand, ein verheerendes Unwetter ankündigte – doch noch wussten wir nichts davon.

Dukaghini – Dushmani, Berisha, Nikai, Shala

Einige wenige Tage in Skutari genügten mir, um sehr verspätet Briefe zu beantworten und mir ein ungefähres Bild von den Geschehnissen in Europa zu machen. Die Zeit reichte auch für die Überholung meines Sattelzeugs – das eigene Leben kann mitunter von der Funktionstüchtigkeit einiger Schnallen abhängen –, und dann war ich auch schon bereit, wieder in die Wildnis aufzubrechen.

Nach der jüngsten Demütigung des *Vali* galt seine Meinung nicht mehr als relevant, und so verließen wir die Stadt rechtschaffen und kühn wie Löwen mit zwei sehr guten Pferden und einem hervorragenden *kirijee* und waren schon vor sechs Uhr früh unterwegs nach Shlaku.

Wir folgten dem Verlauf des Kiri, durchwateten ihn und ritten dann in der Nähe von Muselimi auf einem schmalen schattigen Pfad querfeldein, mitten durch üppig blühende violette wilde Clematis. Grüne und stahlblaue Libellen funkelten in der Sonne, und zahllos große, scharlachrot geflügelte Grashüpfer tanzten mit rauem Gesurr taumelnde Kreise. Die ganze Natur schien voller Lebensfreude. Der Mais gedieh überaus prächtig auf den wohlbestellten Feldern. Es gab große Feigen- und Olivenhaine, und die wenigen Weingärten sahen sehr gesund aus. Diese einst beste Weingegend des Distrikts war vor wenigen Jahren durch die Reblaus vernichtet worden, und der Wiederanbau hat gerade erst begonnen. Das Land gehört halb den Moslems und halb den Christen. Die trostlosen steinigen

Ödflächen, die jetzt die Kiri-Ufer säumen, waren einmal ebenso fruchtbar, aber Überschwemmungen haben alle Ackerkrume weggespült und nur noch Zerstörung hinterlassen.

Wir ritten das Tal eines kleinen Nebenflusses hinauf, und die Bewirtschaftung des Bodens hörte auf. Die niedrigen Hügel aus krümeliger, roter Erde waren ziemlich dicht bewachsen, und der Weg war gut. Aber es waren weder Haus noch Vieh noch sonst eine Kreatur zu sehen, und auch von menschlichen Wesen gab es keine Spur. Weiter oben dann war etwas Boden bewirtschaftet, und einige Männer bauten gerade mühsam an einem Aquädukt. Sie hatten Wasser aus dem Fluss in einen Kanal abgeleitet, den sie am Berghang entlang geschaufelt hatten. Und der Aquädukt – zu Wannen ausgehöhlte Baumstämme auf Stützen – sollte einen Einschnitt im Berg überbrücken.

Von unserem Pfad aus rechts auf einem bewaldeten Berg befinden sich die Ruinen der alten Kirche Kisha Shatit. In ganz Albanien stehen verlassene Kirchen übrigens häufig mitten in dichten Wäldern, da irgendein Aberglaube sogar die Moslems daran hindert, in der Nähe Bäume zu fällen.

Diese Ruine hier war sehr groß. Es standen noch die Reste eines Turms und Wände eines gewaltigen Gebäudes, die angeblich einst zu einem Bischofspalast und einer Klosteranlage gehörten und die ganze Bergkuppe bedeckten. In der Kirchenruine lagen überall menschliche Knochen, da die Einheimischen in der vergeblichen Hoffnung auf verborgene Schätze den gesamten Boden durchwühlt hatten.

Ein aus Stöcken und Brettern an einen Baumstamm angebauter primitiver Altar wies darauf hin, dass hier immer noch einmal im Jahr eine Messe abgehalten wird. Wann die Kirche verfiel, ist nicht bekannt, aber es muss vor sehr langer Zeit gewesen sein. Die heutige Kirche des Distrikts steht ganz in der Nähe, in Mazreku, und gehört zur Diözese (aber nicht zum Distrikt) von Pulati.

Oben auf dem Gipfel wurden wir gastfreundlich von dem Besitzer eines kleinen Hauses empfangen. Marko hatte gehofft, hier einen Bekannten zu treffen, doch der war den Weg eines so manchen *maltsor* (Mann der Berge) gegangen und vor ein oder zwei Jahren erschossen worden. Die eine Hälfte des Hauses – es bestand aus zwei aneinandergebauten Hütten – war nur noch ein Trümmerhaufen: wegen »Blut« angezündet. Dessen Besitzer, der Cousin unseres Gastgebers, war geflohen.

Unter einem großen Maulbeerbaum hielten wir Rast. An einer ziemlich primitiven Leiter, die an die Stange in einem Bärengehege erinnerte, kletterte unser *kirijee* da hoch und naschte ausgiebig von den übersüßen weißen Maulbeeren.

Danach wurde die Landschaft immer kahler, felsig und ohne Wasser. Häuser gab es nur wenige, und sie waren elend. Gegen fünf Uhr abends erreichten wir Kisha Shlakut (die Kirche von Schlaku). Das Dorf – ein paar Dutzend verstreute Häuser – heißt Lot Gegaj.

Der Priester war nicht da – aus dem Landesinneren war nach ihm geschickt worden.

Ich bin schon an vielen traurigen Orten gewesen, aber Lot Gegaj war einer der traurigsten. Rings um das Pfarrhaus herrschte eine Wüstenei aus mächtigen Felsplatten. Diese Art Felsen zerspringt in schmalen Schichten, und Oberflächen und Kanten sind so glatt und scharf, dass sie wie maschinengeschnitten aussehen – wie die Überreste einer Riesenfabrik für Riesendachschindeln. Nur kümmerlichste Pflanzen schaffen es hier, sich in den Felsritzen festzuklammern. Tief unten floss der Drin, trüb-gelb, zur Hälfte leer und mit kahlen Kiesständen zu beiden Seiten, aber immer noch eilig zwischen den abweisenden Flanken des düsteren Tals dahin. Ich musste an den Ochrida-See denken, aus dem der Drin entspringt, an die dreckigen Elendsbehausungen an seinen Ufern, an fiebergeplagte Flüchtlinge und vereiterte Schusswunden im Frühling 1904, nach der bulgarischen Revolution, als der Drin einer der Flüsse des Hades zu sein schien, dessen Wasser nur floss, um die hungernden, verdorrten Höhen zu verspotten.

Drei Monate ununterbrochener Dürre, denen noch drei weitere folgen sollten, hatten die Menschen schon jetzt in eine verzweifelte Notlage gebracht. Sie brauchten zwei Stunden, um ein kleines Wasserfass zur Kirche zu schleppen, und die anderen Häuser waren noch viel weiter entfernt. Die jämmerlichen, halb verhungerten Ziegen und Schafe wurden einmal in vierundzwanzig Stunden zum Wasser getrieben. Der Shlaku-Stamm besteht aus etwa dreihundert Häusern, alles Christen. Er ist ein Nebenzweig des Toplana-Stamms. Ein Drittel von ihnen lebt vom Köhlern, die anderen von der Ziegenhaltung. Es gibt nur sehr wenig kultivierbares Land.

Ein Beispiel für das Leben in zermürbendem Elend mag genügen. Ein sehr ehrenhafter, hart arbeitender Mann ernährte sich, seine verwitwete Schwägerin und deren Kind mit dem Herstellen von Holzkohle. Jede Woche trieb er einen so voll wie möglich beladenen Esel hinunter nach Skutari und tauschte die Holzkohle gegen Mais ein, wovon sie hauptsächlich lebten. Doch er wurde krank und vertraute seinen Esel einem Nachbarn an, der das Tier schlecht behandelte, sodass das arme Wesen starb. Und so schleppte der Mann sich mit so viel Holzkohle, wie er tragen konnte, zu Fuß nach Skutari, bekam dafür aber nicht mehr genug Mais für die ganze Woche. Nur indem er einen Tag lang in der Stadt um etwas zu essen bettelte und das Erbettelte mit nach Hause brachte, konnten sie überleben. Ein Einwohner von Skutari hatte Mitleid mit ihm und schenkte ihm so viel Mais, dass er sein kleines Feld bestellen konnte, doch die grausame Dürre vernichtete fast die gesamte Ernte. Das kränkelnde, unterernährte Kind und seine Mutter – die von akutem Rheuma verkrüppelt war – waren nicht in der Lage, ihm beim Köhlern zu helfen. Auf solche und ähnliche Weise quälen sich die Menschen in Shlaku durch ihr jämmerliches Dasein.

Würde diese unglückliche Familie muslimisch werden, könnte sie höchstwahrscheinlich mit Unterstützung rechnen. Doch das wird sie nie tun. Ein paar elende Gestalten kamen zu mir und flehten mich an, ich möge ihnen verraten, wo sie Wasser finden könnten. Es sei ihnen egal, wie tief sie graben müssten, ich solle ihnen einfach nur sagen, wo. Ich musste sie bedauerlicherweise enttäuschen.

Froh, dem Anblick eines Elends zu entkommen, das ich nicht lindern konnte, verließ ich Shlaku.

Ein Shlaku-Mann wurde unser Führer. Er zog sich ein sauberes Hemd und eine goldbestickte Weste an, um uns würdig zu begleiten. Es begann mit einem scharfen Anstieg hinauf zur Flanke des großen Berges Tsukali, der anfangs kahl und dann mit niedrigem Buchengebüsch bedeckt war, das fürs Köhlern gebraucht wird. Anschließend gelangten wir in einen überaus herrlichen Urwald aus Buchen, kilometerweit nur Wald – mächtige, gerade, silberne Stämme von an die 30 Metern Höhe, jahrhundertealte Riesen.

Unsere unglücklichen Pferde hatten seit Mittag des Vortags nichts mehr zu trinken bekommen, und so steuerten wir die nächste Quelle an. Es war nur ein mageres Getröpfel, und die ausgegrabene Mulde war leer. Aber wir säuberten das Bett von Buchenblättern, legten ein Rinnsal, das sich weiter oben gesammelt hatte, frei und hatten so nach zwanzig Minuten genügend Wasser für sie gesammelt.

Zu Fuß liefen wir weiter, manchmal knietief durch Buchenblätter. Nur das Rascheln der toten Blätter unter unseren Schuhen störte die tiefe Stille des Waldes. An einer Stelle hatte jemand etwas Brennendes fallen gelassen, und lange Arme aus schwarzer Asche krochen die Hänge hinauf. Allerdings schwelte das Feuer nur und brach nicht offen aus. Eine dünne Rauchsäule zeigte dann aber an, wo es echte Flammen gab. Meine Männer wollten sich nicht die Mühe machen, das Feuer auszutreten, und behaupteten, wenn kein Wind wehe, sei es in Ordnung. Genau deswegen verbrennen jedes Jahr in der Trockenzeit hektarweise Waldflächen.

Hoch oben auf dem Berg landeten wir plötzlich auf einer schönen grasbewachsenen Ebene, wo zwei Männer gerade Heu machten. Die Ebene war ringsum von Mauern aus Buchenwald eingerahmt, und über allem reckte sich der nackte Gipfel des Tsukali.

Die Männer brachten uns sehr freundlich einen großen Krug mit kaltem Wasser und breiteten Heu für uns aus. Wir ließen uns im Schatten nieder und aßen und tranken, und sie erzählten uns von den Gefahren des Waldes im Winter, wenn er, endlos, ohne Weg und Steg, in Schnee gehüllt lag. Erst im vergangenen Dezember habe eine Frau mit ihrem Kind den Wald zu durchqueren versucht und nie mehr hinausgefunden. Viele Tage lang habe man vergeblich nach ihnen gesucht, und ihre Überreste seien im Mai nur zufällig gefunden worden – tief im Wald, als die Schneewehen geschmolzen waren.

Marko, der sich mit den beiden Männern unterhielt, sprach sie als zwei »Brüder« an. Der Ältere brach in Lachen aus. »Bruder! Das ist mein Sohn!«

Selbst Marko war überrascht. »Wie alt bist du denn?« – »Einunddreißig.« »Und dein Sohn?« – »Fünfzehn. Ich habe nämlich jung geheiratet. Sie wollten noch eine weitere Frau für die Arbeit im Haus, und da haben sie mir eine gekauft. Sie sagten, ich sei alt genug, und du siehst ja, dass es gestimmt hat.« Er lachte schallend.

Ich fragte, wie alt denn seine Frau bei der Heirat gewesen sei. »Fünfundzwanzig«, erwiderte er und fügte hinzu, das beginne nun ziemlich lästig zu werden, »denn jetzt ist sie sehr alt und taugt nichts mehr. Ich muss mir irgendwie eine andere besorgen.«

Der Sohn war von der zartgliedrigen Sorte. Überhaupt waren beide vom kleinen, dunklen Typ, der, soweit ich gesehen habe, in diesem Teil des Landes am häufigsten vorkommt. Graue und blaue Augen sind hier sehr selten.

Die Charakteristika des kleinen, dunklen Typs sind ein runder Kopf, ein gedrungenes Gesicht mit ziemlich breiten Wangenknochen, braune Haare und Augen von hellerem Braun bis zu fast Schwarz, dazu gerade Augenbrauen, die beinah oder ganz aneinanderstoßen. Die Nase ist meist kurz und gerade, gelegentlich leicht gebogen, hat aber nie die lange, geneigte Spitze, die charakteristisch ist für den hellen Typ in *Maltsia e madhe* sowie für die blonden Menschen in Montenegro, Bosnien und Zentral- und Südalbanien. Das Barthaar ist meist schütter und eher strähnig; der Haaransatz sitzt sehr tief in der Stirn, und häufig gibt es einen deutlichen Streifen Haar vom Schläfenbein bis zum äußeren Ende der Augenbrauen. Dieser albanische Typ unterscheidet sich entschieden vom hochgewachsenen, dunklen montenegrinischen Typ, bei dem der Schädel an den Schläfen extrem breit und der Hinterkopf vollkommen abgeflacht ist. Überhaupt sind diese Menschen groß, kräftig und von schwerem Knochenbau.

Mir scheint, dass dieser kleine, dunkle albanische Menschenschlag keine slawischen Einsprengsel vorweist. Natürlich gibt es dort, wo dieser Typus vorherrscht, auch keine slawischen Ortsnamen.

Zu Fuß ging es nun abwärts durch Wald – kühl, grün und schweigend –, bis wir plötzlich auf glühend heißen Felsen unter brennender Sonne landeten. Anfangs war der Abstieg steil und schwierig, und dann kam ein noch schlimmerer »Sattel«, über den die Pferde mühsam gezogen werden mussten. Die Hitze war heftig, und die Männer, völlig ausgedörrt vor Durst, ordneten eine Pause im Schatten an. Um herauszufinden, wo es Wasser gab, riefen sie in alle vier Himmelsrichtungen, dass ein Priester an der Bergflanke vor Durst zu sterben drohe. Darauf kletterte ein höchst mitfühlender junger Mann von seinem Haus – in halbstündiger Entfernung – zu uns herauf und brachte uns den größten Flaschenkürbis, den ich jemals gesehen habe, eingewickelt in feuchte Tücher und gefüllt mit kaltem Quellwasser (viel zu kalt zum Trinken in dieser Hitze, dachte ich), und dazu ein Blechgefäß. Meine Männer tranken, bis ich dachte, gleich würden sie platzen. Einer leerte das Blechgefäß siebenmal (jedes Mal etwa anderthalb Liter) und sagte, jetzt fühle er sich viel besser. Für mich reichte ein halbes Gefäß voll, was sie überraschte. Die Männer der Balkanhalbinsel verfügen über ein unglaubliches Fassungsvermögen für Wasser. Derart wiederbelebt, machten wir uns erneut auf den Weg, Marko und ich zu Fuß über eine »Abkürzung«, die für die Pferde unmöglich war, weshalb der junge Wasserträger sie auf einen Umweg schickte.

Bei der »Abkürzung« handelte es sich um einen etwa dreißig Zentimeter breiten Pfad entlang einem Steilhang. Wenn man den Gedanken an einen gut hundert Meter tiefen Sturz ausblendete, war es eigentlich nicht schwierig, aber die Hitze, die die Felswand abstrahlte, war grauenhaft, und um einen Sonnenstich zu vermeiden, eilte ich so schnell ich konnte, obwohl Marko flehentlich hinter mir her rief: »Kadal, kadal« (langsam).

Dann folgte ein sehr steiler Abstieg, und tief unten sahen wir in einer kleinen grünen Oase die Kirche von Dushmani und noch weiter unten den Drin-Fluss, eingezwängt zwischen finsteren, eisengrauen Wällen aus Felsgestein.

Die Dushmani, die sich in die zwei *bariaks* der Dushmani und Temali aufgliedern, sind einer der wilderen Stämme.

Der Stamm gehört zum Distrikt von Postripa. Und Postripa besteht aus Mazreku, Drishti, Shlaku und Dushmani. Kirchlich gesehen gehören alle der Diözese von Pulati an, sind aber nicht eigentlich ein Teil der Pulati-Gruppe. Der Name Dushmani stammt von Paul Dushman, einem Stammesoberhaupt aus dem fünfzehnten Jahrhundert. Dushman ist ein türkisches Wort und bedeutet Feind – wahrscheinlich war es ein Spitzname, den ihm die Türken gaben. Der Stamm ist ausschließlich christlich.

Der *bariak* der Dushmani besteht aus hundertundsechzig Häusern. Von denen lagen zum Zeitpunkt meines Besuchs nicht weniger als vierzig innerhalb des Stammes in Blutfehde miteinander. Was die externen Fehden anbetrifft, so waren die kaum zu zählen.

Der Dushmani-Stamm glaubt an Lek Dikaghin als den »Einen, dem zu gehorchen ist«; und er hatte Blutrache befohlen. Die Lehren Christi, die Gesetze der Kirche treffen hier auf taube Ohren, wenn sie im Widerspruch zum Gesetz von *Lek* stehen. Aber irgendwie glaubten die Menschen trotzdem vage an das Symbol des Christentums, denn ich stellte fest, dass die meisten Männer ein winziges Kreuz auf die Brust oder den Oberarm tätowiert hatten. Für den Fall, dass sie an einem fremden Ort tot aufgefunden würden, könnten sie dann sicher sein, christlich begraben zu werden.

Auf vielen Grabtafeln des Dushmani-Friedhofs gibt es allerdings grob eingeritzte rätselhafte Zeichen, in denen selten ein Kreuz, aber fast ausnahmslos die Sonne und der Halbmond vorkommen – Symbole vorchristlicher Religionen, die bei den Menschen noch immer eine große Rolle spielen. Ich habe wiederholt, aber stets vergeblich, nach deren Bedeutung gefragt. Es kam regelmäßig die Antwort: *»Per bukur«* (zur Verzierung). Auf keinem anderen Friedhof habe ich so viele Beispiele dafür gefunden, doch ich habe nie gehört, dass Sonne und Mond jemals Tätowierungsmotive waren, weder hier noch anderswo.

Überall auf dem Friedhofsgelände lagen Knochen und Knochenstücke herum. Die Erklärung dazu lautete, vor jeder Beerdigung sei ein großes Fest zu feiern. Jeder Stammesangehörige dürfe erscheinen, und da viele Teilnehmer sehr große Strecken zurücklegen müssten, finde die Bestattung oft zu sehr später Stunde statt. Und so sei es häufig schon halb dunkel, bevor die Verwandten des Verstorbenen – nach Ende des

Fests – das Grab aushöben, und sie grüben dann einfach irgendwo und förderten dabei womöglich auch alte Gebeine zutage. Es scheint eine starke Voreingenommenheit gegen eine frühe Vorbereitung des Grabs zu existieren – es könnten die verschiedensten schlimmen Dinge damit passieren, heißt es. Niemand dürfe über es hinwegsteigen, und leer bleiben dürfe es auch nicht, in dem Fall müsse etwas aus Eisen hineingelegt werden. Das war alles, was ich erfahren konnte.

Eine der aktuellen Blutfehden, erfuhr ich, existiert schon seit fünf Generationen. Die Hauptperson in dieser Fehde – grauäugig und blondhaarig, aber ansonsten dem Erscheinungsbild nach vom hiesigen dunklen Typ – beklagte ihre Lage aufs Bitterlichste. Fünf Generationen seien zu viel, erklärte der Mann. Der Streit habe absolut gar nichts mit ihm zu tun gehabt, und trotzdem laufe er jetzt Gefahr, nach all diesen Jahren dafür erschossen zu werden. Ich fragte, warum er denn nicht Blutgeld zahle und die Fehde so durch Vergleich regle. Empört erwiderte er, seine Seite sei doch die unschuldige, warum sollte er da zahlen!

Der Franziskaner – Priester von Dushmani – lachte herzlich. »Sie sind alle unschuldig!«, sagte er, »ihrer persönlichen Ansicht nach, jeder einzelne von ihnen. Und alle befinden sie sich mit irgendwem in Blutfehde.« Und er fügte hinzu, dass sie wegen der »Blutsache« nur sehr selten zur Beichte kämen. Sein eigener Messdiener habe zum Beispiel drei Menschen getötet.

Dieser junge Mann war absolut herzerfrischend. Er strotzte vor Vitalität, war voller Witz und sehr liebenswürdig, doch er wachte gnadenlos über seine Ehre und hatte einen übermächtigen Durst nach Blut. Seine Instinkte waren archaisch, und er freute sich so herzhaft über seine Heldentaten, dass ich nicht anders konnte als sogar mit den blutigsten zu sympathisieren.

Er war zweiundzwanzig, dunkel, schmächtig, geschmeidig wie eine Katze und mit seinen breiten Wangenknochen und der teigigen Haut keine Schönheit, aber das vergnügte Lächeln und die frech blitzenden Augen, wenn er seine Geschichten erzählte, machten all seine Mängel wett. Er war eines der glücklichsten Wesen, die mir je begegnet sind. Sein erstes Blut hatte er im Alter von zwölf fließen lassen, was sicherlich etwas ist, worauf man stolz sein kann. Ein Moslem hatte sich in seiner Anwesenheit über das Christentum lustig gemacht, woraufhin der Junge auf der Stelle seinen Revolver zog und feuerte. Der Moslem, der nur leicht verletzt war, erwiderte das Feuer sofort, traf jedoch daneben. Darauf feuerte die kleine wilde Katze vier Schüsse auf den Moslem ab, ließ ihn schwer verletzt liegen und kam selber unverletzt davon. Wie er da jetzt so hockte, sein Gewehr über den Knien, strahlte er allein bei der Erinnerung vor Vergnügen. Nach dieser Heldentat hatte man es für angebracht gehalten, dass er für eine Weile verschwand, und so ging er nach Skutari, wo er sich ausgerechnet bei einer muslimischen Familie verdingte, die seine Vergangenheit nicht kannte. Dort wurde er so gut ernährt und es ging ihm so gut, dass einige Priester in Skutari schon fürchteten, man werde ihn zum Türken machen. Das fand er nun besonders lustig. Die Vorstellung, er könne irgendetwas anderes sein als ein vorbildlicher Christ, war einfach zu lächerlich. Ein Kerl, der mit zwölf auf einen Moslem geschossen hat und dann Türke wird! Ein Jesuit, der ihn unbedingt retten wollte, hatte ihn auf der Straße angesprochen und dazu gebracht, mit ihm zur Jesuitenschule zu gehen. Dort redete man ihm gut zu und sagte, er solle bei ihnen bleiben. Sie würden genauso gut für ihn sorgen wie die Moslems und ihm Lesen und Schreiben beibringen. Doch er sah die anderen kleinen Jungen, und die Eingangstür war verschlossen. Er fühlte sich wie ein Fuchs in der Falle. Nie und nimmer würde er ein solches Leben ertragen. Aber das wagte er nicht zu äußern, weil sie ihn dann vielleicht nicht gehen lassen würden. Stattdessen sagte er, sein muslimischer Herr schulde ihm noch einen Napoleon, ob er ihn sich holen dürfe. Er werde sofort hierher zurückkehren.

»Kaum war ich heil aus der Tür, rannte ich um mein Leben und ging in die Berge. Und oh, ich hielt mich von den Jesuiten fern, das sage ich Ihnen! Wenn ich dortgeblieben wäre, wäre ich jetzt bestimmt ein Priester – vielleicht genau hier, in dieser Gemeinde! Ich bin ein guter Christ – das war ich immer und werde es immer sein. Keine Schulen für mich. Ich muss nicht lesen oder schreiben – das ist völlig unnütz.« Ich fragte, was denn von Nutzen sei.

»Was wir uns wünschen«, sagte der archaische Jugendliche, »ist eine neue Regierung – eine gute Regierung, die etwas für uns tun würde. Einen guten König, egal wer, solange er reich ist und kein Türke. Was ist denn mit Ihrem König – kann der nicht kommen?«

»Das würde dir nicht gefallen«, sagte ich. »Er würde dir nicht mehr erlauben, Blut zu fordern.«

»Was würde er denn tun?«

»Er würde seine *suvarris* losschicken, damit sie dich verhaften, und du würdest gehängt.«

Das schockierte alle.

»Aber wenn mir nun jemand sein Blut schulden würde?«

»Dann müsstest du das dem Gouverneur mitteilen, und die *suvarris* würden den Mann verhaften und er würde gehängt. Du darfst nicht selber Blut einfordern.«

»Aber das würde doch meine Ehre nicht wiederherstellen«, sagte der Archaische. Er musste sehr nachdenken. Diese Vorstellung von einer Regierung war ihm ganz und gar neu.

»Der König von England ist doch sehr gut«, meinte er. »Wenn er wüsste, dass dieser Mann meinen Cousin getötet hat, würde er mir sicher vergeben.«

»Nein«, erwiderte ich.

»Na ja«, erklärte er forsch, griff nach seinem Hals und quetschte ihn versuchsweise, »im Grunde ist Hängen ja keine große Sache – man würde schnell sterben. Ich würde erst den Mann erschießen, und dann könnte Ihr König seine *suvarris* schicken und mich hängen lassen, wenn er will. Ich wüsste dann, mein Feind ist tot, und irgendwann muss man sowieso sterben.«

»Dein Körper muss sterben«, sagte der Franziskaner, »aber deine Seele nicht – was ist denn mit deiner Seele?«

»Meine Seele? Was schert mich die dann noch, wenn ich tot bin? Meine Seele kann fliegen, wohin sie will!« Er flatterte mit den Händen, um zu zeigen, wie seine Seele sich davonmachte, dann lachte er schallend. »Kennen Sie die Geschichte von dem *maltsori* (Mann der Berge), der im Sterben lag?«, fragte er. »Er sagte zu der Heiligen Jungfrau: ›Ich weiß, dass ich viel zu böse bin, um ins Paradies zu kommen, aber ich bitte dich, dass du mich trotzdem dorthin bringst, einfach um den Teufel zu ärgern. Das wird ihn fürchterlich aufregen.‹« Er war höchst zufrieden mit sich und absolut nicht kleinzukriegen. »Manchmal denke ich«, fügte er heiter hinzu, »dass wir *maltsori* es sehr schwer haben werden, in den Himmel zu kommen. Am Tag des Jüngsten Gerichts werden wir uns einen unglaublich schrecklichen Kampf mit Christus liefern!«

Und das war derselbe Mann, der einen Moslem erschossen hatte, weil der schlecht über das Christentum gesprochen hatte.

Später in der Kirche beobachtete ich einigermaßen fasziniert, wie er die Kerzen und das Weihrauchgefäß anzündete, den Priester einkleidete und ihm mit unvergleichlicher Präzision und Würde assistierte. Was für Ideen müssen in diesem rasierten Schädel gesteckt haben, auf dem oben aufrecht ein groteskes Büschel dichter schwarzer Haare saß?

Als wir hinausgingen, sagte der Franziskaner halb entschuldigend: »Ich brauche einfach einen Messdiener, und sie sind alle in Blutfehden verwickelt. Was soll man da machen?« Ja, wirklich! Da hockte der Archaische, nachdem er seine Messdienstpflichten absolviert hatte, auf dem Balkon, wusch seine Patronenhülsen und legte sie, bevor er sie wieder nachfüllte, zum Trocknen in die Sonne.

Mit einem Mann, mit dem er in Blutfehde stand, hatte er für ein paar Wochen *besa* geschworen. Gestern erst hatte er seinen Feind besucht und war, was Essen und Trinken betraf, großzügig bewirtet worden. Mit dem morgigen Tag lief die *besa* allerdings aus, und er musste damit rechnen, erschossen zu werden. Doch er sah der Erneuerung der Feindschaft mit Freude entgegen. Er gab keinen Pardon und erwartete auch keinen: Blutrache zu üben schenkte ihm die gleiche Befriedigung wie seinen Zeitgenossen in England der Sieg bei einem Rennen in Henley oder eine hohe Punktzahl bei einer Kricketmeisterschaft.

Und wenn man die Sache unvoreingenommen betrachtet, besteht auch kein so großer Unterschied zwischen beidem, denn Menschenjagd ist zweifellos die großartigste Sportart, und der Archaische spielte das Spiel durchaus ehrenhaft und getreu den Regeln – sogar großmütig, denn einmal war er in den Drin gesprungen und hatte einen Feind vorm Ertrinken gerettet. Und danach hatte er mit ihm für immer Frieden geschlossen.

Alle Gespräche drehten sich einmal mehr um *ghak*. Ein benachbartes Haus befand sich seit fünfzehn Jahren in Blutfehde. Der Mann hatte seine Frau aus einem anderen Stamm entführt, und sie war ihm freiwillig gefolgt, um der Heirat mit dem Mann zu entgehen, an den sie als Kind verkauft worden war. Die Familie ihres Vaters und die ihres Verlobten waren seitdem mit der ihres Ehemanns verfeindet, und ihr Mann ging nie ohne drei oder vier Kameraden aus dem Haus.

In einem ähnlichen Fall waren der Mann und seine Frau vor dem zu erwartenden Zorn geflohen und leben seitdem sicher im Ausland. Aber die drei Familien zu Hause bekriegen einander ständig, und fünfundzwanzig Männer fanden deshalb schon frühzeitig den Tod: »Das ist keine Frau, sondern ein Teufel wegen des Unglücks, das sie verursacht hat«, sagte der Berichterstatter. Mein Einwand, dass die Schuld doch diejenigen treffe, die sie gekauft und verkauft hatten, war allen vollkommen unbegreiflich und neu.

Es ist übrigens eine auffällige Besonderheit aller Bergstämme, dass sie fast keine Art von Vergnügungen kennen. Ich fragte vergeblich nach Spielen, und beim Tanzen sah ich sie nur ein einziges Mal. Das Singen nationaler Balladen ist ihr einziger Zeitvertreib. Selbst Kinder scheinen kaum Spiele zu kennen, und falls doch, dann spielen sie sie so gut wie nie. Alles Sinnen und Trachten dieser Menschen ist einzig und allein auf das traditionelle Unrecht und dessen Vergeltung gerichtet. Der *bariaktar* der Dushmani hatte noch kein Blut fließen lassen, wie es seine Pflicht gewesen wäre, und wurde deshalb mit Verachtung gestraft. Als er kürzlich während einer *medjliss* zu sprechen versuchte, war ihm bedeutet worden, solange er seine Ehre nicht wiederhergestellt hätte, könne seine Meinung nicht gehört werden.

Eine einmal geschworene *besa* darf nicht verletzt werden; und ihre Macht ist entsetzlich. Sie zwingt einen Mann nicht nur dazu, ein Unrecht zu vergelten, das einem Freund widerfahren ist, mit dem er *besa* geschworen hat, sondern selbst dann, wenn es einem Fremden widerfahren ist, dem er für eine Nacht Unterkunft gewährt hat. Und diesem Gesetz ist Folge zu leisten, auch wenn es das Unmögliche verlangt.

Eine Familie befand sich in Blutfehde mit einem Mann, aber ein Mitglied der Familie versöhnte sich mit dem Feind – zumindest vorübergehend – und schwor *besa* mit ihm. Und dieser Friedensschluss beinhaltete auch das Gelübde, einander zu beschützen. Dann schoss sein eigener Bruder jedoch den Familienfeind tot. Gemäß der *besa* war derjenige, der sie geschworen hatte, nun verpflichtet, den Getöteten zu rächen, sonst wäre er für immer entehrt. Also erschoss er den eigenen Bruder und stellte so seine Ehre wieder her. Danach ging er, verrückt vor Kummer, zur Beichte, weinte bitterlich und beklagte die Tat, die ein grausames Schicksal ihm aufgebürdet hatte. Er war aber trotzdem überzeugt, dies sei der einzig gangbare Weg gewesen.

Und das ist kein Einzelfall. Mir wurde erzählt, dass vor gar nicht langer Zeit ein Montenegriner – ein von der Regierung gesuchter Verbrecher – über die Grenze und in die Berge von Shala floh, wo ihm in einem bestimmten Haus Gastfreundschaft und Unterkunft gewährt wurden.

Die montenegrinische Regierung bot eine Geldsumme, einen Revolver und ein Gewehr als Belohnung, wenn man ihn lebendig aushändigen oder den Beweis für seinen Tod liefern würde. In Abwesenheit des Oberhaupts jenes gastlichen Hauses erschoss sein jüngerer Bruder, von dem Versprechen verführt, den Gast, forderte die Belohnung und erhielt sie auch. Der Hausherr kehrte zurück und entdeckte den Mord. »Was hat dir der Prinz von Montenegro bezahlt?«, fragte der ältere Bruder finster. Und als er es erfuhr, entgegnete er: »Er hat dir nicht genug gezahlt! Nimm dies hier.« Und er zog seinen Revolver und erschoss ihn auf der Stelle. Auch er beklagte die Tat, erklärte jedoch, die Ehre seines Hauses müsse gewahrt bleiben. Sie hätten niemals zuvor einen Gast verraten und würden es auch in Zukunft nicht. In solch einem Fall wird die Tat des Hausherrn für gerechtfertigt gehalten, denn er habe nur Recht gesprochen.

Die Tage in Dushmani vergingen höchst angenehm mit Liedern, Gastfreundschaft und vielen Geschichten. So sei der benachbarte Stamm der Shlaku sehr böse auf die Männer von Temali. Dushmani und Temali wiederum hegten größte Verachtung für den Verstand der Shlaku. Die Shlaku-Männer seien alle Dummköpfe, behaupteten sie und brüsteten sich, es beweisen zu können.

Nun musste der Priester von Shlaku einmal zu einer Tagung nach Skutari reisen und würde etwa eine Woche fortbleiben. Also stahl oder borgte sich ein Temali-Mann ein komplettes Priesterhabit, rasierte sich eine Tonsur und begab sich nach

Shlaku. Er erklärte den Dienern im Haus des Priesters, ihr Herr sei in Skutari krank geworden und man habe ihn als Ersatz geschickt. Er richtete sich also im Haus ein – behauptete, er sei ein Ausländer –, sprach nur wenig und schlecht und tat so, als lese er eine ausländische Zeitung. Bald, so meinte er, werde er die Sprache besser verstehen und dann auch die Beichte abnehmen können. Die einfachen Menschen fielen völlig auf ihn herein und empfingen den neuen Priester sehr freundlich. Als die Woche um war, sah der Hochstapler zu, dass er rechtzeitig verschwand, und Temali schickte nun spöttische Botschaften nach Shlaku und fragte: »Und? Was sagt ihr jetzt zum Thema Dummköpfe?« Shlaku schwor wutentbrannt, sie würden den falschen Priester erschießen, sobald sie ihn erwischten.

Der archaische Jugendliche lachte übertrieben heftig und bedauerte nur, dass der falsche Priester, der sein Cousin war, nicht gewagt hatte, die Beichte abzunehmen, denn dann hätte Temali womöglich alle Geheimnisse von Shlaku erfahren, was doch höchst vergnüglich gewesen wäre. Und dass der falsche Priester jetzt erschossen zu werden drohte, war einfach Teil des Witzes.

Säuglingsverlobungen sorgen üblicherweise für viele schlimme Taten. Eines Tages besuchten zwei aufgeweckte, adrett gekleidete Frauen Marko und mich. Sie waren Schwestern aus dem Nachbarstamm der Merturi. Die eine war nach Dushmani verheiratet. Die andere war eine Schwurjungfrau. Da ihr Vater sie an einen Mann verkauft hatte, zu dem sie absolut nicht gehen wollte, lief sie nachts fort, als sie ihm übergeben werden sollte, kam aber nicht über die Stammesgrenze. Alle Männer ihrer Familie zogen los und jagten sie wie ein wildes Tier. Sie fingen sie in einem Wald, fesselten sie an Händen und Füßen und nahmen sie mit nach Hause. Dort wurde sie an einen Pfosten gebunden, doch nachts nagte sie die Fesseln an ihren Handgelenken auf, befreite sich und floh erneut. Diesmal kam sie bis zum Haus ihres Schwagers in Dushmani. Er nahm sie sehr freundlich in seine Familie auf. Und da sie vor Zeugen Jungfräulichkeit geschworen hat, ist sie jetzt frei.

In Pulati und im gesamten Verband der Stämme, die sich Dukaghini nennen, kann eine Schwurjungfrau kein Land erben, anders als in *Maltsia e madhe*. Dort geht das Land, wenn ein Mann keine Söhne hat, an seine Tochter, sofern sie Jungfräulichkeit geschworen hat, und erst nach ihrem Tod an den nächsten männlichen Erben.

Bei den Dukaghini geht das Land an den nächsten männlichen Erben, aber wenn die Tochter des verstorbenen Besitzers eine Albanische Jungfrau sein sollte, muss der Erbe ihr von der Ernte jährlich 300 *okas* Mais, 18 *okas rakia* und 30 *okas* Wein abgeben; und sie kann der Bezahlung Nachdruck verleihen, indem sie sich an den Ältestenrat wendet.

Dieser Rat besteht gemeinhin aus dem *bariaktar* und einer Anzahl von Oberhäuptern der Häuserfamilien. Anders verhält es sich nur bei den Stämmen, die sich in Dielmia zusammengeschlossen haben und ihr Oberhaupt wählen. Für mindere Angelegenheiten reichen zwölf bis vierundzwanzig Personen, je nach Bedeutung des Falls. Wenn jedoch etwas den ganzen Stamm angeht, muss sich der gesamte Rat, bestehend aus allen Oberhäuptern, zusammensetzen. Dieser Rat legt etwa die Preise der Waren fest, die innerhalb des Stamms verkauft werden, und er untersagt in akuten Notlagen auch den Export von Nahrungsmitteln. Der Nachbarstamm von Toplana zum Beispiel hatte wegen der anhaltenden Dürre gerade den Export von Mais verboten und sowohl dessen Preis als auch den von Käse neu festgesetzt. Er hatte auch beschlossen, dass die Toplana-Leute nicht zu dem in Kürze stattfindenden Fest von Johannes dem Täufer, dem Schutzheiligen von Dushmani, gehen dürften, weil so viele Blutfehden zwischen den beiden Stämmen schwelen. In den wilderen Dukaghini-Stämmen wird für Kirchenfeste keine allgemeine *besa* gestattet, und jeder der kommt, tut es – solange er nicht durch eine private *besa* geschützt und in Begleitung eines oder mehrerer Mitglieder des besuchten Stammes ist – nur auf eigene Gefahr.

Der Abend des dreiundzwanzigsten Junis war dann ziemlich aufregend. Der Archaische hatte fast den gesamten Abend zuvor mit dem Füllen leerer Patronenhülsen verbracht, um die Gäste mit Freudenschüssen zu begrüßen. Einer nach dem anderen erschienen die Franziskaner von Berisha, Shoshi und Toplana. Jeder aus Dushmani winkte ihnen schon von ferne und begrüßte sie mit Revolverschüssen. Wir eilten hinaus, der Archaische tanzte und kreischte wie ein Dämon, in jeder Hand einen Revolver, und feuerte beide gleichzeitig ab. Unser Abendessen war höchst vergnüglich – vier Franziskaner, Marko und ich. Der Pater von Toplana hatte einen wundervollen Bediensteten mitgebracht – ein älteres, sehr drahtiges Wesen, prächtig in einen roten *djemadan* gekleidet und sogar noch fröhlicher und redseliger als unser Archaischer. Die beiden, die am Tisch bedienen sollten, waren unnachahmlich – mischten sich in die Unterhaltung ein, korrigierten ihre »Herren«, rauchten, machten Witze, lachten und tranken auch Alkohol. Old Rotwams redete alle in Grund und Boden und prahlte unentwegt mit seinen eigenen Verdiensten, von denen das größte seine fleckenlose Ehre war. Zu deren Verteidigung hatte er vier Männer erschossen, viermal war ihm sein Haus angezündet worden, es ging ihm großartig, und er stand bereit, jederzeit vier weitere zu erschießen. Seine Martini hatte er für ihren Anteil an der Geschichte mit vier Silbermünzen belohnt, die er nah beim Lauf in den Schaft eingesetzt hatte. Mit seinem Pater kam er sehr gut aus – war nicht sein Diener, sondern sein Kamerad.

In den benachbarten Häusern trafen jetzt jede Menge Gäste ein, von Shlaku und Berisha und den entfernteren Teilen Dushmanis. Alle wurden stets von Gewehrsalven und Revolverschüssen begrüßt, worauf der Archaische jedes Mal mit einer Salve Patronen mit Pulver, aber ohne Kugel antwortete und Old Rotwams mit Kugelpatronen aus dem Fenster, beides mit schrillem Geschrei begleitet. Und die kleinen Brüder des heiligen Franziskus sangen mit ihren kräftigen Stimmen aus vollstem Halse. Ich musste daran denken, wie langweilig Londoner Essenseinladungen sind, und fragte mich, warum die Menschen so viel Wert darauf legen, zivilisiert zu sein. Es war bestimmt so lustig wie die verrückte Teeparty in »Alice im Wunderland«. Und so ging der Vorabend des Johannistags vorbei. Es wurde kein Freudenfeuer angezündet, und man erklärte mir, in den Bergen sei diese Sitte unbekannt. Nur einige Leute in Skutari würden sie praktizieren, was mir zeigt, dass es sich nicht um eine albanische, sondern eine von woanders übernommene Sitte handeln muss.

Am nächsten Tag war die Kirche übervoll. Draußen lagen aufgetürmt die Gewehre, und drinnen sangen ihre Besitzer »Et in terra pax hominibus«. Der Pater von Berisha hielt die Predigt. Ich konnte ihn nicht verstehen, fand aber, er hätte sich keine bessere Bibelstelle wählen können als »Es ist eine Stimme eines Predigers in der Wüste.«[11]

Nach der Messe eilte alles zum Schießplatz – das Ziel war ein weißer Stein, und die Entfernung war kurz. Der Archaische traf oft und ein Mann mit einer Mauser bei jedem Versuch. Und wer nicht traf, schoss nur knapp daneben. Aber es war auch nicht schwierig, denn ich traf ebenfalls, und zwar mit der vom Archaischen heißgeliebten Martini, die er mir geradezu aufdrängte – prächtig geschmückt wie sie war, mit ihren Silbermünzen zur Belohnung für die Menschenleben, die sie vernichtet hatte.

Ganz trunken vom Lärm, der Aufregung und dem Geruch nach verbranntem Pulver, zog er die heißen, leeren Patronenhülsen heraus, atmete verzückt ihren Duft ein und keuchte: »Gott, ist das gut!« Er muss für ihn das gewesen sein, was Blut für einen Tiger ist. Der Geruch machte ihn ganz wild darauf,

11 Jesaja 40, 3

den Mörder seines Cousins zu töten, der sich vor einem Jahr in Sicherheit gebracht hatte und jetzt wegen eines anderen Vergehens in Skutari im Gefängnis saß, aber demnächst freigelassen werden würde. Ich fragte ihn, warum er den Behörden in Skutari nichts von dem Mord gemeldet habe, damit sie ihn bestraften. Aber dann würde er nur zehn Jahre bekommen, erwiderte er, »und er verdient es, erschossen zu werden, so wie die Armen Brot verdienen.« In eben diesem aufgeheizten Moment verbreitete sich das Gerücht, der Mörder seines Cousins sei entlassen worden und man habe ihn auf dem Weg zum Fest gesehen.

Trotz der warnenden Rufe der Franziskaner sauste der Archaische mit Martini und Revolver los, doch es war falscher Alarm, und er kehrte unverrichteter Dinge und enttäuscht zurück – der Feind saß noch im Gefängnis. »Macht nichts«, erklärte er schließlich, »irgendwann kommt er raus.« Er setzte sich und putzte seine Martini, sang ein Lied dabei und nannte sie darin seine Frau und sein Kind, denn er begehrte nichts anderes – sie war sein Leben und seine Seele. »Nicht deine Seele«, sagte der Pater scharf. »Alles an Seele, was ich will«, entgegnete der junge Mann unbelehrbar. Seine »Heißgeliebte« hatte zwölf Napoleons gekostet, den üblichen Preis für eine Ehefrau, und er gab achtzig Gulden im Jahr – exakt die Hälfte seines Einkommens – dafür aus, sie zu »ernähren«.

Die Gesellschaft diskutierte nun über Waffen. Die Präzision und das Repetiertempo der Mauser wurden allgemein anerkannt, doch die Kugeln seien zu klein, um irgendwie von Nutzen zu sein. »Die gehen einfach durch einen durch und verletzen nicht richtig. Man kann trotzdem noch weiterkämpfen.«

Ein Mirditer war vor Kurzem in einen größeren Streit verwickelt gewesen und hatte sich danach auf seinen langen Heimweg gemacht. Zu Hause trank er die übliche Tasse schwarzen Kaffee und wollte gerade eine zweite trinken, als er einen Schrei ausstieß, zusammenbrach und kurz darauf starb. Man fand heraus, dass er einen glatten Durchschuss gehabt hatte (nach der Erzählung vermute ich, durch den Magen). Die Wunde hatte sich geschlossen, und es gab kaum äußerliche Blutungen. Vermutlich hatte er nicht einmal gemerkt, dass er getroffen worden war.

Um die Harmlosigkeit der kleinen Kugeln zu demonstrieren, hielt ein Mann seine rechte Hand an einen Baum und bat mich, ihm mit einer Mauser-Pistole in die Handfläche zu schießen, es werde ihm nichts ausmachen. Er war ziemlich enttäuscht über meine Weigerung.

Der Nachmittag verging mit dem Abstatten von Besuchen – man saß in dunklen Behausungen auf Farnhaufen, prostete einander mit *rakia* zu, mümmelte Schafskäse und feuerte drinnen Gewehre und Revolver ab – ein sehr lautes Vergnügen, das einen selber und die Erfrischungen mit verbranntem Pulver und Rauchschwaden würzte. In einem Innenhof drehten zwei Mädchen langsam ein ganzes Schaf am Spieß, das, längsseits aufgeschnitten, über einem großen Holzfeuer röstete. Es war mit Kräutern gefüllt und am Bauch wieder zugenäht worden. Von allen Zubereitungsarten von Schaffleisch ist dies für mich die köstlichste.

Am späten Abend waren wir alle zu müde, um noch viel zu singen. Der Archaische hatte all seine Patronenhülsen geleert und war schon wieder dabei, sie zu füllen.

Wir hätten einen echten albanischen Tag verbracht, sagte der Pater von Toplana:

»Duhan, rakia,
Pushke, dashtnia.«

(Tabak, Branntwein, Gewehre und Liebe). Ich schlug vor, *dashtnia* solle zuerst kommen, denn *maxima est caritas*. Doch sie entgegneten, nicht in Albanien.

Und so endete der Johannistag.

Eigentlich hatte ich weiter nach Toplana gewollt, erfuhr aber, das sei für Pferde unmöglich; die Wege seien zu schlecht. Die Hitze sei unerträglich. Und so gab ich Toplana erst einmal auf, zum Bedauern von Old Rotwams, der eine große Zuneigung zu mir gefasst hatte und mich drängte, so lange ich wolle, sein Gast zu sein; wir würden dann jeden Tag schießen gehen. Als er schließlich aufbrach, küsste er mir tatsächlich die Hand und verkündete laut, dass ich außerordentlich stolz darauf zu sein habe. Dass ein Mann einer Frau einen solchen Respekt erweise, war seiner Meinung nach eine große Seltenheit in den Annalen der Menschheit.

Ich plante eine Reiseroute also über Berisha und hatte vor, den Rückweg über Toplana zu nehmen. Darauf riet man mir, erst dann aufzubrechen, wenn der Pater von Berisha wieder heimgekehrt sei.

Das Fest ging doch nicht gänzlich ohne Blut zu Ende. Ein Mann wurde auf dem Heimweg bei einem Streit erschossen, und ein Dushmani-Mann wurde aus Versehen verletzt. Jemand feuerte eine Patrone mit Pulver, aber ohne Kugel in seiner unmittelbaren Nähe ab und zielte direkt in seinen Unterarm. Es gab ein scheußliches zerfetztes Loch voller verbranntem Papier und Stoff, und sein Hemdärmel war blutig. Er selbst aber schenkte dem nicht die geringste Beachtung. Was das Säubern der Wunde betraf, so fanden er und seine Freunde die Idee nur lächerlich. Sie hätten alle Kugeln im Körper, sagten sie, und eine Pulverladung sei gar nichts. Er steckte den Daumen des verwundeten Arms in seinen Patronengürtel, um ihn ruhigzustellen, und zog laut singend bergabwärts.

Wir waren eine große Gruppe, die nach Berisha aufbrach, da der Pater und der Archaische uns begleiteten, um uns sicher über den Drin zu bringen – die Grenze ihres Territoriums.

Die Strecke bergab war sehr schlecht – nichts als flache, glatte, lose Steine, die ständig wegrutschten. Ich war mit dem Archaischen schon weit voraus, als ich einen schrecklichen

Schrei hörte. Der arme Marko sei gestürzt und liege hilflos auf seinem verdrehten Bein. »Mehrfacher Knochenbruch«, dachte ich und eilte in höchster Panik zurück. Zum Glück handelte es sich dann aber doch nur um einen verstauchten Knöchel, aber das reichte auch. Mein Taschenmesser war scharf wie ein Rasiermesser, und rasch hatten wir seinen Stiefel aufgeschnitten. Ich nahm den Schal von meinem Hut, zerriss ihn in Streifen und band sein Bein damit fest ab. Und nun hatten wir ein ziemliches Problem. Wieder hochklettern war unmöglich; ihn tragen ebenfalls; und reiten auch. Wenn wir aber irgendwie hinunter zum Fluss gelangten, könnten wir wenigstens den Rest der Strecke reiten. Gestützt von dem stämmigen jungen Franziskaner hüpfte Marko langsam und unter großen Schmerzen bergabwärts.

Das Wasser im Drin war gelb und floss schnell. Am anderen Ufer standen der Pater von Berisha und eine Anzahl seiner Männer, die schon lange auf uns gewartet hatten. Denn der Unfall hatte uns anderthalb Stunden gekostet.

Auf unserer Seite waren viele Dushmani-Männer, bereit, uns überzusetzen – splitternackt und höchst bizarr anzuschauen, denn jeder trug einen aufgeblasenen Schafsdarm vor dem Bauch, der mit Schlingen an seinen Armen und Beinen befestigt war.

Ein ähnlich dekorierter Berisha-Mann überquerte nun den Fluss mit ziemlicher Geschwindigkeit, schwebte wegen seines Schwimmkörpers halb über dem Wasser und nutzte seine Arme als Paddel. Ein großer Lärm setzte ein, aber da ich gerade dabei war, Markos Fuß im kalten Fluss zu baden, achtete ich nicht besonders darauf. Unterdessen bliesen unsere Männer sechs Schafsdärme auf und verknüpften sie mit grünen Weidenruten miteinander zu einer Art Kissenfloß. Um die Därme aufzublasen, holten sie nur einmal tief Luft und pusteten heftig in eine Ecke. Sehr schnell ist die große Schwimmblase dann schon ziemlich straff. Ich glaube, sie könnten so auch Autoreifen aufblasen.

Die Pferde wurden vom Geschirr befreit und von einem Dushmani-Mann, der selbst mit eintauchte, ins Wasser geführt. Zum Entsetzen des *kirijee* trieb die Strömung sie flussabwärts. Er schrie, wenn sie nur einen Tropfen in die Augen bekämen, würden sie sofort sinken und ertrinken. Der *kirijee* setzte dann auch als Erster über. Er legte sich platt auf das provisorische Floß und zog die Beine an, da es zu kurz war. Die Sättel waren auf seinem Rücken gestapelt, damit sie trocken blieben. Der Berisha-Mann stürzte sich ebenfalls ins Wasser, packte das Floß und trieb es mit kräftigen Stößen seiner Beine vorwärts. Für den *kirijee* war es die erste Reise dieser Art, und er schrie laut vor Angst, wurde aber geschickt nicht sehr weit flussabwärts an Land gelotst. Dann kam der Berisha-Mann für mich zurück. Ich verabschiedete mich von dem Franziskaner. Er half mir aufs Floß und stieß mich ab. Die Kamera hatte ich mir auf den Rücken geschnallt, um sie trocken zu halten. Und los ging's – es war besser als jede Wasserrutsche –, und ich landete direkt am Fuß des Felsens, auf dem der Pater von Berisha stand. Er zog mich heraus, der Schweiß stand ihm auf der Stirn. Er trug einen Patronengürtel, in dem ein großer Revolver steckte, seine Martini hielt er in der anderen Hand.

»Hat der andere Pater auch seinen Revolver?«, fragte er, als er mich hochzog, »und Patronen – jede Menge Patronen? Sie werden schießen. Oh, mein Gott, in was für einem Schlamassel stecken wir! Ich sollte eigentlich in einem Dorf die Messe lesen, aber ich habe nicht gewagt, sie allein zu lassen. Gott weiß, wie viele erschossen werden mögen.« Er ließ eine Browning-Pistole aus der Tasche seines Ärmels (franziskanische Kutten sind höchst willkommene Kleidungsstücke mit all ihren heimlichen Taschen) in meine Hand gleiten. »Die Männer wissen nicht, dass sie mir gehört. Schieben Sie sie unter Ihren Gürtel.«

Ich nahm sie, hatte aber hauptsächlich damit zu tun, das Gleichgewicht auf dem hohen Felsen zu halten und gleichzeitig die nächste Flussüberfahrt zu fotografieren. Der Pater sprang hinunter zu seinen Männern; es waren etwa ein Dutzend – mürrische, finstere Gestalten, die, das Gewehr in der Hand, von einer Deckung zur nächsten sprangen. Am anderen Ufer tanzte und rannte der Archaische wie wild herum. Und jetzt brüllten die beiden Gruppen einander an. »Das ist nur seine Schuld«, schrie der Berisha-Pater und rief dem Archaischen zu, er solle den Mund halten. »Sie wollen ihn alle erschießen. Keine Minute, und er ist tot. Mein Gott! Meine Männer sehen es als ihr Privileg an, Besucher überzusetzen. Aber als der erste drüben ankam, hat ihn dieser wahnsinnige Kerl beschimpft und erklärt, er solle umkehren und die Aufgabe den Dushmani überlassen. Die Männer hier sind sehr aufgebracht. Sie wollen die Dushmani, die die Pferde herübergebracht haben, erschießen. Gott im Himmel!, jetzt schicken sie Marko mit ihm herüber. Und er kann ja kaum schwimmen mit dem verletzten Fuß – oje!«

Der arme Marko wurde weit flussabwärts getrieben, völlig außerhalb des Sichtfelds meiner Kamera. Der Berisha-Pater rief zum Dushmani-Pater, er solle mit seinen Männern abziehen – noch ein oder zwei Minuten, und das Schießen werde beginnen. Wir eilten hinunter ans Wasser, um Marko zu empfangen. Der arme Kerl war zwischen einem grässlichen Steinhaufen gelandet, über den er nun klettern musste.

Die Dushmani-Männer schwammen auf der Stelle zurück und waren schon bald zwischen dem Buschwerk verschwunden.

Dagegen richteten die Berisha-Männer, ganz die beleidigten Leberwürste, weil sie um ihre Beute gebracht worden waren, ihr Interesse jetzt erst einmal auf uns. Dazu erklärte der Pater: »Erstens ist diese Frau meine Freundin, und zweitens kann sie sehr gut schießen.« Dann befahl er seinen Männern, ihn zur Messe zu begleiten. Und so machten wir uns daran, das steile Ufer hinaufzuklettern. Die Berisha-Männer folgten widerstrebend. Zum Glück war der Hang nicht sehr hoch, und Marko hatte Hilfe. Wir kamen an ein kleines Haus und betraten den Hof. Man brachte uns Stühle heraus, aber nun sammelten sich eine ganze Reihe Menschen um uns, und es herrschte eine ziemliche Aufregung. Der Pater und Marko diskutierten lange und laut mit ihnen. Einer, ein großer, langgesichtiger Mann, war stur wie Stein. Die Ehre von Berisha sei verletzt worden, und nur Blut könne sie wiederherstellen – an erster Stelle das des Archaischen.

Die Gefahr von Blut war also noch nicht gebannt. Nur der moralische Einfluss des Paters hatte sie bewegen können, uns zur Messe zu begleiten anstatt am Fluss zu bleiben und ein Massaker zu veranstalten. Und es war nicht zu übersehen, dass sie ihr Mitkommen bedauerten.

Ich sagte, ich hätte eine sehr weite Reise gemacht, um sie als eine Freundin aufzusuchen. Und ich sei schon bei sehr vielen Stämmen zu Gast gewesen, die sich alle über mein Kommen gefreut hätten. Wenn Berisha mich nicht wolle, würde ich umkehren, denn es liege mir sehr daran, ihnen keine Unannehmlichkeiten zu bereiten. »Nach der Messe werden sie ruhiger sein«, flüsterte der Pater mir zu. »Warten Sie, ich werde mich jetzt fertigmachen.«

Die laute Erregung legte sich, wurde zu einem grollenden Murren, und man servierte uns Kaffee, was ich für ein gutes Zeichen hielt. Dann schickte uns der Pater in das obere Zimmer des Nachbarhauses. Es handelte sich um eine stockfinstere Höhle, beleuchtet nur durch einen einzigen hellen Sonnenstrahl, der durchs Dach auf den Mehlbehälter fiel. Den hatte der Pater inzwischen zu einem Altar umdekoriert; jetzt leuchteten auch noch ein paar winzige flackernde Wachskerzen, die mit ihren angeschmolzenen Enden auf der Steinmauer hinter dem Altar hafteten. Auf einer überdachten Feuerstelle kochte das Abendessen. Zwei Ziegen waren in einer Ecke angebunden.

Die Gemeinde, an die zwanzig Männer, saß im Schneidersitz in der Dunkelheit und sang – Rachegelüste im Herzen – aus vollem Hals. Der Sonnenstrahl setzte dem Pater, der störrischer war als seine wilden Schäfchen, einen Heiligenschein auf: Er brachte das gelbblonde Haar dieses Mannes mit dem bulligen Gesicht und dem bulligen Hals zum Leuchten. Ein sehr zerlumpter Mann assistierte dem Pater am Altar und vermischte den Wein mit Wasser aus einer Kaffeekanne. Die Ziegen meckerten laut, zwei Kleinkinder irrten kreischend umher, und über allem donnerte die sonore Stimme des Paters. Er hob den Kelch so, dass er in dem einzigen goldenen Sonnenstrahl wie verklärt wirkte. Es war unvorstellbar herrlich. Meine Reise war eine Suche, und nun erblickte ich den heiligen Gral. Der Pater besprengte uns mit einem Sträußchen Basilikum und tauchte es vorher in ein Gefäß, das aus einem ausgehöhlten Stück Holz bestand.

Wir erhoben uns, und schon eilte eine alte Frau herbei, um Mehl aus dem Behälter zu holen, der soeben noch als Altar gedient hatte. Während das Essen weiterkochte, saßen wir draußen, und der Streit ging von Neuem los. Da war zum einen die Bezahlung für das Übersetzen über den Fluss. Wenn der Fährdienst ein Privileg von Berisha sei, sei ich gern bereit zu zahlen, sagte ich, ganz so, als hätten die Dushmani nicht mitgeholfen. Das lehnten sie rundheraus ab. Sie würden nicht das Geld wollen, sondern ihre Ehre. Geld würden sie nur für die zwei Passagen nehmen, die sie selbst durchgeführt hatten. Die Dushmani hätten einfach einen Teil der ihnen zustehenden Aufgabe übernommen, und diese Kränkung könne durch kein Geld kompensiert werden. Trotzdem erfreute sie mein Angebot. Sie sprachen mich von der Schande frei. Die nächste Frage war dann allerdings, ob ich, da ich nun auf diese Weise zu ihnen gekommen sei, gut empfangen werden solle bzw. ob ich überhaupt empfangen werden könne. Vielleicht sei ich ja eine Freundin der Türken. Sie wünschten keine Freunde der Türken in ihrem Land. Darauf erklärte der Pater, ich käme aus einem christlichen Land und sei eine Freundin der Katholiken. Und so beschlossen sie, die Tatsache, dass ich an der Messe teilgenommen hatte, spreche zu meinen Gunsten.

Danach berichtete der Pater noch, er habe bei dem Fest gesehen, wie ich mit einer Martini und einer Mauser geschossen habe. Und das galt als ein weiterer Punkt zu meinen Gunsten. Nun wollten sie die Browning sehen – die immer noch in meinem Gürtel steckte – und sich ihre Handhabung zeigen lassen. Das brachte mich in größte Verlegenheit, da ich noch nie eine in der Hand gehalten hatte. »Zeigen Sie es ihnen«, sagte der Pater auf Deutsch und erklärte mir hastig, wie es ging. Äußerst interessiert sahen sie zu, wie ich das Magazin erfolgreich herauszog. Damit gewann ich ihre Herzen. Und als wir erst einmal bei diesem sympathischen Thema angelangt waren, lief alles bestens. Wie Kinder vergaßen sie über diesem neuen Spielzeug – eine fremde Frau mit einer neuen Art von Waffe – ihre Kränkungen und luden mich prompt sehr herzlich ein, für ein ganzes Jahr zu bleiben.

Schließlich flehte der Pater die Männer an, mein Kommen nicht zum Anlass für ein Blutvergießen unter den Dushmani zu nehmen. Sie sollten auch bitte in ihrem Stamm nicht über den Vorfall reden, sondern Schweigen darüber bewahren. Damit waren alle einverstanden, und wir schüttelten einander die Hände; allerdings nicht, ohne dass sie vergnügt hinzufügten, es sei ohnehin egal, weil sie schon so viel angesammelt hätten, worüber sie sich mit den Dushmani streiten müssten.

Wir trennten uns als beste Freunde. Marko und ich ritten am Bett des Lumi Berishet entlang, weil die Strecke gängiger war als der Bergpfad, den der Franziskaner nahm. Ein sehr steiler Anstieg am Schluss brachte uns schließlich hinauf auf den Hügel mit seinem Haus und der winzigen Kirche von Alshiche.

Natürlich verbreitete sich das Gerücht von meiner Ankunft. Noch nie war eine ausländische Frau in diesem Landstrich gesehen worden. Und gleich am nächsten Tag erschienen mehrere Oberhäupter zu einem Besuch. Sie befragten mich ausführlich nach meinem Land und seiner Regierung; und sobald ihnen versichert worden war, dass ich weder muslimisch noch orthodox sei, verhielten sie sich äußerst liebenswürdig und fühlten sich sehr geehrt, dass ich so weit gereist war, um sie zu sehen. Sie bedauerten lediglich, dass ich nicht einen Haufen Soldaten mitgebracht hatte, um mit ihrer Hilfe eine neue Regierung einzusetzen.

»Dies sind unsere schlimmsten Feinde«, erklärte einer und tippte auf sein Gewehr. »Bring uns Soldaten, nimm uns die Gewehre, mach uns eine gute Regierung, und wir werden gehorchen.«

Und davon bin ich überzeugt. Wenn sie an eine Regierung glauben und gut behandelt würden, wären die Bergstämme im Grunde einfach zu regieren. Sie haben ein höchst erstaunliches Talent für Gehorsam, wenn sie ihn für geboten halten. Ihrem Hausherrn gehorchen sie für gewöhnlich absolut. Es gibt hier, zum Beispiel, eine sehr große Gruppe von vier Häusern, die von vier Brüdern geleitet wird, die heute nur noch sehr entfernt mit den meisten von ihnen verwandt sind. Aber die Brüder erwarten absoluten Gehorsam, und er wird auch geleistet, und zwar aus einem einzigen Grund, wie ich herausfinden konnte: weil die ausübende Macht in den Händen eines Zweigs ihrer eigenen Familie liegt.

In einer langen Sitzung diskutierten wir sowohl die Frage des »Bluts« wie die der »Schwägerinnen«. Ich berichtete ihnen, dass der König von England beide Praktiken in höchstem Maße missbillige, woraufhin sie erneut verlangten, er solle Soldaten schicken. Fast alle Blutfehden seien doch von Frauen verursacht, behaupteten sie. Frauen seien sehr niederträchtig (hier stimmte der Pater zu).

Manchmal würden sie einfach nicht gehorchen, weswegen man sie so oft schlagen müsse. Ein Mann müsse seiner Frau etwas dreimal befohlen haben, bevor er sie schlagen dürfe, und wenn sie sich dann immer noch weigere, zum Beispiel Wasser zu holen, was könne man da anderes machen als sie schlagen? Ich wandte ein, dass die Frau vielleicht müde sei und das Wasserfass sehr schwer. »O nein«, lautete die Antwort, »daran sind sie gewöhnt.« Auch wenn ein Mann seiner Frau befiehlt, sie solle schweigen, und sie nicht gehorcht, müsse er sie schlagen, sonst würde sie immer weiter reden. Natürlich dürfe nur der Vater der Frau oder ihr Ehemann sie schlagen.

Das Schlagen der Ehefrau werde in England mit Gefängnis bestraft, sagte ich – auch das missbillige der König. Das überraschte alle – selbst den Pater. Dass eine Frau so boshaft sein konnte, sich bei dem *Vali* zu beklagen, worauf der die *suvarris* losschickt, ihren Ehemann zu verhaften, das überstieg ihr Vorstellungsvermögen. Erzählte einer: »In der Nähe von Ipek gibt es seit dreißig Jahren eine Fehde, weil eine Frau sich weigerte, den Mann zu heiraten, mit dem ihre Eltern sie verlobt hatten. Erst nachdem zweiundzwanzig Männer erschossen worden waren, haben sie vor zwei Jahren Frieden geschlossen und Blutgeld bezahlt. Und das alles, weil sie nicht gehorcht hat. Deswegen müssen Frauen geschlagen werden.«

Erzählte ein anderer: »Ein Berisha-Mädchen wurde mit einem Mann verlobt und weigerte sich, zu ihm zu gehen. Sie lief mit einem Temali-Mann weg, und der dortige Priester traute sie. Und jetzt befinden sich alle drei Familien in Blutfehde, und der erste Verlobte, der für sie bezahlt hatte, will sein Geld zurück. Ihr Vater will es ihm aber nicht geben und sagt, er müsse es sich von ihrem Ehemann holen. Der Ehemann sagt, warum soll er für seine Frau bezahlen, wenn er höchstwahrscheinlich erschossen sein wird, bevor er sie überhaupt für eine Weile gehabt hat? Das ist erst gerade vor Kurzem passiert, und es werden sehr viele Männer gestorben sein, bevor die Geschichte zu Ende ist. Sie sollte ordentlich verprügelt werden.«

Und um mich von der angeborenen Bösartigkeit der Frauen und der Gefahr, die drohe, wenn man ihnen ihren Willen lässt, zu überzeugen, erzählten sie mir

DIE GESCHICHTE VON DER FRAU, DIE DREIMAL VERHEIRATET WURDE

Diese Frau war der TEUFEL. Gott, was hat sie für Ärger gemacht! Sie stammt aus Ipek und ist die Tochter eines reichen Hauses.

Der Hausherr ist ein reicher Mann. Er hat acht Türken, zwei Katholiken und sechs Orthodoxe erschossen – und er hat dafür bezahlt. Er ist so wichtig, dass er in einem Prozess wie zwölf Zeugen zählt. Er ist seit Jahren verheiratet, hat aber keinen Sohn. Nun ist seine Frau vierzig und wird nie mehr einen bekommen. Er möchte wieder heiraten und findet ein junges Mädchen und bezahlt fünfundzwanzig Napoleons für sie. Doch der Bischof von Prizren hört davon und schickt drei Priester, die die Heirat verbieten. Überrascht erklärt er, er wolle doch nur einen Sohn. Die Priester drohen ihm die Exkommunikation an. Also gehorcht er.

So, und dieses Mädchen, das solchen Ärger gemacht hat, ist die Tochter vom Bruder des reichen Mannes, der Gott sei Dank genügend Söhne hat – sodass die Familie nicht ausstirbt. Sie ist sehr schön – eine große, stattliche Frau. Als sehr junges Mädchen hätte man sie glatt für fünfundzwanzig halten können.

Ihr Vater verkaufte sie als Kind an einen Mann in Ipek. Aber schon als Vierzehnjährige behauptete sie, dieser junge Teufel: »Er ist feige. Er hat noch nie einen Mann erschossen«, und drohte: »Ich will ihn nicht, und lebendig bringst du mich nicht zu ihm.«

Mit sechzehn sollte sie ihm übergeben werden und weigerte sich. Sie sagte, sie wolle ihn nicht; sie werde einen ihrer Cousins heiraten. Der Cousin war nicht sehr nah mit ihr verwandt – also nicht von der Kirche verboten; aber unsere Sitte verbietet es. Cousins und Cousinen jeglicher Generation und jeglichen Grades sind meine Brüder und Schwestern.

Ihr Vater war wütend, sagte, das sei eine Todsünde, und jagte den Cousin aus dem Haus. Doch der kam um Mitternacht mit seinem Bruder und holte das Mädchen, und sie flohen nach Hoti. Dort vermählte der Pater sie, nachdem sie einige Wochen zusammengelebt hatten. Ihre Eltern und ihr Verlobter waren weiter wütend, denn sie hielten die Ehe für inzestuös. Selbst konnten sie nicht nach Hoti gehen, boten aber an, jedem, der ihren Ehemann erschoss, fünfundzwanzig Napoleons zu zahlen; und ihre Ehe dauerte kein Jahr, da war er erschossen und sein Bruder ebenfalls. Sie hatte ihrem Mann einen Sohn geboren und ging mit dem Baby nach Skutari. Sie war sehr schön, und ein Moslem wollte sie heiraten. Der Priester hörte davon und fürchtete, sie würde muslimisch werden. Sie wurde überredet, zurück zu ihren eigenen Leuten zu gehen.

Also kehrte sie mit ihrem Kind nach Ipek zurück, wagte aber nicht, zu ihrem Vater zu gehen, und suchte Schutz bei den Franziskanern. Doch ihr Vater erschien dort und verlangte sie. Er sagte, sie habe die Familie entehrt und er müsse sie erschießen. Die Franziskaner weigerten sich so lange, sie herauszugeben, bis er schwor, sie am Leben zu lassen.

Sie ging nach Hause. Aber sie war ein Teufel. Sie wollte nicht ohne einen Mann leben, sondern wieder heiraten. Ihr Vater wollte sie dem Mann geben, mit dem sie zuerst verlobt worden war. Und es gab keinen Grund, warum sie ihn nicht nehmen sollte. Denn in Wirklichkeit ist er sehr tapfer und hat inzwischen schon vier Männer erschossen. (An dieser Stelle musste ich einfach lachen. Der Erzähler war überrascht und fragte nach dem Grund.) *Der ursprüngliche Verlobte sagte, sie gehöre ihm und er werde keine andere heiraten. Sie entgegnete, er werde sie niemals bekommen, sie werde mit einem anderen Cousin fortlaufen. Ihr Vater, der einen neuen Skandal fürchtete, fand ihr rasch einen Mann – einen netten Kerl von vierzig Jahren. Sie sagte, der sei in Ordnung, und sie wurden vermählt. Und noch am Hochzeitstag erklärte sie, er sei zu alt, und drei Wochen lang weigerte sie sich, irgendetwas mit ihm zu tun zu haben. Sie war eine sehr böse Frau.*

Zwei Jahre lebte sie mit ihm zusammen und gebar ihm eine Tochter. Dann starb er, und sie war wieder Witwe.

Ihr ursprünglicher Verlobter befand sich inzwischen in Blutfehde mit ihrer Familie, weil die ihn mit dem Vierzigjährigen verheiratet hatte. Es hatte viele Auseinandersetzungen gegeben. Doch er wollte die Fehde beenden und sie heiraten. Er sagte, er wisse, dass sie ein Biest und ein Teufel sei, aber sie gehöre ihm, und er wolle sie haben. Doch sie wollte nicht. Sie rannte mit einem – sehr schönen – Fünfundzwanzigjährigen davon, und sie heirateten. Auch sie ist jetzt erst fünfundzwanzig. Gott weiß, wie viele sie noch heiraten wird!

Ihr erster Verlobter befindet sich immer noch in Blutfehde mit ihrer Familie, und beide leben in Blutfehde mit der Familie ihres neuen Ehemanns. So viele sind schon erschossen worden, und es werden noch viele folgen. Und daran sehen Sie, dass ich die Wahrheit sagte, als ich behauptete, alles Übel kommt von den Frauen. Sie sind Teufel.

Ich werde diese schöne Geschichte nicht mit einem überflüssigen Kommentar verderben.

Über die Frage, wie moralisch es ist, Frauen zu schlagen, haben wir während meines Aufenthalts fast täglich diskutiert, und keine der beiden Seiten änderte ihre Meinung. Und in dem Zusammenhang kamen wir auch auf –

DIE GESCHICHTE VON DEM MANN, DER DIE TIERE VERSTAND

Es gab einen Mann, der hatte die Gabe, die Gespräche der Tiere zu verstehen. Aber nur, solange er nichts von dem, was er hörte, weitererzählte. Sonst würde er tot umfallen.

Eines Tages hörte er, wie der Esel sich mit dem Pferd unterhielt. Die Bemerkungen des Esels waren sehr komisch, und als er aus dem Stall kam, lachte er laut.

»Worüber lachst du?«, fragte seine Frau.

»Über etwas, das der Esel gesagt hat.«

»Was hat er denn gesagt?«

»Du weißt, dass ich dir das nicht sagen darf. Ich würde tot umfallen.«

Aber sie war böse wie alle Frauen, und sie erwiderte nur: »Was hat der Esel gesagt?«

Und den ganzen Tag und die ganze Nacht lang ließ sie ihn nicht in Frieden, und er fand weder Schlaf noch Ruhe, weil sie immer weiter fragte: »Was hat der Esel gesagt?«

Endlich hielt er es nicht mehr aus und sagte zermürbt: »Morgen werde ich es dir verraten.« Er rief seine drei kleinen Kinder und verabschiedete sich von ihnen und sagte, morgen müsse er sterben. Sie weinten bitterlich und flehten: »Oh, Mutter, bitte töte unseren lieben Vater nicht!« Doch sie erwiderte nur: »Ich will wissen, was der Esel sagte.«

Also ging der arme Mann nach draußen, um einen letzten Blick auf seinen Hof zu werfen, und da sah er den Hahn, der auf den Zehenspitzen stand, mit den Flügeln schlug und aus voller Kehle krähte.

»Oh, du böser Vogel!«, rief der Hund, »wie kannst du lachen und singen, wenn unser lieber Herr, der so freundlich zu uns ist, morgen sterben muss?«

Doch der Hahn krähte nur noch lauter: »Lach!«, sagte er, »ich sterbe vor Lachen! Sieh ihn dir an – diesen dummen Narren! Er hat nur eine einzige Frau und kann sie nicht bändigen. Ich dagegen habe fünfzig und habe sie alle unter Kontrolle!«

Das hörte der Mann. Er nahm einen großen Stock und ging zurück ins Haus. »Willst du wissen, was der Esel sagte?«, fragte er. »Ja«, sagte seine Frau. Daraufhin versetzte er ihr mehrere kräftige Schläge. »Willst du wissen, was der Esel sagte?«, fragte er. »Ja«, sagte sie. Und er schlug sie erneut. »Willst du wissen, was der Esel sagte?« »Ja«, erwiderte sie. Und so schlug er sie ein drittes Mal und war am Ende ziemlich erschöpft. »Willst du immer noch wissen, was der Esel sagte?« »Nein«, erwiderte sie. Und sie lebten glücklich bis ans Ende ihrer Tage.

Der arme Marko war immer noch eine sehr lahme Ente und sein Knöchel stark geschwollen. Die Behandlung mit Hausmitteln bestand aus häufigen heißen Umschlägen mit einem dicken Sud aus Farnen – *Ceterach*[12] und *Trichomanes nigra*[13] –, aufgekocht mit wildem Pfefferminzkraut. Ich verschrieb ihm Ruhe, obwohl er tapfer behauptete, er würde, koste, was es wolle, lieber weiterziehen, um nicht meine Reise zu verzögern.

Freunde in der Not gehen hundert auf ein Lot, und ich kann dem jungen Franziskaner, der uns so freundlich in seinem Haus beherbergte, bis Marko sich einigermaßen erholt hatte, gar nicht genug danken. Seine Gemeinde lag weit verstreut und umfasste, zusammen mit Merturi Gurit, dreihundert Häuser. Berisha und Merturi Gurit sind ein *bariak* von Puka. Die Leute von Berisha und Merturi (dem Stamm am anderen Ufer des Drin) behaupten, die ältesten Stämme der Berge zu sein. Und auch wenn in dieser Gegend der kleine, dunkle Typus entschieden vorherrscht, beharren sie darauf, der echte albanische Typus sei der blonde. Eines jedenfalls scheint festzustehen, weil die meisten Stämme eine ähnliche Geschichte erzählen, und das ist Folgendes: Die meisten Menschen, die vor der Invasion der Türken flohen, suchten Schutz in den Bergen und sind die Gründer der heutigen Stämme. Und bei ihrer Ankunft sollen sie eine dunkle Bevölkerung vorgefunden haben, die sie ihrerseits unterwarfen. In einigen Fällen heirateten sie auch untereinander, in anderen Fällen wurden die ursprünglichen Bewohner jedoch gewaltsam vertrieben. Die Tatsache, dass die frühere Bevölkerung stets als dunkel beschrieben wird, beweist mir, dass die Neuankömmlinge hell gewesen sein müssen. Insgesamt sind alle Stämme, die ihren Ursprung auf Ras-

12 Minzfarn
13 Streifenfarn

hia zurückführen, dunkler und kleiner als die von *Maltsia e madhe*, die sagen, sie kämen aus Bosnien.

Berisha hält sich streng an das Gesetz der Berge. Es wird nicht vertreten vom *Djibal* in Skutari, sondern von dem türkischen Kaimmakam in Puka. Blutgeld muss in Berisha innerhalb von zwei Jahren bezahlt werden. Die Summe bewegt sich zwischen sechs und sieben *chese* (Beutel) – also zwischen etwa £21 und £25. Es kann in Raten gezahlt werden, und es müssen nicht Münzen sein. Ein Beutel muss auch an den Ältestenrat gezahlt werden, der das Urteil gefällt hat, und einer an den Kaimmakam in Puka. Doch der Stellvertreter der türkischen Regierung erhält selten seinen Lohn.

Berisha ist durchweg christlich. In der Nachbargegend von Ibalje gibt es jedoch viele Moslems. Ermutigt und organisiert von einigen Priestern, bauten die dortigen Christen eine kleine Schule. Das ärgerte die Moslems maßlos, und kaum ein Jahr später wurde die Schule eines Nachts vom muslimischen Grenzstamm der Krasnichi niedergebrannt. Die Christen waren überzeugt, die Krasnichi seien von der Ehefrau eines gewissen Moslems angestachelt worden, der sie häufig verärgerte, weil er sich über den christlichen Glauben lustig machte. Wenn diese Frau ein Mann gewesen wäre, hätten sie sie erschossen, so brannten sie das Haus ihres Mannes nieder. Da er ein Moslem war, wandte er sich an die türkische Regierung, die sich allerdings nicht für das Niederbrennen der christlichen Schule interessiert hatte. Jetzt schickte die Regierung 300 *nizams* zur Untersuchung der Angelegenheit. Die Christen wurden zur Zahlung von 150 Napoleons verurteilt, hatten die aber noch nicht gezahlt und gedachten es auch nicht zu tun. Weiterer Ärger stand zu erwarten, und die Gefühle kochten hoch.

Berisha befand sich zu der Zeit in Blutrache mit den Krasnichi, mit den Dushmani und außerdem noch innerhalb des eigenen Stamms. Und wie es sich für eine archaische Gegend gehört, ist es reich an magischen Vorstellungen. Einmal wurde ich um meine Meinung zu einem magischen Abdruck der Hand eines Mannes gebeten. An einem glühend heißen Nachmittag kletterten wir also hinunter zu ein paar Häusern in einem Gelände, wo das Felsgestein seine nackten Knochen durch die dünne Erdschicht drückt.

Der Hausherr und viele weitere Männer empfingen uns und zeigten mir die sogenannte Hand auf der Spitze eines Felsens und etwas weiter unten noch eine runde Delle, angeblich der Abdruck eines Maultierhufs. Allerdings hätte man nur mit einer sehr lebhaften Fantasie irgendwelche Ähnlichkeiten erkennen können. Ein Mann habe beim Ziegenhüten zufällig seine Hand auf die obere Stelle gelegt, sagten sie, und fand, sie passe. Als man dann genauer suchte, entdeckte man den »Maultierhuf«.

Und in diesem desolaten, schriftlosen Land, in dem allein das Blutvergießen die Monotonie der sich dahinschleppenden Zeit unterbricht, begannen die Menschen, dieses »Schreiben auf Steinen« zu interpretieren und schlossen, dass vor vielen Jahren, als die Felsen noch weich waren, ein Mann einen riesigen Schatz unter ihnen versteckt haben musste. Um die Stelle zu markieren, machte er den Handabdruck, und als er sich dafür bückte, trat das Maultier, auf dem er saß, in den weichen Klotz weiter unten. Die Frage, die ich nun beantworten sollte, lautete: Wie kommt man an das Gold? Sie warteten begierig. Nachdem ich eine Weile nachgedacht hatte, sagte ich, ich sei ganz und gar nicht überzeugt, dass die Abdrücke auf Gold hinwiesen. Doch das stellte sie nicht zufrieden. Und auf ihr hartnäckiges Drängen hin »schrieb« ich die Abdrücke in mein Skizzenbuch und versprach, sie zu benachrichtigen, falls es irgendeinem Priester oder *hodza* gelinge, das Rätsel zu lösen.

Danach führten sie mich eifrig zu einem sogar noch größeren Wunder ganz in der Nähe. Es war sorgfältig mit Brettern abgedeckt und stellte sich dann aber nur als eine ganz gewöhnliche Art Schale heraus, die grob aus einem großen Stein gehauen worden war. Ohne jeden Zweifel das Werk eines Menschen, geschaffen irgendwann, in irgendeinem Land, wo es Steine gibt. Doch sie glaubten, es sei ein übernatürliches Ding, sehr kostbar und mit Bedeutung befrachtet. Kein Mensch habe diese Schale gemacht. Sie stehe hier schon seit tausend Jahren – das hätten ihre Großväter und Urgroßväter berichtet. Sie gehöre in die Zeit, als die Juden das Land beherrschten. Ich erklärte ihnen sehr entschieden, die Juden hätten das Land niemals beherrscht, was eine ausgesprochene Zufriedenheit auslöste.

Die Geschichte, die Juden hätten einst Albanien beherrscht, ist ziemlich weit verbreitet. Sie erklärt sich wahrscheinlich aus der Überlieferung, dass es vor dem Christentum eine andere Religion in dem Land gegeben habe. Und da die angeblich weder christlich noch muslimisch war, müssen die Menschen beschlossen haben, sie sei jüdisch gewesen, denn eine andere kannten sie nicht. Dabei ist es sehr gut möglich, dass es bis vor nicht allzu langer Zeit in den abgelegenen Bergen noch Reste heidnischer Bräuche und Überzeugungen gab.

Es gab keinen Grund, warum die Schale nicht hätte dort sein sollen, als die Vorfahren der Berisha ankamen. Aber wieso sie unter ihr einen Schatz vermuteten, weiß ich nicht.

Als wir zu den bescheidenen Hütten zurückkehrten und bei Schafskäse und *rakia* saßen, fiel mir ein, dass viele Stämme meines eigenen Landes an spirituelle Botschaften von Geistern und an Tischrücken glauben – sie befragen Handleser und die Glaskugel, nennen sich »christliche Wissenschaftler« und pflegen ein »Höheres Denken«. Und mir kam der Gedanke, dass ein großer Teil der englischen Bevölkerung trotz aller Bildungsbemühungen in intellektueller Hinsicht nicht weit von Hoch-Albanien entfernt ist, während die Albaner, was ihre Großherzigkeit und ihre verschwenderische Gastfreundschaft anbetrifft, ihnen haushoch überlegen sind.

Marko meinte, sein Knöchel sei inzwischen schon viel besser, und er schwor, er sei reisebereit. Doch ganz wiederhergestellt war er noch nicht. Wir brauchten unbedingt eine Strecke, auf der man reiten konnte. Toplana und Merturi kamen beide nicht in Frage, ebenso wenig wie die Rückkehr nach Dushmani. Darauf empfahl der Pater Nikaj und bot großzügig an, uns zu begleiten und sicher über den Drin zu bringen – die Grenze seines Territoriums, denn auch dort könne es beim Übersetzen über den Fluss Ärger geben. Für ihn bedeutete das einen sechsstündigen Fußmarsch und dasselbe noch mal zurück – zwölf Stunden Mühsal, nur um einem fremden Gast zu helfen. Das einzige verfügbare Maultier gehörte einer Familie, die wegen einer »Schwägerin-Geschichte« exkommuniziert worden war. Die Familie drängte geradezu darauf, es auszuleihen, aber der strenge Franziskaner wollte lieber leiden als mit Sündern Umgang zu haben.

Um vier Uhr früh brachen wir auf. Der erste Anstieg war sehr steil, und es tat mir leid, dass ich die Ursache für so viel Quälerei war. Doch der Pater marschierte zügig. Als wir erst einmal oben waren, erwies der Weg sich als hervorragend – es ging vorbei an Merturi-Guchesit und weiter durch einen großen Buchenwald am Berghang entlang. Linkerhand floss weit unten der Drin, und jenseits des Flusses erhoben sich die zerklüfteten, trostlosen Berge von Toplana.

Toplana hält übrigens einen finsteren Rekord: Die jährliche Todesrate durch Schüsse ist doppelt so hoch wie in den meisten anderen christlichen Stämmen. Toplana selbst ist ein sehr alter Stamm. Shlaku und Gashi sind Abspaltungen von ihm. Shlaku und Toplana sind beide klein und christlich. Gashi ist ausschließlich muslimisch und angeblich reich; dieser Stamm besteht aus 800 Häusern. Sein Territorium ist noch fast gänzlich unerforscht.

Wir ritten durch den Wald und kamen irgendwann an einem großen Felsblock vorbei, der am Wegrand lag. Eine Jungfrau, heißt es, so fromm, dass sie fast schon eine Heilige war, hatte geschworen, sie werde ihn zu der Kirche von Berisha tragen. Auf wundersame Weise unterstützt, trug sie ihn eine weite Strecke. Doch hier in diesem Wald hörte sie einen Hirten Flöte spielen, und sie schaute ihn an, und er war blond und wohlgestaltet. Da vergaß sie die himmlischen Dinge, auf die ihr Sinn zuvor gerichtet war, und irdische Gedanken ergriffen von ihr Besitz. Der Felsblock fiel ihr von den Schultern, und als sie ihn wieder hochzuheben versuchte, merkte sie, dass ihre Kraft verschwunden war, und so liegt der Stein noch heute da.

Auf dem Weg von Merturi-Guchesit nach Apripa Gurit kamen wir an *Kukdoda* vorbei, einer prächtigen *kula* mit einem großen steinernen Wachturm voller Schießscharten, und viele der Steine trugen ein Kreuzeszeichen. Ein zweites kleineres Haus und ein Verschlag aus Weidengeflecht für Mais standen im Hof.

In Apripa Gurit in der Nähe des Drin machten wir an einer Quelle Halt und aßen zu Mittag. Eine exkommunizierte Familie überschüttete uns mit Aufmerksamkeit, schnitt Farnwedel zum Sitzen für uns, brachte *rakia* und tat ihr Bestes, um das Herz des Paters zu erweichen. Der Hausherr, ein sehr alter Mann, bat den Pater inständig, er möge ihm die Beichte abnehmen. »Erst wenn du deinem Sohn verbietest, mit seiner Schwägerin zu leben«, sagte der Pater. Der Sohn (dessen Sünden auf den Vater fielen), ein bemerkenswert gutaussehender junger Mann, der eine hübsche silberne Kette trug, zeigte sich ziemlich unbußfertig. Er hatte inzwischen ein Mädchen gefunden und ausgehandelt, dass er sie in einem Jahr heiraten würde. Bis dahin hatte er vor, mit seiner Schwägerin zu leben, danach würde er sich wieder mit der Kirche versöhnen. Die gesamte Familie unterstützte ihn bei diesem Arrangement. Sie hielten so entschieden zu ihm, dass ich mich fragte, ob es womöglich eher darum ging, dass er ein Kind zeugen sollte, dass dann als das des gestorbenen Bruders gelten würde; aber das konnte ich nicht herausbekommen. Trotzdem litten sie unter der Exkommunikation und boten dem Pater erst dreißig, dann fünfzig Gulden oder herrliche Kerzen oder Bilder für die Kirche. Doch er blieb genauso stur wie sie. Einen Beichtstuhl könne man nicht kaufen, sagte er streng. Wenn sie seine Bedingungen erfüllten, sei er gerne bereit, sie alle – ich glaube, sie waren insgesamt achtzehn Personen – wieder in den Schoß der Kirche aufzunehmen, aber erst dann.

Unterdessen war der Fährmann gerufen worden. Bis jetzt war die Strecke einfach gewesen, aber der Abstieg zum Fluss war wirklich sehr schlimm – der Hang bestand aus einer bröseligen Klippe. Marko schaffte sie irgendwie rutschend im Sitzen. Die Pferde sausten im Pulk hinunter und lösten dabei einen so heftigen Steinschlag aus, dass wir Zuflucht hinter den Felsen suchen mussten.

Die *trapa*, zwei sehr primitive Einbäume, mit Weidenruten aneinandergebunden und von den primitivsten hölzernen Schöpfkellen angetrieben, lag an der windabgewandten Seite einer felsigen Landzunge. Die Strömung war schnell und stark. Splitternackte Männer mit vorgebundenen aufgeblasenen Schafsdärmen stolzierten am Ufer umher, verspielt wie Kätzchen. Einer begann die Passage mit unseren Pferden. Er kroch bis zur Spitze der Felsnase, wirbelte dann heftig mit den Armen schlagend stromabwärts, wobei er laut die Pferde antrieb, sie dirigierte und beisammen hielt. Sie landeten sicher, aber viel zu weit weg, und dann waren wir an der Reihe. Ich verabschiedete mich vom Pater und konnte ihm gar nicht genug danken, denn wie Marko später zutreffend sagte: »Und wenn wir der König von England wären, er hätte nicht mehr für uns tun können.«

Das verrückte Gefährt stand halb voll Wasser. Wir platzierten uns und die Sättel auf der mittleren Bohle. Drei Männer – einer splitternackt – schafften das Ding bis ans Ende der Felsnase. Dann packte uns die Strömung und wirbelte uns wie einen Strohhalm umher, während Wasser über das Dollbord schwappte. Die Männer paddelten wie wahnsinnig. Wir schlidderten quer über den Fluss und krachten gegen jede Menge Felsblöcke – zwei aus der Mannschaft sprangen ins Wasser und hielten sich dabei an einem festgebundenen Seil fest, das aus einer langen, getrockneten Weinranke bestand, schwammen an Land, treidelten die *trapa*, sie schwang herum, lief in einer Untiefe auf Grund, und wir kletterten ans Ufer.

Der nackte Mann fuhr dann zurück, holte seine beste Kleidung und legte sie an, denn er war derjenige, der uns nach Nikaj führen sollte. Der Rest der Reise war dann sehr mühsam. Es gab überhaupt keinen Weg, und der Führer hatte die Strecke noch nie mit Pferden zurückgelegt. Es blieb uns nichts anderes übrig als zu Fuß zu gehen, und anstatt besser zu werden, wurde es noch schlimmer. Der arme Marko litt so furchtbar, dass ich sicher hundertmal meinen Plan bedauerte, aber es war zu spät, um umzukehren. Ein Gewitter zog auf, zu kurz, um dem ausgedörrten Land gutzutun, aber ausreichend, um die Oberflächen beim Klettern glitschig zu machen, und Marko verdrehte sich erneut den Fuß.

Wir waren eine trübselige Gruppe, die schließlich Gianpapaj erreichte, wo uns ein verstörter Franziskaner empfing, dessen Haus halb in Trümmern lag.

Aus den Augen, aus dem Sinn. Hier im tiefsten Herzen der Wildnis, wo es mehr denn sonst dringend geboten wäre, die Menschen zu unterrichten und sie vor muslimischem Einfluss zu bewahren, ist der Zustand der Kirchen und Pfarrhäuser häufig eine einzige Schande. »Nikaj ist ein von Gott und den Menschen verlassenes Land«, sagte ein verbitterter Priester.

Der Stamm ist gemischter Herkunft und besteht aus etwa dreihundert Häusern, die so weit über die wilde Gegend verstreut sind, dass der einzige verantwortliche Franziskaner vergeblich versucht, diese aussichtslose Aufgabe erfolgreich zu lösen.

Zwanzig der Häuser führen ihren Ursprung auf Kilmeni zurück und dürfen die anderen heiraten, die von den Krasnichi abstammen. Die Krasnichi stammen der Überlieferung nach aus Bosnien. In der alten Zeit, als Krasnich noch christlich war, zogen Hirten, angeführt von einem gewissen Nikol, fort von Krasnich und ließen sich hier nieder. Dieser Nikol hatte eine Tochter, die sehr hässlich war und nur ein Auge hatte. Es gelang ihm nicht, einen Mann für sie zu finden, doch sie gebar einen Sohn von einem Zigeuner. Dieser wurde von Nikol als Sohn angenommen, und von ihm stammen etwa hundert Häuser in Nikaj ab. Sie nennen sich Tsuraj und können nicht in die anderen Häuser einheiraten, die von Krasnich abstammen, da Nikols *Tochter* ihre Urahnin ist. Dies ist übrigens der einzige Fall der Herleitung eines Stammbaums über die Tochterlinie, der mir in den nordalbanischen Stämmen begegnet ist. Der in Nikaj vorherrschende sehr kleine, dunkle Menschentypus und dessen berüchtigte angeblich diebische Natur werden gern auf diese Herkunft zurückgeführt. Der helle, adlernasige Typus ist hier eher selten. Nikaj untersteht keiner türkischen Verwaltung und ist (ebenso wie Merturi) nominell dem berühmten Stammesführer von Krasnich, Shaban Benaku, zu Gehorsam verpflichtet.

Praktisch gibt es jedoch keinerlei Art von Regierung. Die kaum zivilisierte Bevölkerung gehorcht noch nicht einmal ihren eigenen Ältesten. Jämmerlich, erbärmlich arm, häufig in Lumpen gekleidet, die kaum dem Anstand genügen, streifen magere, dunkle Männer durch die wilden Täler und kennen keine Regeln außer ihre eigenen archaischsten Instinkte. Und in diesem verlorenen Land, entschied das Schicksal, würde ich vorerst bleiben müssen.

Weiterreisen war wegen Markos Fuß unmöglich. Ich bezahlte den *kirijee* und die Pferde und entließ sie.

»Gott hat Sie in die Hölle geschickt«, sagte später ein Priester zu mir, »damit Sie in England davon erzählen – damit Sie jedem Katholiken in England zurufen: ›Retten Sie diese Menschen!‹«

Die Männer des Stammes nahmen mich sehr liebenswürdig auf. Kaum etwas liebten sie mehr als endlose Palaver und Streit. Das einzige, was ihnen an mir nicht gefiel, war mein Strohhut. Sie hatten noch nie einen gesehen und erklärten offen, er sei albern, unnütz und hässlich. Als ich ihn weglegte und meinen Kopf, ähnlich wie ein Stammesangehöriger, mit einem Handtuch und einem Taschentuch umwickelte und mich im Schneidersitz zwischen sie auf den Boden setzte, freuten sie sich wie die Kinder und waren bereit, mit ihren Geschichten von Blut und Horror herauszurücken, die Abwechslung in das öde Gleichmaß ihres Lebens bringen.

Hier folgt die Geschichte, wie Nikaj in Blutfehde mit Shala geriet. Krasnich ist muslimisch und liegt seit jeher mit irgendeinem oder mit allen aus den christlichen Stämmen in Blutfehde. Vor etwa sechs Jahren wollten die Krasnichi einen bestimmten Shala-Mann töten, konnten aber nicht an ihn herankommen. Also bestachen sie einen Nikaj-Mann – bekannt für seinen schlechten Charakter – und versprachen ihm sechzig Napoleons, wenn er ihn erschieße. Dieser Mann wartete, bis der Shala-Mann eines Tages aus geschäftlichen Gründen nach Nikaj kam, und bot ihm hinterhältig an, ihn zurück zu eskortieren, denn ein Geleitschutz war unbedingt erforderlich. Als sie Shala-Gebiet erreicht hatten, ließ er sein Opfer ein paar Schritte vorausgehen und schoss ihm in den Rücken. Dann eilte er zu ihm, um ihm als Beweis den Kopf abzuschneiden. Der arme Kerl war nicht tot, aber zu sehr verletzt, um sich zu verteidigen. Verzweifelt griff er mit den Händen in das Messer und schnitt sich dabei die Finger ab. Schließlich schlug der Nikaj-Mann ihm den Kopf ab, packte ihn in einen Beutel, nahm auch die Martini des Toten als Beweisstück mit und machte sich auf nach Krasnich, um seinen Blutlohn abzuholen. Doch der Kopf schien immer schwerer zu werden, bis er schließlich, wie er später erzählte, hundert *okas* wog, und er versteckte ihn in einem Hohlraum in den Felsen und setzte seinen Weg nur mit der Martini fort. Doch auch diese wurde zu schwer für ihn, und er erreichte Krasnich vollkommen erschöpft.

Unterdessen war der kopflose Leichnam in Shala gefunden worden, und die abgehackten Finger zeugten von einem grausamen Kampf. Alle Shalas waren wütend. Der Leichnam wurde erst identifiziert, als bekannt wurde, dass ein Mann nach Nikaj gegangen und nie mehr zurückgekehrt war. Jetzt wurde der Leichnam eilig und ohne jedes Begräbniszeremoniell beerdigt, denn der Verlust des Kopfes gilt als die schrecklichste Schändung. Als Nikaj des Verbrechens bezichtigt wurde, war es genauso wütend wie Shala, denn selbst in den allerwildesten Stämmen gilt die *besa* als unverletzlich, und dass der Nikaj-Mann sie gebrochen hatte, war vollkommen inakzeptabel. Er hat danach auch nie mehr gewagt, nach Hause zurückzukehren, und soll jetzt in einem muslimischen Stamm leben. Die Nikaj-Männer baten Shala, sie nicht für das Verbrechen verantwortlich zu machen, doch Shala dürstete es nach Rache, und seitdem liegen die beiden Stämme in Blutfehde. Der Kopf wurde ein Jahr später von einigen Hirten gefunden und bei dem Leichnam begraben. Die Martini wurde jedoch erst nach beinah zwei Jahren gefunden.

In Fällen von Blutrache ist es nicht gestattet, die Waffen oder irgendwelchen anderen Besitz des Getöteten zu entwenden. Der Mörder tötet, um seine Ehre wiederherzustellen, nicht, um zu stehlen.

In *Maltsia e madhe* werden Waffen nie weggenommen. In einigen der wilderen Dukaghini-Stämmen – darunter auch Berisha und Nikaj – tut man es allerdings doch.

Nikaj befindet sich jetzt ebenfalls mit Krasnich in Blutfehde und außerdem auch großenteils innerhalb des eigenen Stamms. In solchen internen Fällen wird gewöhnlich den Frauen die

Schuld gegeben. Sie laufen ihren Ehemännern davon und leben mit anderen Männern – sie sind einfach Teufel, denn natürlich müssen der Ehemann und der andere Mann einander jetzt erschießen. Eine große Anzahl der Kinder, hieß es, sei unehelich, weil die richtigen Ehefrauen davongelaufen seien. Aber die Männer gaben auch offen zu, dass sie ihre Frauen schlügen und insgesamt schlecht behandelten. Die Frauen ihrerseits haben nicht die geringste Chance, selbst zu entscheiden, wen sie heiraten wollten. Ich sagte, unter diesen Umständen sei es doch vollkommen verständlich, wenn sie wegliefen. Das würden doch alle – auch ich. Das schockierte den Franziskaner, und er protestierte. »Sie sind aber doch *in matrimonio.*« Wenn sie erst einmal *in matrimonio* waren, schien der ehrenwerte Mann zu glauben, sollte es für die arme Frau unmöglich sein, sich in jemanden anders zu verlieben, selbst wenn sie mit einem völlig Fremden verheiratet worden war, für den sie nichts empfand.

Ihn habe aber, sagte der Franziskaner, seine Erfahrung mit den Stämmen gelehrt, dass die Ehe die Wurzel fast allen Übels ist. Und eines stand für ihn absolut fest, und zwar, dass er und ich sehr weise gehandelt hätten, auf die Ehe zu verzichten. Er zitierte Paulus auf Latein, um seine Ansicht zu stützen. Und dass ich ihr auch ohne ein Zölibatsversprechen entkommen war, interessierte ihn sehr.

Selbst die Gesetze von Lek Dukaghin werden in Nikaj nicht immer befolgt. So beendet etwa das Zahlen von Blutgeld nicht unbedingt eine Fehde. In einem nicht lange zurückliegenden Fall war eine Fehde über viele Jahre mit Geld beendet worden. Aber als der Sohn des Mannes, der einst das Geld gezahlt hatte, fünfzehn Jahre alt und nun das Oberhaupt der Familie war, erklärte er, die Familienehre sei verkauft worden, als er noch ein kleines Kind war. Er selbst sei durch den Schwur nicht gebunden. Er zog los mit seinem Gewehr und erschoss einen Mann des anderen Hauses. Und die Fehde begann von Neuem.

Auch das die »albanischen Jungfrauen« betreffende Gesetz wird nicht immer respektiert. Dazu wurde mir ein grausiges Beispiel berichtet.

Ein altes Paar hatte keine Söhne, aber zwei Töchter. Beide wollten nicht heiraten, und der Vater war damit einverstanden. Doch die anderen Männer der Familie waren darüber sehr verärgert, weil sie mit den Mädchen Geld verdienen wollten. Sie verkauften beide zu einem guten Preis und entführten sie gewaltsam. Eine wurde einem alten Mann übergeben und dazu gezwungen, mit ihm zusammenzuleben. Sie war schließlich bereit, ihm gesetzlich angetraut zu werden, wahrscheinlich, weil sie nicht zu widersprechen wagte, doch sie hasste ihn. Auf der Suche nach Fluchtmöglichkeiten lernte sie einen jungen Mann aus der Nachbarschaft kennen und versprach, ihn zu heiraten, wenn er sie befreite. Als das Ehepaar eines Tages in den Wald ging, um Feuerholz zu holen, bot der junge Mann an, den beiden zu helfen. Unterwegs ließen die Ehefrau und ihr Helfer den alten Mann vorgehen, und als sie zu einem Abhang kamen, stürzten sie ihn hinunter. Nach ihrer Rückkehr erklärten sie, sie hätten ihn im Wald verloren. Inzwischen sind die beiden verheiratet, und es wird vermutet, dass es die Frau war, die den Mann hinunterstieß. Die Geschichte hatte übrigens keine Blutrache zur Folge.

In Nikaj wimmelt es natürlich von Teufeln. Ein sehr großer Anteil der Frauen hat Umgang mit ihnen und bewirkt viel Böses.

Ein muslimischer Zauberer – ein sehr böser Mann, der mit allen Mächten des Bösen im Bunde stand – kam nach Nikaj, während ich dort war, und besaß, zum ungewöhnlich heftigen Zorn des Franziskaners, die Unverschämtheit, im Pfarrhaus um Bewirtung und Quartier zu bitten. Sowohl der Priester als auch Marko hielten ihn für derart böse, dass sie ihm nicht erlaubten, sich mir in irgendeiner Weise zu nähern. Dagegen erklärte ich, er sei mit Sicherheit nur ein Hochstapler und ich würde zu gern seine Tricks sehen. Es waren aber gar keine Tricks – es hieß, er habe seine Seele an den Teufel verkauft und erbitte dessen Hilfe, indem er sich auf ein Bein stelle und mit dem anderen so lange wild nach hinten ausschlage, bis der Schweiß in Strömen fließt und er völlig erschöpft ist. Danach könne er den Leuten die Zukunft voraussagen und richte damit sehr viel Unheil an, denn alles, was er sage, sei vom Teufel eingeflüstert. Und die Leute würden ihm glauben und seinen Anweisungen gemäß handeln.

Ich musste daran denken, dass die Stämme in der Gegend von Bond Street, London, blindgläubig genug sind, um eine ganze Reihe von Zauberern zu ernähren, und dass es dort keinen feurigen, bitterernsten Franziskaner gibt, der sie vertreibt. Und wer weiß, vielleicht werden die Frauen von Nikaj, die jetzt »Umgang mit dem Teufel haben«, eines Tages, wenn die albanischen Berge vollständig und erfolgreich zivilisiert worden sind, die »Horoskop-Kolumne der albanischen Dame« schreiben. Ja, wie segensreich wäre Fortschritt, wenn nur irgendwer wüsste, wohin er »fortschreitet«. Und dann erzählte Marko die absolut authentische Geschichte vom –

PAKT MIT DEM TEUFEL

Ein Mann hatte Umgang mit dem Teufel und richtete so viel Unheil an, dass der Pascha ihn schließlich ins Gefängnis warf. Eines Tages hatte der Pascha viele Gäste und dachte bei sich, er könnte doch den Zauberer aus dem Gefängnis holen und ein paar Tricks vorführen lassen. Der Mann wurde also zu der Gesellschaft gebracht, und er bat um eine große Schüssel mit Wasser. Dann sprach er allerlei Zaubersprüche über dem Wasser und fragte die Gäste, welchen Hafen sie gern sehen würden. »Malta«, sagten sie. Sie schauten hin, und schon sahen sie Malta sehr deutlich – Land, Häuser, das Meer und einen Dampfer im Hafen, der gerade losfahren wollte. »Habe ich eure Erlaubnis«, fragte der Zauberer den Pascha, »mit diesem Dampfer zu fahren?« »Selbstverständlich«, erwiderte der Pascha. Der Zauberer stellte seinen Fuß in die Schüssel mit Wasser und war im Nu verschwunden und fuhr nach Amerika mit dem Dampfer. In Amerika hatte er noch sehr viel intensiveren Umgang mit dem Teufel, und ein boshafter Diener assistierte ihm dabei.

Nachdem er eines Tages in großen Flaschen eine Zauberflüssigkeit zubereitet hatte, befahl er seinem Diener, ihn zu töten, zu zerschneiden und in die Flaschen zu füllen. Der Diener weigerte sich. Daraufhin schrieb er viele Briefe an Adressen in der ganzen Welt und bat den Diener, sie zur Post zu bringen. »Ich werde mich selbst töten«, sagte er. »Du musst mich dann zerschneiden und in die Flaschen füllen. Stell die Flaschen in den Keller, lass sie dort neun Monate lang stehen, und verrate niemandem etwas davon. Ich werde die Briefe selbst beantworten. Nach neun Monaten musst du den Keller öffnen, und ich werde wieder zum Leben erwachen.« Er tötete sich, der Diener füllte ihn in Flaschen. Die Zeit verging, und dann trafen allmählich Antworten auf die Briefe ein, die der Zauberer selbst geschrieben hatte. Der entsetzte Diener meldete die Angelegenheit den Behörden. Der Keller wurde geöffnet, und man stellte fest, dass die Einzelteile tatsächlich dabei waren, wieder lebendig zu werden. Nach neun Monaten wäre das Vorhaben zweifellos von Erfolg gekrönt gewesen und dieser böse Mann hätte wieder gelebt. Aber die Behörden ordneten an, dass die Stücke zu vernichten seien, und das war das Ende des Zauberers.

Außer mir hatte keiner der vor Entsetzen erstarrten Zuhörer irgendwelche Zweifel an dieser wundersamen Geschichte. »Beim Teufel ist nichts unmöglich«, wurde mir erklärt. Böse Moslems würden Zauber einsetzen, um Christen abtrünnig zu machen. Und dann wurde mir eine Geschichte erzählt, die sich in Skutari zugetragen haben soll, während ich auf meiner ersten Reise oben in den Bergen weilte:

Ein türkischer Offizier wohnte im Haus eines Christen, der eine Tochter hatte, eine junge Frau von fünfundzwanzig Jahren. Sie gingen öfter miteinander spazieren. Eines Tages, als sie wieder einmal unterwegs waren, setzte er sie in eine Kutsche und fuhr mit ihr in ein muslimisches Haus und teilte den Eltern der jungen Frau mit, er werde sie heiraten. Die Eltern erklärten, er habe sie mit Gewalt entführt, und wandten sich um Hilfe an den Erzbischof und die Geistlichen. Alle forderten, dass die Regierung sie wieder zurückschicke. Die junge Frau hatte sich inzwischen offenbar schon bereit erklärt, muslimisch zu werden und den Offizier zu heiraten. Die Kirche protestierte jedoch, und sie wurde ihrer Familie zurückgegeben, von der sie, um sie in Sicherheit zu wissen, auf der Stelle zu Verwandten nach Podgoritza (Montenegro) geschickt wurde. Dort wurde das Rätsel schließlich gelöst: Sie trug ein Amulett um den Hals, mit dem sie verhext worden war. Es wurde entfernt, und sofort wollte sie nicht mehr muslimisch werden und war vollkommen geheilt – es war alles durch Zauberei geschehen.

Mein liebenswürdiger Gastgeber sorgte sich ständig, dass ich mich langweile. Für ihn war das Leben eine einzige stumpfe Monotonie aus Fehden und Überfällen, die er trotz größten Bemühens vergeblich unter Kontrolle zu bekommen versuchte, was ihn völlig zermürbte. Ich fand jedoch keineswegs, dass die Zeit sich öde dahinschleppte.

Das Verhältnis zwischen Krasnich und Nikaj war sehr angespannt. Nachts funkelten Wachtfeuer auf den Bergen von Krasnich, und es gab Gerüchte, Pferde würden entführt und Vieh gestohlen. Krasnich hatte sein Territorium für Christen geschlossen und die Straße nach Djakova, wo man die benötigten nicht-alltäglichen Dinge kaufte, gesperrt. Nikaj ist eine Dreitagereise von Skutari entfernt und lässt sich kaum mit einer Viehherde auf dem Hinweg und mit Mais auf dem Rückweg bewerkstelligen.

Bis auf den stinkenden, wilden Ort Djakova haben die meisten Menschen in Nikaj noch nie eine Stadt gesehen – und auch

Djakova kaum je. Ein Mann erzählte mir, er gehe jeweils einmal im Jahr nach Skutari und nach Djakova. Als im Frühling eine Auseinandersetzung über den gefangenen Franziskaner auszubrechen drohte, stoppte Djakova den Pulvernachschub für Nikaj.

Die Emotionen kochten hoch. Shala hatte eine *besa* mit Krasnich. Aber Krasnich belästigte einige christliche Dörfer in der Nähe von Djakova, die Ableger von Shala sind. Shala betrachtet die Bewohner von Djakova als Blutsverwandte, und Ehen zwischen ihnen sind verboten. Von daher beanspruchte Shala den Schutz der *besa* auch für sie. Krasnich weigerte sich jedoch, sie als Shala anzuerkennen. Daraufhin erklärte Shala die *besa* für beendet, überfiel Krasnich bei Nacht und stahl drei Maultiere. Krasnich hat keine gemeinsame Grenze mit Shala und schickte deshalb drei Krasnich-Männer nach Nikaj und beschuldigte sie, die Maultierdiebe unterwegs mit Essen und Unterkunft versorgt zu haben. Zehn Nikaj-Männer und die drei Krasnichi setzten sich zu einer Beratung im Kreis um das große Holzkreuz und stritten sich stundenlang über die Angelegenheit. Nikaj erklärte, man habe absolut nichts mit der Sache zu tun, und riet Krasnich, sich an Shala zu wenden.

Ein oder zwei Tage später überfiel Nikaj Shala und entführte zwei schöne Pferde. Daraufhin schickte Shala Abgesandte, die sich beschwerten, der Diebstahl sei ungerecht gewesen. Die Pferde hätten nicht Shala gehört, sondern einigen Kilmeni-Männern, die zu Besuch waren. Sie seien unter *besa*-Schutz gekommen, um dort Vieh zu weiden. Deshalb stünden auch die Pferde unter der *besa* und müssten zurückgegeben werden. Darauf erwiderte Nikaj nur leichthin: »Beim nächsten Mal lasst einfach die Pferde von euren Gästen nicht frei in der Gegend herumlaufen.« Die beiden Pferdediebe boten allerdings an, sie Shala für je hundert Piaster zurückzuverkaufen. Shala war empört. Man zankte sich endlos und verschob die Fortsetzung des Streits auf den nächsten Tag.

Am nächsten Tag erschienen die zwei Pferdediebe – der eine hellhaarig, mit Hakennase, kleinem Kopf und fliehendem Kinn, der andere ein bedrohlicher, dunkler junger Mann, der ein Taschentuch über ein Auge gebunden hatte, zwei ordinäre Typen – wutentbrannt im Pfarrhaus, um sich bei dem Franziskaner zu beschweren und ihn um Rat zu bitten. In der Nacht hatte Shala die zwei Pferde zurückgestohlen und sie über die Grenze in Sicherheit gebracht. Wir drei – der Franziskaner, Marko und ich – mussten laut lachen und riefen: »Bravo, Shala!« Das verletzte die beiden Diebe. In aller Unschuld erzählten sie, wie mühsam es gewesen sei, überhaupt an die Pferde zu kommen, und jetzt seien sie ihnen wieder geraubt worden. Das sei höchst ungerecht. Die Pferde würden ihnen gehören. Es gelang dem Pater nicht, ihnen die Sache aus einem anderen Blickwinkel begreiflich zu machen, denn nach dem Gesetz der Berge ist das Bestehlen eines anderen Stamms, wenn keine *besa* zwischen beiden besteht, eher eine Tugend als ein Verbrechen. Wenn Shala das Recht habe, sich die Pferde zurückzuholen, argumentierte Nikaj, dann müsse Shala auch die von Krasnich gestohlenen Maultiere zurückgeben. Ein Abgesandter von Shala erschien, um über diesen hübschen Punkt zu diskutieren, und fragte völlig zu Recht: »Habt ihr *besa* mit Krasnich? Wenn ja, geben wir die Maultiere zurück.«

Da Nikaj sich jedoch in schlimmster Blutfehde mit Krasnich befand – und noch vor kaum einer Woche geleugnet hatte, irgendetwas mit der Maultiergeschichte zu tun zu haben – war die Antwort klar.

Der Shala-Mann kehrte um und ließ die armen Pferdediebe sehr niedergeschlagen zurück, und ganz Nikaj war so wütend, dass die Komödie wahrscheinlich inzwischen in einer Tragödie geendet hat.

Fast täglich kamen Menschen und wollten mich sehen. Sie brachten Bienenwaben oder *rakia* als Geschenk, und alle flehten sie mich an, eine neue Art von Regierung für sie zu beschaffen. Es liege aber doch in ihrer Hand, entgegnete ich, sofort mit einer besseren Regierung zu beginnen. Sie bräuchten nur jedes Mal den Franziskaner um Rat zu fragen, bevor sie sich entschlössen zu schießen, und dann seinem Vorschlag zu folgen. Darauf erwiderten sie: »Wie können wir einem Mann mit einem Strick gehorchen? Er hat keine Soldaten, die uns zu Gehorsam zwingen können. Wir brauchen Soldaten, damit wir gehorchen.«

Sie hätten doch selbst alle Freiheit, sagte ich eindringlich, in ihrer *medjliss* neue Regeln aufzustellen. »Was nützt das?«, fragten sie, »man kann Wochen damit verbringen, ein neues Gesetz zu beschließen. Aber sobald es zum ersten Mal gebrochen wird, sagt einer der schuldigen Partei: ›Oh, aber er ist doch mein Cousin.‹ Dann müsste man seine ganze Familie bekriegen. Mit deinem Plan würden wir einander noch häufiger umbringen als jetzt schon.«

Ich versuchte ihnen zu erklären, in England würden wir uns mit einer *medjliss* selbst regieren. Aber das konnten nicht einmal Marko und der Franziskaner begreifen. »Ihr habt doch einen König«, sagten sie, »wenn der sagt, jemand müsse erschossen werden, dann wird er erschossen. Ohne den König würde doch niemand der *medjliss* gehorchen.« Der König, beharrten sie, sei sehr reich und habe Soldaten und *suvarris*, die die Menschen zwingen würden, dem König zu gehorchen.

Ich sagte, in England würden wir selbst die Polizei und die Soldaten bezahlen. Dass irgendeine Nation so töricht sein konnte, etwas Derartiges zu tun, konnten sie allerdings nicht fassen.

Da saßen sie – dunkel, zerlumpt, wortgewaltig, sich ihres eigenen Elends bewusst, mit einer vagen Sehnsucht nach etwas Besseren – und verlangten von mir einen König.

Ich betrachtete sie mit Ehrfurcht, denn indem ich sie ansah, blickte ich Tausende von Jahren zurück. Der Strom der Evolution hatte sie gestrandet zurückgelassen, als heimatlose Kinder einer Zeit, als der Mensch noch nicht gelernt hatte, eine Nation zu bilden, während er mich und die Meinen durch all die Jahrhunderte – durch Stammesgruppen, Fürstentümer, Königreiche – geschleudert, dem König im Laufe der Zeit seine Göttlichkeit genommen hatte und uns wer weiß wohin noch treiben wird. Wir sind sogar zu einer *medjliss* zurückgekommen, deren Herrschaft wir ablehnen – genau wie Nikaj.

Sie erwarteten weiteren Rat. Ich versuchte es erneut.

»Ihr sagt, ihr wünscht euch eine gute Regierung.« »Ja«, das wollten sie alle. »Warum versucht ihr dann nicht, euch an die Gesetze zu halten, die ihr schon habt?« Alle versicherten sie mir, das würden sie ja wollen, könnten es aber nicht wegen der bösen Menschen. Ich fragte, ob es mehr gute oder böse Menschen in ihrem Stamm gebe. Die große Mehrheit sei gut, versicherten sie empört. Alle hier Anwesenden seien es auf jeden Fall. Dann könnten sie doch, argumentierte ich, die Bösen dazu zwingen zu gehorchen. Zum Beispiel könnten sie alle Diebe bestrafen – Diebstahl ist nämlich eine Schwäche der Nikaj. Das sei unmöglich, sagte ein »guter« Mann. Er selbst denke selbstverständlich nicht an Diebstahl, aber wenn sein Cousin nun ein Pferd stehle, könne er doch auf gar keinen Fall zulassen, dass sein eigener Cousin bestraft werde.

Sich zum Wohl des gesamten Stammes zusammenzuschließen brachten sie nur fertig, wenn der Angriff von außerhalb kam. Sie konnten einfach nicht einsehen, wozu das gut sein sollte. Das eigene Blut kam zuerst. Es war eine Angelegenheit von »meinem Haus« gegen »dein Haus«, und im ganzen Stamm gab es nicht einen, der eine so markante Persönlichkeit war, dass er alle anderen hätte ein für allemal umstimmen können. Der alte *bariaktar*, ein Mann von durchaus starkem Charakter und berühmt für seine Beredsamkeit, hatte viel Gutes bewirkt, war aber jetzt nicht mehr aktiv. Dieser feine alte Mann stattete mir einen Exklusivbesuch ab. Er trug seine achtzig Jahre mit Würde, und seine grauen Augen blickten immer noch wach. Er hatte eine Adlernase und ein kantiges Kinn, und sein Denken kreiste unentwegt darum, wie Nikaj zu retten sei. Er habe alles für seinen Stamm getan, was er konnte, sagte er. Jetzt sei er zu alt dafür. Wenn er jünger wäre, würde er mit mir kommen, ganz gleich, was es koste. Und er würde schnurstracks zum Haus des Königs von England gehen, ihm von dem Elend seines Landes berichten und ihn bitten, es zu retten. Oder er würde Blutsbrüderschaft mit mir schließen, und dann wäre ich als seine geschworene *»probo«* verpflichtet, ihm zu helfen. Eine solche Blutsbrüderschaft hielt er für möglich, da er überzeugt war, dass ich aus einer ausreichend noblen Familie stammte.

Er spreche nicht für sich oder seine Familie, sagte er. Es gehe ihm um Hilfe für sein Land. Gott sei Dank belaste kein Verbrechen seine Seele, er befinde sich auch mit niemandem in Blutsfehde. Und alle seine fünf Söhne würden noch leben. Vier seien verheiratet, doch der fünfte, obwohl schon fünfundzwanzig, noch nicht. »Das war mein Fehler. Die ersten vier Bräute wurden schon vor ihrer Geburt versprochen. Aber mit meinem jüngsten Sohn habe es keine Eile, dachte ich. Und jetzt sind alle Jungfrauen aus guter Familie längst verlobt. Ich brauche aber eine aus guter Familie. Ich möchte gutes Blut für ihn haben. Eine Frau aus schlechter Familie schafft nichts als Ungemach. Dabei geht es mir nicht um den Preis. Ich wäre gern bereit, ein paar mehr Napoleons für gutes Blut zu zahlen.« Er halte Ausschau nach einer passenden Witwe, erklärte er und wiederholte, der Preis spiele keine Rolle.

Der alte Mann war berühmt, weil er vor fünfzehn Jahren einen höchst komplizierten Streit zwischen Shala und Nikaj geschlichtet hatte, bei dem viel Blut geflossen war. Ein Rat von vierundzwanzig Männern hatte den Fall diskutiert, sich endlos gezankt und war zu keinem Ergebnis gekommen. Nur der alte *bariaktar* hatte die ganze Zeit kein Wort gesagt. Gefragt, wieso, erwiderte er, er habe nicht seine Worte vergeuden wollen, wenn er doch wusste, sie würden ihm ohnehin nicht zuhören und seinem Rat nicht folgen. Als man ihn daraufhin drängte, seine Meinung zu äußern, erhob er sich auf seine Knie, wie es Sitte ist, und sprach fünfundzwanzig Minuten lang zum Thema, und das so klar, so zwingend und so wortgewaltig, dass sein Vorschlag einstimmig angenommen und Frieden geschlossen wurde.

Der Franziskaner bat ihn, zum Abendessen zu bleiben. Es war ein Samstag, und obwohl ich wiederholt geäußert hatte, eine Fastenmahlzeit würde mir vollkommen reichen, war ein kleines Stück Fleisch für mich vorbereitet worden. Der bloße Anblick von gekochtem Fleisch an einem Samstag hätte den alten Mann jedoch schwer schockiert und im ganzen Stamm für einen Skandal gesorgt. Daher wurde bestimmt, dass ich allein zu essen hatte. Das gefiel dem alten Mann ausnehmend gut, da es dem Brauch der Berge entsprach, dass Männer und Frauen nicht gemeinsam essen dürfen, und er äußerte sich höchst anerkennend über meine Bescheidenheit.

Nikaj hält sich für vorwiegend christlich. Und trotzdem legt fast jedes Mitglied des Stamms seinen Taufnamen ab und gibt sich einen türkischen Namen – Said, Suliman, Hussein etc. –, obwohl sie die Türken hassen.

Ein junger Mann, der vorbeikam, um mich zu sehen, bemerkte während der allgemeinen Unterhaltung beiläufig: »Mein Bruder hat gestern einen Gashi-Mann erschossen.« Er sagte es, wie ein englischer Junge vielleicht sagen würde: »Ich habe gestern den alten Smith getroffen.« Ich fragte: »Wieso?« »Weil er abfällig über den christlichen Glauben gesprochen hat«, erklärte er feierlich. Und alle fanden, der Gashi sei zu Recht erschossen worden.

Es wird behauptet, ob zu Recht, weiß ich nicht, dass Nikaj früher einmal orthodox gewesen sei. Falls das stimmt, würde es bedeuten, dass sein Ursprungsstamm der Krasnich orthodox gewesen ist, was hoch interessant wäre, denn die beiden verwandten Stämme der Vasojevich und Piperi in Montenegro sind orthodox, und der Name Krasnich hat einen sehr slawischen Klang (Krasan heißt schön). Aber Nikaj muss schon früh katholisch geworden sein, falls die Überlieferung stimmt, dass es dort, nicht weit von der heutigen Kirche, einst ein Benediktinerkloster gegeben habe, das von den Moslems niedergebrannt wurde.

Nikaj hält sich also für christlich und schießt gern auf Moslems, verkauft seine Töchter aber an die Moslems von Gashi, obwohl darauf die Strafe der Exkommunikation steht. Die Moslems bezahlten nämlich dreißig Napoleons für ein christliches Mädchen, sagen sie, und nähmen auch die blinden und hässlichen. Die Mädchen werden dann häufig mit Zwang und Gewalt übergeben. Manchmal laufen sie weg, und das führt zu Blutsfehden.

Der alte *bariaktar* konnte den Stamm dazu überreden, ein Gesetz zu beschließen, das dazu verpflichtet, das Haus eines jeden Mannes niederzubrennen, der eine Tochter an einen Moslem verkauft. Doch dieses Gesetz trat nie in Kraft.

In mindestens fünfzig der dreihundert Häuser von Nikaj gibt es einen Mann, der mit der Witwe seines Bruders oder Cousins zusammenlebt.

Nikaj, das nicht die Gesetze der Kirche befolgt, der anzugehören es sich rühmt, und das nicht einmal in der Lage ist, einigermaßen effizient die eigenen Stammesregeln durchzusetzen, schien mir einer der verkümmertsten Stämme zu sein, die ich im Land kennengelernt habe. Ich sage verkümmert, weil es sehr gut sein kann, dass die Flüchtlinge in diesen entlegenen Gebieten nicht stehengeblieben sind, sondern auf eine frühere Stufe zurückgefallen sind. Denn in der Natur bleibt niemals etwas stehen. Entweder entwickelt es sich oder es verkümmert.

Und weil sie sehr selten in den Gottesdienst kommen, kriegt man sie auch kaum für irgendwelche Instruktionen oder Informationen zusammen. Ein Teil der Tsuraj-Gruppe lebt zum Beispiel ganz oben auf einer beinah senkrechten Klippe am Flussufer.

Für die kurze, sehr steile Kletterstrecke dort hinauf braucht man zu Fuß drei oder vier Stunden, auf einem Maultierpfad gut sechs Stunden. Sich um eine solche Gemeinde zu kümmern, überfordert ganz entschieden die Kräfte eines einzigen Priesters.

Am Sonntag erschienen mehr als zwanzig Männer vor der Messe im Pfarrhaus. Mit Markos Hilfe diskutierten wir mit ihnen über die üblichen Themen, während der Pater die kleine Kapelle im unteren Stock herrichtete. Und beim ersten Glockenschlag erhob sich die Versammlung und zerstreute sich. Sie waren gekommen, um mich zu sehen, und nicht, um an der Messe teilzunehmen. Die Gemeinde in der geradezu erbärmlich armseligen kleinen Kapelle bestand nur aus dem Messdiener des Paters, ein oder zwei Frauen und Kindern sowie Marko und mir.

Als wir später aus dem dunklen, kühlen kleinen Raum in die Sonne hinaustraten, hatten sich alle schon wieder eingefunden, begierig darauf, weiter mit mir zu diskutieren.

In der Absicht, sie ein wenig zu provozieren, begann ich wie folgt: Wenn ich Menschen in England erzähle, sie würden ihre Töchter an Moslems verkaufen, mit mehreren Frauen (Schwägerinnen etc.) leben, ihre Taufnamen ablegen und türkische annehmen, einander erschießen und innerhalb des Stammes bestehlen (was sie grinsend zugaben), nie in die Kirche gehen und gegen die kirchlichen Gesetze verstoßen, würde mir niemand glauben, dass sie tatsächlich Christen seien. Sofort bekräftigten sie, das seien sie aber, und erklärten unisono, sie würden doch Moslems erschießen, wo immer sich eine geeignete Möglichkeit ergebe. Und was die Frauen anging, so protestierte einer aus der Gruppe, der exkommuniziert worden war, weil er zwei hatte, mit großem Ernst, die zweite sei die

Witwe seines Cousins. Sie habe drei Kinder großzuziehen und müsse weiter im Haus bleiben. Seine Ehre gebiete es ihm deshalb, mit ihr zusammenzuleben. Sie dürfe natürlich nicht außerhalb des Hauses heiraten. Aber sie sei doch erst vierundzwanzig und sie zu zwingen, ohne Mann zu leben, wäre so falsch, dass er das, trotz der Anweisungen des Paters, nicht zulassen könne – es wäre unehrenhaft. Er bedauerte den Bann der Kirche, aber die Familienehre komme zuerst.

Für die türkischen Namen konnte ich keine Erklärung bekommen, außer dass sie ihnen gefielen. Und da sie nicht mit ihnen getauft werden konnten, nahmen sie sie später an. Auf die Frage, wieso sie Moslems erschössen, wenn sie sie doch so gerne imitierten, konnten sie ebenfalls keine Antwort geben. Aber sie fanden die Frage amüsant. Und was das Verkaufen ihrer Töchter an die Türken anging, gestanden sie offen, es sei einfach eine Frage des Preises. Sie würden sie jederzeit an Christen verkaufen, wenn die genauso gut zahlten. Marko ermahnte sie, an die Zukunft ihrer Seele zu denken. Darauf reagierte ein Mann recht scharfsinnig. Er leugnete jede Verantwortung für seine Seele. Der Pater behaupte, Gott habe ihm seine Seele gegeben, sagte er. »Na schön, dann ist es an Gott, sich um sie zu kümmern. Ich habe ihn nie darum gebeten, mir eine Seele zu geben.«

Auf Markos Androhung ewiger Höllenqualen erwiderte er, die Höllenqualen seiner Seele würden ihm nichts anhaben können, da er selbst dann tot sei, außerdem sei es äußerst ungerecht von Gott, seine Seele für Sünden zu quälen, die sein Körper begangen habe. Seine arme Seele habe nichts damit zu tun. Sie schienen allesamt die Seele für etwas zu halten, das nichts mit ihrer eigenen Person zu tun hatte – vielleicht für diese Art Vogel, die in christlichen Erbauungsbildchen aus dem Mund eines Sterbenden fliegt. Die Äußerung: »Wenn ich sterbe, ist es mir egal, was aus meiner Seele wird«, fasst die allgemeine Ansicht zusammen. Nur zwei Dinge hielten sie für wichtig – das Fasten einzuhalten und in geweihter Erde begraben zu werden. Der einzige Grund, den sie mir für ihren Wunsch, so begraben zu werden, nennen konnten, war, dass der Kirchhof ihnen gehöre und sie das Recht hätten, dort begraben zu werden, wo sie es wünschten. Doch ihr Kirchhof war der trostloseste und vernachlässigtste, den ich je bei einem christlichen Stamm gesehen habe. Nur unbehauene Steine bezeichneten die Gräber. Keines war mit einem Kreuz oder sonstigen Symbolen geschmückt. Und sie schienen auch keinen Wert auf eine Beerdigungsfeier zu legen. Die Regeln der Kirche besagen, dass jemand, der mit der verkündeten Absicht, einen Feind zu töten, losgezogen ist, aber dann selbst getötet wurde, nicht in geweihter Erde begraben werden darf, denn er ist mit der Sünde eines beabsichtigten Mordes in der Seele gestorben. Kürzlich nun wollte ein Mann einen Feind töten, wurde jedoch selbst schwer verletzt. Der Pater eilte zu ihm, um ihm die Beichte abzunehmen. Der Mann bedauerte aber nur, dass es ihm nicht gelungen sei, seine Ehre wiederherzustellen, und starb unbußfertig. Daraufhin verweigerte der Pater ihm ein Begräbnis auf dem Kirchhof, doch der Stamm begrub ihn trotzdem dort. Es erfolgte die strikte Anweisung des Bischofs, die Leiche auf der Stelle wieder auszugraben. Also wurde sie ausgegraben und woanders beerdigt. Das führte jedoch zu erheblicher Aufregung und einiger Verärgerung und wird ziemlich sicher nicht die beabsichtigte Wirkung haben.

Für viele von ihnen haben die Gottesdienste keine Bedeutung und bewirken auch nichts. Einmal kam sogar eine Frau in die Kirche, während der Franziskaner die Messe las, ging direkt zum Altar und sagte: »Pater, ich möchte, dass Sie einen Brief für mich schreiben.« Er reagierte aber nicht, sodass sie ihn, als er den Kelch hob, beim Arm packte und ihre Bitte sehr viel lauter wiederholte. Zu ihrer Überraschung wurde sie darauf von seinem Messdiener hinausgeführt.

Während meiner Zeit dort konnte ich nicht feststellen, dass sie an irgendetwas wirklich glaubten, außer an das albanische Gewohnheitsrecht des *»Kanun«*. Und ihr Kodex ließe sich so zusammenfassen: »Es gibt keine Soldaten, die uns zwingen, deswegen können wir machen, was wir wollen.«

Aber sie sind durchaus fähig, sich an ihr Wort zu halten, das sie unter Eid gegeben haben, und manchmal sind sie geradezu penibel ehrlich. Der Diener des Paters, ein seltsamer alter Mann, hatte zum Entsetzen seines Herrn einmal vier Tage lang so gut wie nichts gegessen. Er sollte auf das Haus aufpassen, und es gab reichlich Vorräte, doch er hatte nur ein paar Krümel gegessen. Der Rest, sagte er, gehöre ihm nicht, und er habe nicht gewusst, ob er sie anrühren dürfe.

Dieser Mann hatte auch eine seltsame Art von Humor. Unter schallendem Lachen erzählte er, er habe einen sehr komischen Gedanken gehabt. »Angenommen, eine Kuh würde von der Klippe gegenüber fallen. Sie würde in lauter Einzelteile zerplatzen. Alle würden herbeieilen, um ein Stück fürs Abendessen zu ergattern. Und angenommen, genau in dem Augenblick, wo alle angerannt kommen, setzen sich die Einzelteile wieder zu einer Kuh zusammen, und die rennt weg!« Die Vorstellung, wie enttäuscht sie sein würden, amüsierte ihn derart, dass er vor Lachen kaum sprechen konnte.

Man liebt Scherze im Stamm. Gewöhnlich geht es um Geschichten von Schwindel und Betrug. Da ist zum Beispiel diese: Ein Mann kaufte auf dem Basar einen Esel und zog mit ihm heimwärts. Zwei Diebe folgten ihm. Einer nahm das Halfter des Esels und führte ihn weg, der andere legte sich selbst das Halfter an und folgte dem Mann. Als der erste Dieb mit dem Esel weit genug weg war, begann der Zweite zu zerren und zu stöhnen. Der überraschte Mann drehte sich um und stellte fest, dass der Esel fort und ein Mann an seiner Stelle war. »Wo ist mein Esel?«, fragte er. »Ach und weh!«, rief der Dieb, »ich bin ein unglückseliges Wesen. Ein böser Zauberer hat mich für fünfzehn Jahre in einen Esel verwandelt. Eben jetzt ist diese Frist zu Ende gegangen, und ich habe nichts und weiß nicht, wohin ich gehen soll.« Der freundliche Mann ließ ihn frei und gab ihm noch ein bisschen Geld.

Auf halber Höhe der Klippe, von der die Kuh aus der Geschichte hinuntergestürzt ist, soll ein Goldschatz versteckt sein. Doch er kann nicht gefunden werden, weil er *amanet* ist – der Erde anvertraut. Und die wird ihn erst hergeben, wenn ganz gewisse unbekannte Bedingungen erfüllt sind.

Eine gute Idee in solchen Fällen ist es, über Nacht die Erde mit Mehl oder Holzasche zu bestreuen. Wenn am nächsten Morgen Fußspuren gefunden werden – etwa die einer Ziege, eines Hundes, eines Vogels oder sogar eines Mannes –, muss das entsprechende Geschöpf auf der Stelle geopfert werden, und die Erde wird den Schatz hergeben. Es nützt nichts, die Erde aufzugraben, solange man nicht den erforderlichen Zauber kennt.

Ein Mann ging einmal in den Wald, um Gold zu vergraben. Doch ein Holzfäller versteckte sich und beobachtete ihn. Der Mann mit dem Gold legte den Schatz in ein Loch am Fuß eines Baums und sagte: »O Erde, gib diesen Schatz erst her, wenn zwei Mäuse einen Wagen um den Baum gezogen haben.« Dann ging er fort und glaubte, sein Gold sei sicher. Aber der Holzfäller fing zwei Mäuse, zähmte sie, lehrte sie, einen kleinen Wagen zu ziehen, und trieb sie damit um den Baum. Dann grub er und fand das Gold. Ohne den Mäusetrick hätte er womöglich wochenlang vergeblich gegraben.

Die Hitze, die seit Monaten über dem durstigen Land gehangen hatte, endete schließlich in einer Sintflut. Es blitzte ununterbrochen, und der Donner in den Bergen hallte endlos wider. »Drangoni bekämpft den Drachen!«, heißt es dann. Diese entsetzlichen Kämpfe finden mitten in der Luft statt. Kulshedra (der Drache) versucht, die Menschheit mit Überschwemmungen und Sturzfluten zu vernichten, und Drangoni schlägt ihn mit Donner zurück. Wenn ein Kind mit einer Feder unter dem Arm geboren wird, ist das ein Zeichen, dass es ein Drangoni werden wird. Seine Mutter darf nichts von der Feder weitersagen, sonst stirbt das Kind auf der Stelle. Höchstwahrscheinlich sei St. Georg ein Drangoni gewesen. Ein Drangoni ist immer männlich und Kulshedra weiblich. Auch ein männliches Tier kann ein Drangoni sein.

Der Knöchel des armen Marko sah bei unserer Ankunft hier sehr schlimm aus – war enorm geschwollen und zeigte Symptome einer Entzündung bis hoch zum Knie.

Nach Ansicht der Einheimischen sollten drei starke Männer daran ziehen, bis es »plopp« machte, und dann sei er geheilt. Ich wusste, dass der Knöchel nicht ausgerenkt war, und fürchtete, dass, wenn die Leute darauf bestehen und tatsächlich in Aktion treten würden, der ganze Marko »plopp« machen könnte. Letztendlich setzten wir Blutegel an, die sich an ihm weiden sollten. Blutegel ausquetschen ist nicht gerade eine lustige Aufgabe, ich war allerdings doch überrascht, dass mehreren Männern schlecht wurde und einige sogar umkippten. Aber Blut ist eben die Flüssigkeit, mit der sie gewöhnlich ihre Ehre reinigen.

Auch nachdem der letzte Blutegel nicht mehr nach »Mehr!« geschrien hatte, blieb der geschwächte, deprimierte Marko noch äußerst schwarzseherisch, doch die Entzündung war gestoppt, und die Schwellung ging zurück.

Wildes Klettern kam dennoch erst einmal nicht in Frage. Sobald Marko so weit war, dass er reisen konnte, brachen wir mit zwei guten Maultieren und zwei Nikaj-Männern als Führern nach Shala auf (um dann langsam und auf der leichtesten Route nach Skutari zurückzukehren).

Die Strecke den Berg hinauf war so gut, dass Marko die ganze Zeit reiten konnte. Wir kamen zu einer schönen grasbewachsenen Ebene, die versteckt in einem großen Buchenwald lag. Dort entspringt auch der Lumi Zi, der in den Nikaj-Fluss fließt. Hier ließen unsere Nikaj-Führer, die etwas beschränkt waren, die Maultiere beim Tränken entwischen, wodurch wir viel Zeit verloren. Dann ging es kilometerlang durch ansteigenden Wald, bis wir an dessen Ende den Gipfel des Bergs erblickten, der plötzlich und überraschend abrupt neben uns aufragte – ein grell blendender heller Kalkfelsen, ohne Blatt noch Zweig. Die Menschen nennen ihn Mal-i-bardh, den Weißen Berg. Wir waren auf dem rund 1500 Meter hohen Pass – Chafa Nermandjesh – angelangt, der die Grenze zwischen Nikaj und Shala bildet. Der Abstieg nach Abate war dann einfach. Und unsere Führer lieferten uns sicher, aber ziemlich spät am Pfarrhaus ab. Einer der beiden war nämlich ein wichtiges Oberhaupt. Und mit seiner charmanten Eigenart der Nikaj-Männer, das zu tun, wozu sie Lust haben, wenn keiner da ist, der sie daran hindern kann, ließ er sich einfach am Straßenrand nieder und hielt mit jedem, der gerade vorbeikam, lange Palaver und nahm so wenig Notiz von uns, als existierten wir überhaupt nicht mehr.

Shala hat Glück mit seinem jungen Franziskaner, einem leidenschaftlichen, engagierten Mann, der seit acht Jahren hart daran arbeitet, das Gesetz des Bluts zu modifizieren. Er hat es insofern schon einschränken können, als jetzt nur ein Mitglied des tatsächlich betroffenen Hauses erschossen und nur dieses Haus niedergebrannt werden darf. Bis dahin war jeder noch so entfernte Verwandte haftbar zu machen, und manchmal wurden vier oder fünf unschuldige Häuser nur deshalb angesteckt, weil sie verwandt waren. Bis jetzt wurde das neue Gesetz eingehalten – ein wenn auch nur kleiner Schritt in die richtige Richtung.

Wenn es die Blutrache und die daraus folgende Zerstörung von Besitz nicht gäbe, könnte Shala reich sein. Als ich dort war, befand Shala sich aber gleichzeitig mit Shoshi, Plani, Nikaj, Skreli, Krasnich und Gashi in Blutfehde – gar nicht zu reden von den stammesinternen Fehden. Es hatte sich allerdings erst kürzlich mit den christlichen Stämmen zu einer Schutzgemeinschaft gegen die Moslems zusammengetan und *besa* geschworen.

Shala ist ebenso wie Nikaj in türkische Vornamen vernarrt, verbietet jedoch das Verkaufen von Töchtern an die Moslems und steckt jedes Haus an, das dagegen verstößt. Aber Shala-Männer stehlen immer wieder Mädchen von Nikaj und entfachen so zahlreiche Blutfehden. Und auch wenn man innerhalb des Stamms ehrlich zueinander ist, so geht man doch nur zu gern jenseits der Grenzen auf Raubzüge. So suchte ein Vuthaj-Mann gerade nach einer »verlorenen« Kuh. Shala hatte sie verspeist, leugnete allerdings jegliche Kenntnis des Falls.

Jetzt war Shala voller Vorfreude auf das Fest des Hl. Bonaventura in Shoshi. Und da machen die Stämme keine halben Sachen – ihre Gastfreundschaft übersteigt alle Vorstellungen. Ein Mann, der neben der Kirche wohnt, schlachtete zwei Ochsen, fünf Schafe und drei Ziegen, erwartete also entsprechend viele Gäste. Bei Anbruch der Morgendämmerung waren fast alle Männer und sehr viele Frauen in ihren besten Kleidern unterwegs nach Shoshi. Wenn Krasnich den Ort überfallen hätte, wäre niemand dagewesen, um sie aufzuhalten.

Am vierten Tag kehrten alle zurück und hatten das Fest offenbar außerordentlich genossen. Sie hatten eine erstaunliche Menge an Patronen verschossen – für uns hatte es wie ein kleiner Krieg geklungen – und geschlagene zwei Tage lang Braten gegessen. Shoshi waren Haus und Hof weggefuttert worden. Der Ort hatte Pulver und *rakia* spendiert und soll für die Bewirtung von etwa fünfzehnhundert Gästen an die 30.000 Francs ausgegeben haben. Ein jährliches Fest diesen Ausmaßes übersteigt allerdings die Möglichkeiten eines Stamms. Shala versprach deshalb, im nächsten Jahr nicht zum Fest des Hl. Bonaventura zu erscheinen, falls Shoshi seinerseits nicht zum Fest von Shalas Schutzheiligem, Johannes dem Evangelisten, käme.

Plötzlich verkündete grelles Geschrei, dass der Erzbischof nahte. Er hatte ebenfalls St. Bonaventura in Shoshi gefeiert. Wir eilten hinaus, um Seine Gnaden, wie es sich gehörte, mit einer ordentlichen Salve zu begrüßen, während er den Berg hinaufgeritten kam, gefolgt von meinem fröhlichen jungen Freund, dem Pater von Theti, der seinerseits mit einer Salve antwortete.

Wie wir dann alle in das kleine Haus hineinpassten, weiß ich nicht mehr, aber wir brachten es fertig, und es war eine höchst angeregte Gesellschaft.

Nach nationaler Sitte tranken wir alle vor dem Abendessen *rakia*, und ich lernte dabei, mit welchen Sätzen ich jedes Glas korrekt zu begleiten hatte, als plötzlich der Diener hereingestürzt kam, um zu melden, dass draußen auf einen Mann geschossen worden sei. Der Pater griff nach seiner Tasche und eilte hinaus, um die heiligen Sakramente zu spenden, sofern dafür noch Zeit war, aber der Mann war tot – von hinten direkt durch die linke Brust und das Bein geschossen.

Kein einziger von uns hatte die zwei Schüsse vernommen, obwohl es ganz in der Nähe passiert war. Es hatte aber auch den ganzen Tag über immer wieder Gewehrsalven gegeben.

Der Mann war tot. Wir setzten unser Essen fort und sprachen über Blutrache und plötzlichen Tod, über die verheerende Lage der Bergstämme wegen der anhaltenden Dürre und darüber, wie hoffnungslos es sei, die sozialen und materiellen Umstände angesichts der gegenwärtigen Regierung verbessern zu wollen. Und über allem – der Armut, der Kriminalität und der Ignoranz – hing der drohende Schatten eines noch größeren Horrors: die Angst vor einem vereinten muslimischen Angriff auf die Christen. Wahrhaftig ein schmerzlicher Abend!

Der nächste Morgen lieferte die Hintergründe zu dem Mord des vergangenen Abends. Der junge Mann war durch seinen eigenen Cousin zweiten Grades erschossen worden, mit dem er in einem gemeinschaftlichen Familienhaus lebte, weil sein eigenes Haus aus Blutrache niedergebrannt worden war. Er besaß nur noch ein paar Felder. Er war dreiundzwanzig Jahre alt, hatte zwei Männer erschossen – einen erst vor einem Jahr – und war seit fünf Jahren nicht mehr zur Beichte gegangen, konnte deshalb nicht christlich begraben werden. Doch seine Verwandten kamen sofort zum Pfarrhaus und baten den Pater um Zucker für die Begräbnisfeier.

Die beiden hatten sich über Wasserrechte gestritten. Der Getötete hatte am gestrigen Tag das Wasser zu Recht für seine Felder beansprucht. Doch der andere lenkte den Wasserlauf auf sein eigenes Land, und als sein Cousin sich über die Rinne beugte, um ihn wieder zu öffnen, schoss er zweimal von hinten auf ihn.

Am nächsten Tag goss es – Wasser genug für alle. Wenn man nicht die strengsten Maßstäbe ansetzte, war der Mord des jungen Mannes vollkommen unnötig. Interessiert wartete ich also auf das Urteil des Stammes.

Der Fall nahm dann einen erstaunlichen Verlauf. Da die Tat innerhalb der Familie geschehen war, gab es keinen Außenstehenden, der sie hätte rächen können. Es war lediglich ein Verbrechen gegen den Herrn des Hauses gewesen, weshalb er allein ein Urteil sprechen konnte. Und als der beschloss, dem Mörder öffentlich zu verzeihen, hatte der Stamm nicht mehr die Macht, ihm eine Strafe aufzuerlegen. Also wohnte der Mörder weiterhin zusammen mit dem Rest der Familie in dem Gemeinschaftshaus. Denn sowohl ihm wie seinem Opfer war aus Blutrachegründen vor einiger Zeit das eigene Haus angesteckt worden.

Als Mitglied der Familie nahm er nun den ganzen Tag lang an der Beerdigungsfeier teil und blickte sichtlich ungerührt auf den Leichnam seines Opfers im Grab, während um ihn herum die Totenklagen der Trauernden erklangen.

Der Stamm war allerdings nicht völlig zufrieden mit dem Verlauf der Geschichte. Doch das Urteil war *eghel* – es musste sein. Gott musste den Tod des Mannes beschlossen haben, wieso sonst hätten ihn nur zwei Kugeln töten können? Viele Männer erholten sich sogar von zwölf – wenn es *eghel* war.

Ich äußerte sehr deutlich, dass der Fall eine Schande für den Stamm sei. Sie müssten unbedingt ein Gesetz erlassen, das solche Vorkommnisse regelt. Doch man erklärte mir, niemand würde sich an ein Gesetz halten, das sich in die Rechte eines Mannes in seinem eigenen Haus einmischt, selbst wenn es offiziell verabschiedet worden sei. In den Bergen halte man nichts von »Großmutter-Rechtsprechung«. Dennoch hatte ich den Eindruck, dass man fand, der Mörder habe gemein gehandelt. Am ehesten könne er sich wieder Achtung verschaffen, indem er einen weiteren Mann erschieße, aber keinen nahen Verwandten. Sein Land könnte dann für eine Zeit lang konfisziert und sein Besitz zerstört werden. Er stünde daraufhin zum Abschuss frei und hätte mit dieser neuen Fehde die Möglichkeit, seine Ehre wiederherzustellen.

Die Nachricht vom Mord wurde sofort nach Skutari geschickt, und die dortigen Behörden würden ordnungsgemäß rund vierzig Napoleons als Gebühren fordern.

Die Mehrheit der Bluträcher sterbe ziemlich unbußfertig, erfuhr ich vom Pater. Die Männer würden lieber mit einer reinen Ehre zur Hölle fahren als unehrenhaft gen Himmel.

Genau wie in Nikaj erklärten mir die Männer hier, dass ihre Seelen nicht für die Taten ihrer Körper verantwortlich seien.

Sie berichteten übrigens wie auch die anderen Stämme, dass es bei ihnen trotz des vielen Bluts einen großen Überschuss an Männern gebe. Der Überschuss an Frauen in England verblüffte sie jedes Mal. Dazu lieferte ein Mann eine geniale Erklärung: »England braucht nicht so viele Kämpfer. Sehr viele Frauen dort möchten lieber jungfräulich leben, aber nur sehr wenige Männer. Deshalb hat Gott dafür gesorgt, dass alle Geschmäcker zu ihrem Recht kommen!«

Am 18. Juli erreichten uns große Neuigkeiten aus der Welt da draußen. Der *Vali* von Skutari war mitsamt seiner Entourage abgesetzt worden. Die Soldaten hatten offenbar erneut für ihren Lohn gestreikt. Er selbst war erst seit sechs Monaten im Amt. Kurz darauf hörten wir Gerüchte, dasselbe sei auch in Prizren und Salonika passiert. Eine Revolution, die ordentlich geplant und vorbereitet worden ist, war in der Türkei eigentlich etwas Undenkbares. Und in den Bergen kursierten die wildesten Hoffnungen. Etwas würde geschehen. Wer weiß? Vielleicht würden die Türken tatsächlich aus dem Land gejagt!

Das Leben ging für mich weiter wie gewohnt. Ich verbrachte meine Zeit mit den Kindern. Einige mussten sich um Tiere kümmern. Die meisten schlugen die Zeit tot, alberten ziellos herum, bis irgendwann ein Kind ein anderes anrempelte und eine allgemeine vergnügte Keilerei begann. Sie spielten so gut wie nie organisierte Spiele, und wenn doch, blieben sie nie lange dabei. Als ich nach Kinderspielen fragte, wurde mir gesagt: »Sie haben nie eine Schule besucht. Woher sollen sie dann Spiele kennen?« In Wirklichkeit ist es aber so, dass sich bei ihnen von frühester Kindheit an alles um Blut, um die Familie und darum, wer wen getötet hat, dreht.

Während meiner ganzen Zeit in den Bergen habe ich nur vier Spiele kennengelernt und zwei von ihnen auch nur einmal beobachtet. Bei dem einen handelt es sich um eine weiterentwickelte Form des Abnehmspiels, das sie Kamb-e-Pulat (Hühnerfuß) nennen. Es endet immer mit einer dreizehigen Figur, die wie ein Vogelfuß aussieht. Bei dem Spiel wird der Faden nicht nur um die Hände geschlungen, sondern auch um die Füße. Das zweite Spiel ist das »Knucklebones«-Spiel, bei dem Kieselsteine in die Luft geworfen und mit dem Handrücken wieder aufgefangen werden müssen.

Die beiden anderen Spiele wurden nur von Jungen gespielt. Dabei kniet ein Junge mit hübsch gerundetem Rücken auf allen Vieren, während ein anderer über ihn drüber hüpft und ein dritter unter ihm durchschlüpft. Der obere muss den unteren dabei »hinten« mit dem Kopf treffen. Wenn es ihm gelingt, hat er gewonnen, und der getroffene Junge muss nun mit dem Rücken den Bogen bilden. Wenn er danebentrifft, muss er den Kopf heftig auf den Boden schlagen, woraufhin großes Gelächter ausbricht. Dieses Spiel hatte ich schon in Montenegro gesehen. Aber für Marko war es völlig neu, obwohl er Albaner und sehr viel in den Bergen herumgereist ist.

Bei dem vierten Spiel bewacht ein Junge einen Ball innerhalb abgesteckter Grenzen, während die anderen versuchen, ihn da heraus zu kicken. Wenn das gelingt, muss der Verteidiger des Balls mit ihm auf den Kicker zielen, der, falls er getroffen wird, bevor er eine sichere Zone erreicht hat, dann zum Hüter des Balls wird. Der Ball bestand aus einem sehr straffen Farnbündel, und da er unelastisch war, machte es keinen besonders großen Spaß.

Ein frecher fünfzehnjähriger Junge schlug vor, ich solle ihm doch eine Frau kaufen. Dann würde er sie aber das Arbeiten lehren! Jetzt wohnte er zusammen mit seinem Großvater, und sie hatten keine Frau – er musste alles Brot selbst backen.

Er zeigte auf ein Mädchen in der Nähe und sagte, sie sei an einen hässlichen alten Mann verkauft worden. Wütend bewarf sie ihn mit Steinen, aber er blieb beharrlich. Sie wisse nur, sagte sie, dass sie verkauft worden sei und nächstes Jahr weggeschickt werde – habe aber keine Ahnung, zu wem. Sie und ihre Schwester würden bei ihrer verwitweten Mutter leben. Ihr Vater und ihr Onkel seien erst kürzlich erschossen worden. Ihre Mutter habe das Fest in Shoshi besucht, sei aber noch nicht zurückgekehrt.

Dann ging sie wieder in ihre Hütte, und sofort begann drinnen das erbarmungswürdigste Schluchzen und Jammern. Offenbar hatte ihre Schwester die einzige Ziege zum Weiden auf den Hügel gebracht. Dort hatte eine Schlange das Tier in die Zunge gebissen, worauf es starb. Die beiden Mädchen beklagten singend das Unglück. »Oh, meine Ziege, meine Ziege, du, meine einzige! Manche haben so viele Ziegen – warum hat die Schlange unsere einzige genommen?« Es dauerte lange, bis ihre sonderbaren Jammergesänge sie erschöpft hatten. Nicht nur war die Ziegenmilch ein wichtiger Teil ihres Lebensunterhalts, die Mädchen fürchteten auch, dass die Mutter sie bei ihrer Rückkehr schlagen würde.

Diese Angst war schnell behoben. Ich ließ ihnen den Preis für eine Milchziege zukommen. Die unerwartete Erleichterung nach einer Nacht der Verzweiflung führte zu neuen Tränenströmen. Und die Dankbarkeit von Mutter und Töchtern war äußerst berührend.

Dieses Volk verfügt über eine seltsame Mischung aus leidenschaftlichsten Gefühlen und komplett fehlender Empathie. Es ist herzergreifend zu sehen, wie Frauen am Grab eines Bruders weinen, der vor Jahren getötet wurde. Und Männer sprechen mit tiefster Empfindung von einem ermordeten Sohn – aber das Schießen geht weiter.

Eine sehr gruselige Variante der Geschichte von dem Topf mit Basilikum[14] erzählte mir ein Franziskaner, in dessen Gemeinde sie sich zugetragen hatte. Eine Witwe hatte einen Sohn, der vor ihren Augen erschossen wurde und dessen Schädel dabei zersprang. Sie sammelte das verstreute Gehirn ein, bewahrte es in einer Schachtel auf, um darüber zu weinen, denn es war alles, was ihr von ihm geblieben war.

Wir verließen endlich Shala und zogen nach Theti, wo ich wieder den netten Mann traf, der uns nach Vuthaj geführt hatte. Er war inzwischen wieder dort gewesen, um Mais zu kaufen, und berichtete, man hätte uns mit Sicherheit gefangen genommen, wenn wir nicht die Gäste des alten Moslems gewesen wären. Der Mann habe uns mit Absicht im Haus eingesperrt,

14 spielt auf ein Gedicht von Keats an, in dem eine junge Frau den Kopf ihres ermordeten Liebsten in einen Blumentopf mit Basilikum legt und die Pflanze hegt und pflegt.

weil ein Spion aus Gusinje auf der Suche nach uns war. Nach unserer Abreise sei der Moslem von den Behörden gefragt worden, wieso er uns nicht sofort bei unserer Ankunft gemeldet habe, wo er doch wisse, dass in dem Distrikt Fremde nicht erwünscht seien. Der Moslem habe souverän erwidert, es sei nie Sitte seines Hauses gewesen, Gäste zu verraten. Er habe gewusst, dass ich eine Ausländerin sei, aber ich hätte mich sehr gut benommen. Und er empfange Gäste, wie es ihm gefalle, und würde mich auch wieder aufnehmen, wenn ich darum bäte.

Ich schulde all meinen Gastgebern, den Christen und den Moslems, mehr, als ich jemals zurückzugeben vermag. Und ich kann nur hoffen, dass es mir gelungen ist, das pure Gold zu zeigen, das unter einer sehr rau wirkenden Natur verborgen liegt.

Es war dann schwierig, Maultiere für unsere Weiterreise zu finden, da Thethi geschlossen auf die hohen Weiden zog, um den Tag der Hl. Veneranda zu feiern. Schließlich brachen wir mit den beiden Männern und den Tieren auf, die uns schon hergebracht hatten, unterwegs wollten wir in Skreli für das Fest Halt machen.

Die Strecke über Chafa Shtegut ist außerordentlich steil, aber so gut in Schuss, dass wir den ganzen Weg bis auf das letzte Gipfelstück, in das Treppen geschlagen sind, reiten konnten. Die tieferen Hänge sind schöne Weideflächen. Weiter oben gibt es nur Felsgestein und niedriges Gebüsch. Der Abstieg auf der Boga-Seite ist dann einfach. Als ich sah, wie abschüssig dieser Pass ist, war ich froh, dass ich nicht versucht hatte, über ihn zu gehen, als er noch voller Schnee lag. Ein Ausrutscher kann leicht einen Sturz von dreihundert Metern bedeuten.

Nachdem wir Boga passiert hatten, wo der Priester uns alle denkbare Gastlichkeit offerierte und bemängelte, dass wir nicht über Nacht blieben, erreichten wir Skreli auf derselben Strecke wie schon einmal. Es war mein dritter Besuch dort, weshalb ich mich fast schon zu Hause fühlte.

Da ich mitten aus dem Herzen von Pulati kam, fiel mir auf, wie anders dieser Menschenschlag war – hier sahen die Menschen besser aus, waren schöner gewachsen, und es gab sehr viel mehr Menschen mit grauen Augen und hellem Haar. Während wir nach dem Gottesdienst oben im Pfarrhaus saßen, entbrannte draußen ein hitziger Streit zwischen zwei Männern, gefolgt von einem entsetzlichen Lärm. Der eine Mann stürzte in unser Zimmer. Der andere brüllte von unten Beleidigungen hoch. Unser Mann, der eine Mauser in der Hand hielt, eilte zum Fenster und wollte gerade losfeuern, als zwei Frauen durch die Tür kamen, sich auf ihn warfen und die Waffe wegstießen. Der Mann unten zielte derweil mit einer Martini nach oben.

Frauen dürfen nicht erschossen werden, also hängte sich eine an den Mauser-Mann, während die andere sich, wie auch ich, aus dem Fenster lehnte. Unterdessen kam der Priester herbeigeeilt und brachte ihn dazu, die Mauser zu übergeben. Der Mann mit der Martini rannte derweil hoch erregt auf und ab, zielte auf die Fenster, brüllte und drohte zu schießen, während der Priester mit gekreuzten Beinen auf dem Fenstersims hockte und ihm befahl aufzuhören. Jetzt stürzten sich zwei Männer auf ihn und versuchten, ihn mit Gewalt zu entwaffnen. Es war ein Moment äußerster Anspannung – drei ineinander verkeilte Männer, die wie Höllenhunde um ein geladenes Gewehr kämpften. Sein Besitzer brüllte, glühend vor Zorn und mit funkelnden Augen, wie ein wildes Tier. Doch sie rangen ihn nieder. Er erhob sich in ohnmächtiger Wut.

Der Priester stieg die Treppe hinunter und redete sehr ernst auf ihn ein. Schließlich war er bereit, nach Hause zu gehen, und schlich – mit zwei Männern in Begleitung – widerstrebend davon, nicht ohne sich ständig umzudrehen und laut zu schwören, er werde bald zurückkommen und schießen.

Unsere Maultiere erwarteten uns schon gesattelt und startbereit. Wir brachen auf nach Kechi und trafen unterwegs den

Priester des Orts. Er platzte vor lauter Neuigkeiten, frisch aus Skutari:

Es gab überall in der Türkei Aufstände: Shemsi Pasha schoss auf Monastir – Osman Pasha festgenommen – Gerüchte über eine neue Regierung. Über einen Artikel einer österreichischen Zeitung wollten wir uns ausschütten vor Lachen. Shemsi wurde darin als »makelloser Charakter« dargestellt, konkretere Informationen enthielt der Artikel jedoch kaum. Wir waren der Meinung, dass man jetzt wohl dem Ultimatum von *Maltsia e madhe* Gehör schenken werde. Darin wurde die Absetzung des verhassten Shahir Bey von seinem Posten als *Sergherdé* der Berge verlangt. Dieses Ultimatum sollte demnächst eingereicht werden. Die bittere Klage der Männer aller Stämme, ihre dringenden Bitten um Hilfe gegen die Türken klangen mir noch in den Ohren. Es schien tatsächlich, als ob das »Etwas, das eines Tages geschehen muss«, nun kurz bevorstand – dass der »psychologische Moment«, wie die Romanautoren ihn gern nennen, gekommen sei. Früh am nächsten Morgen saßen wir im Sattel und waren bald schon in Skutari. Es war der 27. Juli. Skutari war in heller Aufregung – es war die Rede von einer Verfassung. Was? Wann? Wie? Wo? Warum? – Niemand wusste es. Kein Konsulat hatte irgendwelche verbindlichen Einzelheiten. Das einzig Greifbare für uns war das Wort »Verfassung«.

Am zweiten August erkannte Skutari dann formell die Verfassung an.

Verwendete Literatur im Vorwort

Mary Edith Durham. Durch das Land der Helden und Hirten. Balkan-Reisen zwischen 1900 und 1908. Herausgegeben und aus dem Englischen übersetzt von Ingrid Steiner und Dardan Gashi. Wien. Promedia 1995

Nikolai Antoniadis und Gülek, Nele. Das helle Herz des Balkans. Geschichten zwischen Adria und Istanbul. Mit einem Vorwort von Karl-Markus Gauß. Wiesbaden. Corso 2016

Frank Dietze, Shkëlzen Alite. Albanien. Städte und Landschaften zwischen Mittelmeer und Balkan. Berlin. Trescher Verlag 2018

Elvira Dones. Hana. Deutsch von Adrian Giacomelli. Ink Press. Zürich 2017

Christiane Jaenicke. Albanien. Ein Länderporträt. Berlin. Ch. Links Verlag 2019

Ismail Kadare. Der zerrissene April. Roman. Aus dem Albanischen von Joachim Röhm. Fischer Taschenbuch. Frankfurt 2003

Enis Maci. Eiscafé Europa. Essays. Berlin. Suhrkamp Verlag 2018

Oliver Jens Schmitt. Die Albaner. Eine Geschichte zwischen Orient und Okzident. München. C.H.Beck 2018

Marcus Tanner. Albania's Mountain Queen. Edith Durham and the Balkans. London/New York. I.B.Tauris 2014

Glossar

adet	Sitte oder Brauch
alla franga	nach europäischer Art
aksham	Zeit der Abenddämmerung
bariak	große Stämme sind in bariaks unterteilt
bariaktar	Fahnenträger, Oberhaupt eines Stamms,
besa	zeitlich begrenzte Aussetzung der Blutrache
djemadan	Wams oder Jacke
Djibal	Gesetz der Ebene (eher türkisch)
ghak	Blut
ghaksur	Bluträcher
ghurdi	Kleidungsstück; schwarze, kurze Jacke
ghiube	türkisches Kleidungsstück
Giaour	Ungläubiger
han	einfache Gaststätte
hanjee	Inhaber der Gaststätte

hodza	Hodscha, türkischer geistlicher Lehrer
ibrik	Kanne, Mokkakanne
jelek	türkische Weste
Kanun	Gesetz der Berge
kavana	Café
kida	eine sehr schlichte Hütte
kirijee	Mann, der sich mit seinen Pferden vermietet
kula	wehrhafter Wohnturm
Lek	Lekë Dukagjini (* 1410; † 1481) war ein albanischer Fürst, der an der Seite Skanderbegs gegen die Türken kämpfte. Nach ihm soll der – vermutlich falschen – Überlieferung nach der *Kanun* des Lekë Dukagjini benannt worden sein, in dem das mittelalterliche Gewohnheitsrecht Nordalbaniens gesammelt worden ist.
Maltsia e madhe	das große Bergland im Norden von Skutari im türkisch-albanischen Grenzgebiet
medjliss	Ältestenversammlung
mehala	Untergruppe eines Stamms, bestehend aus eng verwandten »Häusern«
nizam	Ordnungshüter, Gendarm
oka	Maßeinheit, ca. 1300 Gramm
opanke	Schuhe, Sandalen
Padishah	türkisch, König
pillaf	Reisgericht
rakia	vergorener Traubensaft, Schnaps
probo	jemand, der Blutsbrüderschaft geschworen hat
Sergherdé	ein von der türkischen Regierung eingesetzter Verwalter, Statthalter
sofra	kleiner runder Tisch
Shtriga	hexenartiges Wesen
suvarris	so etwas wie Polizisten/Soldaten
yataghan	Krummschwert
yorgan	Steppdecke
Vali	türkisches Oberhaupt

Die kühne Reisende

Lieferbare Titel

Frances Caldéron de la Barca
Viva Mexiko!
Im Wirbel der Revolution
336 Seiten | ISBN 978-3-7374-0040-4

Isabella Bird
Durch die Wildnis der Rocky Mountains
Allein unter Goldgräbern und Desperados
288 Seiten | ISBN 978-3-7374-0041-1

Gertrude Bell
Das Raunen und Tuscheln der Wüste
Eine Reise durch das alte Syrien
312 Seiten | ISBN 978-3-7374-0019-0

Alexandra David-Néel
Im Herzen des Himalaya
Unterwegs in Nepal
208 Seiten | ISBN 978-3-7374-0020-6

Alexandra David-Néel
Mein langer Weg in die verbotene Stadt
Briefe aus Tibet
192 Seiten | ISBN 978-3-7374-0046-6

Isabelle Eberhardt
Nomadin war ich schon als Kind
Meine algerischen Tagebücher
272 Seiten | ISBN 978-3-7374-044-2

Emily Lowe
Palermo, oh Palermo!
Eine gewagte Reise durch Sizilien
256 Seiten | ISBN 978-3-7374-0022-0

Maud Parrish
Mit leichtem Gepäck
Siebzehn Mal um die Welt
280 Seiten | ISBN 978-3-7374-0031-2

Vita Sackville-West
Bombay, Bagdad, Teheran
Meine Reise nach Persien
192 Seiten | ISBN 978-3-7374-0032-9

Freya Stark
Auf der Weihrauchstrasse
Eine Reise durch das südliche Arabien
384 Seiten | ISBN 978-3-7374-0037-4

Ethel B. Tweedie
Ins Land der Sagas und Geysire
Ein wilder Ritt durch Island
184 Seiten | ISBN 978-3-7374-0038-1

Edith Wharton
In Marokko
Vom Hohen Atlas nach Fès
216 Seiten | ISBN 978-3-7374-0021-3

Kate O'Brien
Wolken über Spanien
Eine Reise vor Ausbruch des Bürgerkriegs
216 Seiten | ISBN 978-3-7374-0049-7

Vivienne de Watteville
Allein und frei
Rückkehr nach Kenia
304 Seiten | ISBN 978-3-7374-0050-3

Die Reihe Die kühne Reisende
wird herausgegeben von Susanne Gretter

Bibliografische Information der Deutschen Nationalbibliothek
Die Deutsche Nationalbibliothek verzeichnet diese Publikation in der Deutschen Nationalbibliografié; detaillierte bibliografische Daten sind im Internet über http://dnb.d-nb.de abrufbar.

Covergestaltung: Anja Carrà, Weimar
Bildnachweis: Cover: *Albanien* von Xhoni Mykaj @ unsplash;
Cover und S. 2: Edith Durham, Courtesy of Jane Wales
Satz und Bearbeitung: SATZstudio Josef Pieper, Bedburg-Hau
Der Titel wurde in der Dante MT Pro gesetzt.
Gesamtherstellung: CPI books GmbH, Leck – Germany

ISBN: 978-3-7374-0051-0

Mehr über Ideen, Autoren und Programm des Verlags finden Sie auf www.verlagshausroemerweg.de und in Ihrer Buchhandlung.